运动健康管理

张 钧 何进胜 主编

復旦大學出版社

前言

随着社会和经济的迅猛发展,健康成为人类的第一需求。人类在保证生存的基础上开始追求生命质量的提高和可持续的自我发展,视健康为一种资源。既然健康是一种资源,那么就需要管理,因为所有的资源都是有限的,通过管理,才可以最大限度地发挥资源的作用,所以健康管理的产生有其必然性。为了保证人人享有健康,当务之急不是改良主要为不健康人群服务的昂贵的诊断和治疗系统,而是建立同时能为所有人群(健康和不健康)服务的健康维护和管理系统。

体育运动是健康生活方式的重要体现,"运动干预"是健康管理内容之一,是健康管理的重要手段和途径。运动健康管理就是应用现代医学知识和科学的体育运动手段,从社会学、生理学、心理学角度来系统地关注和维护运动者的身体健康。运动健康管理是指根据个人所提供的健康状况、生活状态、运动习惯,从身体适能评估、运动咨询和沟通等方面来了解其运动的需求与目标,建立个人专属的运动处方,提供安全、有效、合理的运动计划,以切合实际的教学方式进行指导,配合运动成效追踪的全方位健康服务,协助提升个人体能及身体适能,进而达到个人运动健身的目标与身体健康的目的。《"健康中国2030"规划纲要》指出:"建立完善的针对不同人群、不同环境、不同身体状况的运动处方库,推动形成体医结合的疾病管理与健康服务模式。"运动健康管理实际上就是将运动融入健康管理中,成为一种主流的、有效的提升健康水平的手段。

本书的编写以实用性和创新性为宗旨,力求在体系和内容等方面有所突破。既注重理论和实际的结合,又突出了目前研究的热点。在具体内容方面,本书介绍了健康管理基础知识和运动健康管理的内容,同时还介绍了运动性病症的健康管理和运动性伤害的急救等内容,以突出本书的理论性和可操作性。

本书的主要特色为:

(1)体现以健康为中心的理念,在介绍健康管理的概论、智能健康管理、健康体检等健康管理基础知识的基础上,重点阐述了运动健康信息的检测和评价、运动与健康相关行为、健康体适能、运动与健康饮食、运动与健康心理、老年人运动健康管理和女性运动健康管理等运动健康管理的热点问题。

(2)反映当代运动健康管理的特点,树立正确的运动健康观,揭示运动健康管理在促进健康中的重要作用。

(3)突出运动健康管理在健康管理中的地位,阐述了运动与健康饮食、运动与健康心理、老年人运动健康管理和女性运动健康管理等内容。

(4)强调实用性和可读性,在运动健康管理的基础上增加了运动性病症的健康管理和运动性伤害的急救等内容。

(5)重视学科新进展,引入智能健康管理、运动健康信息的检测和评价、老年人运动健康管理和女性运动健康管理等方面的研究新成果。

本书由张钧教授和何进胜博士担任主编,闫中、刘晓莉、齐洁担任副主编,参加本书编写的人员如下:于超、潘国建、沈越、周波、张元文、王自清、董纪文、傅建、张波、蒋丽、祁曼迪、李慧。

本书参阅和引用了国内外许多学者的研究结果和文献资料,在此一并致谢。

由于运动健康管理发展迅速,书中所反映的内容尚不够全面、深入。加上编写人员的水平、经验和时间有限,书中不足之处在所难免,恳请读者批评指正。

编　者

2018年12月

主编简介

  张　钧：男，华东师范大学博士，教授，博士生导师。现担任国家自然基金委员会通讯评审委员；中国康复医学会体育保健康复专业委员会副主任委员；中国康复医学会科普工作委员会常务委员；中国营养学会运动营养专业委员会委员；上海市药学会老年药学委员会委员；上海市肿瘤研究所客座教授；上海师范大学学位委员会委员，上海师范大学运动人体科学学科带头人，上海师范大学教授等。

  主要研究领域为运动、营养和健康管理、康复等方面。主持和承担国家自然基金科研项目4项。目前主持和参与在研的国家自然基金2项，211项目资助课题1项，博士后基金项目1项，部省级重点课题及课题13项，各种横向基金12项。发表论文100多篇，其中权威期刊30篇，被SCI收录10篇、CSSCI收录20篇，多篇论文获得优秀论文一等奖。主编了全国本科生和研究生教材7本，参编各类教材20本，一本教材获得全国优秀教材二等奖。获得上海市精品课程1项。获得专利授权3个。

  何进胜：男，上海体育学院博士生；健身教练国家职业资格培训师、考评员；上海体育职业技能发展中心理事长；上海市健身健美协会理事；锐星健身培训基地创始人；蹦床项目国际级裁判；2014～2015美国中密歇根大学访问学者。

  目前主要研究领域为：体育教育训练学和体育人文社会学。主持上海市体育宣传教育中心课题《上海市健身俱乐部评价体系研究》和《上海市健身行业发展现状与对策研究》等；公开发表论文《不同年龄女性社会性体格焦虑与锻炼行为研究》《关于健身俱乐部"如何经营流失会员"的思考》《健身俱乐部和体育场馆管理软件的选择与应用》《中美体育教育比较研究》等。

目 录

第一章　健康管理概论 ·· 1

　　第一节　健康管理基本概念 / 3
　　第二节　健康管理的基本策略 / 14
　　第三节　健康管理与我国的健康促进 / 18

第二章　智能健康管理 ·· 23

　　第一节　智能健康管理相关概况 / 25
　　第二节　智能健康管理的内容 / 28
　　第三节　中国的智能健康管理的实际应用 / 33

第三章　健康体检 ·· 35

　　第一节　健康体检概述 / 37
　　第二节　健康检查的常规项目 / 39
　　第三节　不同年龄和不同人群的健康检查 / 54
　　第四节　选择适合的健康体检机构 / 59

第四章　运动与健康相关行为 ···································· 63

　　第一节　行为概述 / 65
　　第二节　健康相关行为 / 69

第三节　健康相关行为的干预与矫正 / 75
第四节　健康相关行为之运动与健康 / 81

第五章　运动健康信息的检测和评价 …… 93

第一节　身体活动水平测量与评价 / 95
第二节　身体成分的检测和评价 / 103
第三节　肌肉功能（适能）的检测与评价 / 108
第四节　柔韧素质（适能）的检测和评价 / 110
第五节　心血管功能（适能）的检测和评价 / 112
第六节　运动健康信息管理 / 120

第六章　身体活动水平和健康体适能训练 …… 131

第一节　身体活动与身体活动水平 / 133
第二节　健康体适能的生理学 / 139
第三节　健康体适能的训练 / 151

第七章　运动与健康饮食 …… 165

第一节　健康饮食的营养学基础 / 167
第二节　体育运动的膳食营养 / 189
第三节　常见的运动营养补剂 / 197

第八章　运动与健康心理 …… 205

第一节　心理健康概述 / 207
第二节　情绪、压力与健康 / 213
第三节　运动与心理健康 / 217

第九章　老年人的运动健康管理 …… 221

第一节　老年人生命质量与健康评价 / 223

第二节　体力活动与衰老 / 226

　　第三节　老年人的运动健康管理 / 238

第 十 章　女性的运动健康管理…………………………………………247

　　第一节　女性青春期的运动健康管理 / 249

　　第二节　女性妊娠期的运动健康管理 / 251

　　第三节　女性产后的运动健康管理 / 255

　　第四节　女性更年期的运动健康管理 / 256

第十一章　运动性病症的健康管理…………………………………………261

　　第一节　过度训练 / 263

　　第二节　运动性应激综合征 / 268

　　第三节　运动中腹痛 / 271

　　第四节　肌肉痉挛 / 273

　　第五节　运动性血尿 / 275

　　第六节　运动性中暑 / 278

　　第七节　运动性脱水 / 280

　　第八节　运动性猝死 / 285

第十二章　运动性伤害的现场急救…………………………………………289

　　第一节　急救概述 / 291

　　第二节　出血的现场急救 / 292

　　第三节　关节脱位的急救 / 296

　　第四节　骨折的急救 / 297

　　第五节　心肺复苏 / 302

　　第六节　抗休克 / 304

　　第八节　脑震荡的急救 / 306

参考文献…………………………………………………………………………309

第一章

健康管理概论

21世纪以来,世界卫生组织明确指出:"必须将技术和财政资源重点放在有利于健康的工作上,作为人类发展的一部分,而不是简单地应付眼前的需要。"2016年中国政府颁布的《"健康中国2030"规划纲要》中指出:"健康是促进人的全面发展的必然要求,是经济社会发展的基础条件。实现国民健康长寿,是国家富强、民族振兴的重要标志,也是全国各族人民的共同愿望。坚持健康优先、改革创新、科学发展、公平公正的原则,以提高人民健康水平为核心,以体制机制改革创新为动力,从广泛的健康影响因素入手,以普及健康生活、优化健康服务、完善健康保障、建设健康环境、发展健康产业为重点,把健康融入所有政策,全方位、全周期保障人民健康,大幅提高健康水平,显著改善健康公平。"改革开放以来,我国健康领域改革发展取得显著成就,城乡环境面貌明显改善,全民健身运动蓬勃发展,医疗卫生服务体系日益健全,人民健康水平和身体素质持续提高。同时,工业化、城镇化、人口老龄化、疾病谱变化、生态环境及生活方式变化等,也给维护和促进健康带来一系列新的挑战,健康服务供给总体不足与需求不断增长之间的矛盾依然突出,健康领域发展与经济社会发展的协调性有待增强。因此,"健康干预必须以人为中心,而不是以疾病为中心"。

宏观上讲,提高国民健康素质是党中央和国务院确定的重要社会发展目标之一,建立创新型国家和实现小康目标,"高素质的健康人"是第一要素,科技是第一生产力,人才是第一竞争力,健康是第一保障力。健康管理是实现这一重要目标的最有效途径。

第一节 健康管理基本概念

随着人口老龄化进程的加快、平均期望寿命的延长、慢性非传染性疾病的增加、国民维护和改善健康需求的日益增长,现有的医疗卫生服务模式已不能满足国民的健康需求,国民的健康需要有更多的健康管理服务,新兴的健康管理服务将有非常广阔的前景。实施健康管理,变被动的疾病治疗为主动的疾病防治,可有效地节约医疗费用支出。在迎接21世纪各种挑战的时候,我们必须正确理解健康的概念和内涵。

一、健康和影响健康的因素

（一）健康的概念和内涵

世界卫生组织明确指出："健康不仅是没有疾病或不虚弱，而是身体的、精神的健康和社会适应的完美状态。"从这个概念上说，健康是一个综合性的概念，它涵盖了身体的、生理的、精神的、情绪的健康，还包括社会和谐、文明、道德和社会适应的完美状态。它超越了医学范畴，而扩展到社会、自然、人文等许多学科。

世界卫生组织指出"健康是基本人权，达到尽可能高的健康水平是世界范围内一项最重要的社会性目标"，并明确地指出"要实现人人享有卫生保健的目标、必须把健康作为人类发展中心"。联合国开发计划署提出的人类发展指数，用以综合反映一个国家或地区人类发展的成就，其最主要、最敏感的三项指标为：① 健康长寿的生活；② 拥有的知识；③ 体面的生活水平。其中，健康被列为人类发展之首。

世界卫生组织提出了健康的十条标志：① 精力充沛，能从容不迫地应付日常生活和工作；② 处事乐观，态度积极，乐于承担任务不挑剔；③ 善于休息，睡眠良好；④ 应变能力强，能适应各种环境的变化；⑤ 对一般感冒和传染病有抵抗力；⑥ 体重适当，体态匀称，头、臂、臀比例协调；⑦ 眼睛明亮，反应敏锐，眼睑不发炎；⑧ 牙齿清洁，无缺损、无疼痛，牙龈颜色正常，无出血；⑨ 头发光洁，无头屑；⑩ 肌肉、皮肤富有弹性，走路轻松。

世界卫生组织提出健康新概念已经半个多世纪，如何正确理解健康的内涵，目前从理论到实践还没有真正解决。我国人民由于受传统观念和世俗文化的影响，长期以来把健康理解为"无病、无伤、无残"，只有当他们"生病"（有临床表现）时才寻求医生的帮助。当他们"健康"时却很少或根本想不到寻求健康服务。身体健康与否不能只从表面现象加以评价，一个看上去非常强壮的人，可能会因为心脏负荷的不协调而猝死，而一个纤细瘦小的人，却可能由于体内功能协调而健康长寿。如有半数以上的高血压患者不知道自己患有高血压；已知自己患有高血压的病人也由于缺乏相关知识、不就医、不坚持服药，最终导致脑卒中、冠心病等严重后果。随着生活条件的改善和饮食结构的改变，糖尿病的发病率增加迅猛，在早期往往没有症状或者症状不明显，直至出现肢体溃烂、视力模糊、心脑血管疾病等严重并发症时才就医，已给健康带来不可估量的损失。有些疾病一旦出现临床症状，已是病入膏肓，如肺癌、肝癌等。这就是由于人们对健康的多层次复杂的内涵缺乏理解造成的后果。

心理健康是整体健康的重要部分。由于人具有社会人和自然人的双重属性，在生活经历中，难免受到社会因素的影响和干扰，如疾病、失业、子女教育、居住和工作环境，以及受到冲动、孤独、紧张、恐惧、悲伤、失落、忧患等情绪影响。这些影响健康的不利因素，对人们的身心健康造成不同程度的损害。世界卫生组织的资料表明，致伤残的前十种病因中，有五种是精神性致残，其中抑郁是致残的首位，并有增长趋势。近年来，随着城市化的发展，人们的生活节奏加快，带来诸多诱发心理危机的问题——工作和社会压力、竞争压力的增加，人际关系的复杂、子女教育等问题，这些"都市生活综合征"或"慢性疲劳综合征"都在威胁着人们的身心健康。精神疾病已成为全球性重大的公共卫生问题和社会问题。

现代科学技术和医学的发展，提示了人体的整体性，即人体的生理和心理的统一、人体与自然环境和社会环境的统一。大自然是人和人类社会赖以生存和发展的基础。所以，正确认识并处理好人与环境的关系，是健康科学观的认识论基础，也是探索健康的生态学基础。现代健康观已从过去被动地治疗疾病转变为积极地预防疾病，促进健康；从单纯的生理标准扩展到心理和社会标准；从个体诊断延伸到群体乃至整个社会的健康评价；既考虑人的自然属性，又考虑人的社会属性；既重视健康对人的价值，又强调人对健康的作用，并将两者结合起来。这种健康与疾病、人类与健康多因多果关系的认识就是现代健康观。"人人为健康，健康为人人"是世界卫生组织的一项战略目标。健康是维护社会安定、保障基本人权、提高社会生产力、发展社会和经济的基础，是生活质量的基本标准，是人类发展的中心，也是建设精神文明、反映社会公德的社会进步因素。这就要求每个人不仅要珍惜和不断促进自己的健康，还要对他人乃至全社会的健康承担责任和义务。健康不仅应立足于个人身心健康，同时还要充分考虑到环境的可持续发展和社会文化素质的提高。在积极倡导健康对人类发展的重要性、重视健康对社会进步的价值和作用的同时，还应倡导全社会都应积极参与促进健康、发展健康的社会变革中，要想获得健康，就必须驾驭健康。

（二）影响健康的因素

影响人类健康的因素非常多，这与人类对健康的认识程度密切相关。世界卫生组织提出新的健康概念后，人们对疾病影响因素的关注发展为对健康影响因素的关注。目前，学者们逐渐用健康决定因素来分析健康问题。健康决定因素是指决定人体和人群健康状态的因素,可归纳为四个方面:人类生物学、生活方式、环境和卫生服务的获得性。这一理论的提出,使政府和非政府机构关注人们的生活和行为方式,更加注重社会、物质、经济和政治的环境因素对健康的影响。健康的决定因素是相当复杂的,至少可以分为七大类,如表1-1所示。

表1-1 健康的决定因素

编号	分类	说明
1	社会经济环境	个人收入和社会地位 社会支持网络 教育及文化程度 就业和工作条件 社会环境
2	物质环境	自然环境 人造环境
3	健康发育状态	人生早期阶段形成的健康基础
4	个人生活方式	如吸烟、酗酒、滥用药物、不健康的饮食习惯、缺乏体育运动等不良生活方式是当今人类健康的重要威胁
5	个人能力和支持	具有健康生活的知识、态度和行为,处理这些问题的技能,是影响健康的关键因素
6	人类生物学和遗传	健康的基本决定因素
7	卫生服务	维持和促进健康的基本保证

从表1-1中可以看出,健康问题已经涉及人类社会生活的方方面面,健康问题是一个社会的综合问题,从侧面可以反映出健康因素遍布于人类生存和发展的各个环节中。

1. 生物学因素

(1)遗传。遗传是先天性因素,种族的差别、父母的健康状况和生存环境等因素都会对下一代的健康产生较大的影响。已知人类的遗传性缺陷和遗传性疾病近3 000种(约占人类各种疾病的1/5),据调查,目前全国出生婴儿缺陷总发生率为13.7%,其中严重智力低下者每年有200万人。另外,遗传还与高血压、糖尿病、肿瘤等疾病的发生有关。

(2)病原微生物。病原微生物是指可以侵犯人体,引起感染甚至传染病的微生物，或称病原体。在病原体中，以细菌和病毒的危害性最大。从古代到20世纪中期，威胁人类健康的主要原因是病原微生物引起的感染性疾病。随着社会、经济的高度发展，人们的劳动方式和生活方式发生巨大改变，行为和生活方式逐渐取代生物学因素成为影响健康的主要因素。

（3）个人的生物学特征。包括年龄、性别、形态和健康状况等，不同生物学特征的人处在同样的危险因素下，对健康的影响不同。

2. 生活方式

生活方式是指不同的个人、群体或全体社会成员在一定的社会条件制约和价值观念指导下所形成的满足自身生活需要的全部活动形式与行为特征的体系。其受个性特征和社会关系所制约，是在一定的社会经济条件和环境等多种因素之间相互作用所形成的，包括饮食习惯、社会生活习惯等。由于受一些不良的社会和文化因素影响，许多人养成了不良的生活方式，导致慢性非传染性疾病、性病和艾滋病的迅速增加。只要有效地控制行为危险因素，如不合理饮食、缺乏运动锻炼、吸烟、酗酒和滥用药物等，就能减少过早死亡、急性病和慢性病等。

3. 环境

健康不仅立足于个人身体和精神的健康，更强调人体与自然环境和社会环境的统一。人类发展必须包含生命质量的提高，同时保持环境的可持续发展，这是探索健康生态学的基础。1992年世界卫生组织环境与健康委员会的报告中将"维护和促进健康应该放在环境和发展关注的中心"。因此，人类必须整合与平衡目前或今后将要面临的环境—健康—发展问题。

（1）自然环境。自然环境是指影响人类生存和发展的各种天然的和经过人工改造的自然因素的总体，包括大气、水、土地、矿藏、森林、野生生物、各种自然和人工区域（包括自然保护区、风景名胜区、城市和乡村），以及自然和人文遗迹等。这些因素组成的人类生活环境，影响着人类的生存和发展。自然界中直接影响生态系统的平衡与发展，与人类的生活环境密切相关的环境因素，则称为生态环境。在自然界中，每一种动植物群体，都需要有一定的生存环境条件，如气候、土壤、地理、生物、人为条件等。这些生态环境与人类的关系是对立统一的。一方面，人类的生存和繁衍依赖于环境；另一方面，当环境作用于人类、服务于人类时，又直接或间接地受人类活动的影响。符合自然和社会发展规律的人类活动，能够改善环境；违反自然和社会发展规律的人类活动，会恶化环境。

（2）社会环境。又称文化—社会环境，包括社会制度、法律、经济、文化、教育、民族、职业等。社会制度确定了与健康相关的政策和资源保障；法律、法规确定了对人健康权利的维护；经济决定着与健康密切相关的衣、食、住、行；文化决定着人的健康观，以及与健康相关的风俗、道德、习惯；人口拥挤会给健康带来负面的影响；民族影响着人们的饮食结构和生活方式；职业决定着人们的劳动强度、方式等。

4. 卫生服务

世界卫生组织《渥太华宪章》指出：健康的基本条件和资源是和平、住房、教育、食品、经济收入、稳定的生态环境、可持续的资源、社会的公平与平等。健康服务必须在这些坚实的基础上建立，由国家制定政策、以社区服务为中心、多部门协作的健康服务体系，实现人人享有健康服务的宏伟目标。健康服务体系是国家促进人类健康的主要手段之一，反映一个国家的综合实力。随着社会经济的发展及人们生活水平的提高，卫生服务的任务不仅是治病救人，而且要维护和促进人群的健康。因此，在现代社会，医疗保健被列入社会保障的范畴，卫生事业的发展是社会发展的重要方面。

卫生服务的功能可分为两个方面：保健功能和社会功能。卫生服务的保健功能是显而易见的，医疗卫生服务通过预防保健、治疗、康复及健康教育等措施，降低人群的发病率和死亡率；通过生理、心理及社会全方位保健措施，维护人群健康，提高生命质量。

世界卫生组织发布了健康的公式：

健康 = 15%遗传 + 10%社会因素 + 8%医疗 + 7%气候因素 + 60%生活方式

由此可见，影响健康的主要因素是生活方式，而由生活方式不当引起的疾病是可以通过健康管理有效地预防的。

健康管理包括采集和管理个体和群体的健康信息，评估个体和群体的健康促进计划，对个体和群体进行健康维护，对个体和群体进行健康教育和推广，进行健康管理技术的研究与开发，进行健康管理技术应用的成效评估等工作。

二、健康管理概念和健康管理服务的特点

（一）健康管理的概念

健康管理的概念是20世纪50年代末从美国兴起的，随着实际业务内容的不

断充实和发展,健康管理被证明可有效降低患病风险、减少医疗开支。随后,英国、德国、法国和日本等发达国家也积极效仿和实施健康管理。进入21世纪后,健康管理在中国逐步兴起和发展。

虽然健康管理在国际上出现已有将近60年,但目前关于健康管理的定义、内涵尚未完全统一。健康管理学在国际上还没有形成完整的学科体系。各国研究的重点领域及方向也不尽相同。目前对健康管理的概念存在着不同视角的理解,如从公共卫生角度理解:健康管理就是找出健康的危险因素,然后进行连续和有效的控制;从预防保健角度理解:健康管理就是通过体检及早发现疾病,并做到早诊断、早治疗;从健康体检角度理解:健康管理就是体检的延伸和扩展,健康体检加检后服务就是健康管理;从疾病管理角度理解:健康管理就是积极主动地筛查与及时诊治疾病。这些理解,无论在概念的表述和内涵的界定上均存在局限性,均不能被普遍接受。

随着社会的发展和变化,传统的以疾病为中心的诊治模式——生物—医学模式已经不适应社会发展的需要,于是,以个体和群体、社会支持的以健康为中心的管理模式——生物—心理—社会模式应运而生。目前我国学者认为,健康管理是以现代健康观念和中医"治未病"思想为指导,运用医学、管理学等相关学科的理论、技术和方法,对个体或者群体健康状况及影响健康的危险因素进行全面连续的检测、评估和干预,实现以促进人人健康为目标的新型健康服务过程。健康管理是以人的健康为中心,长期连续、周而复始、螺旋上升地提供全人、全程、全方位的健康服务。

健康管理的宗旨是调动个体和群体及整个社会的积极性,有效地利用有限的资源来达到最大的健康效果。健康管理的具体做法就是为个体和群体(包括政府)提供有针对性的科学健康信息并创造条件采取行动来改善健康。健康管理有三部曲:① 健康状态的检测和信息收集;② 健康风险的评估和健康评价;③ 健康危险因素的干预和健康促进。健康管理以最优化的资源投入获取最大的健康效益。体检是健康管理的前提,评估是健康管理的手段,干预是健康管理的关键,促进是健康管理的目的。

因此,健康管理就是在控制健康风险的基础上对个体和群体健康进行全面检测、分析、评估、提供健康咨询和指导及对健康危险因素进行干预的过程。

(二) 健康管理的目标

健康管理通过对人群健康风险的管理以达到临床、财务以及生命质量的最佳结局。健康管理包括以下八个目标。

(1) 完善健康和福利。

(2) 减少健康危险因素。

(3) 预防疾病高危人群患病。

(4) 易化疾病早期诊断。

(5) 增加临床效用效率。

(6) 避免可预防的疾病并发症的发病。

(7) 消除或减少无效或不必要的医疗服务。

(8) 对疾病结局作出度量并提供持续的评估和改进。

对国家来说,健康管理和促进是一个关系到经济、政治和社会的大事。对个人而言,健康管理是关系到家庭及个人的生活保障及质量的大问题。个人通过参加体检和健康筛查,并按健康的需求及个人的实际情况加入相应的健康改善及维护流程,从而达到改善健康的目的。

(三) 健康管理服务的特点和特性

1. 健康管理服务的特点

健康管理服务的特点是标准化、量化、个体化和系统化。健康管理的具体服务内容和工作流程必须依据循证医学和循证公共卫生的标准和学术界已经公认的预防和控制指南及规范等来确定和实施。健康评估和干预的结果既要针对个体和群体的特征和健康需求,又要关注服务的可重复性和有效性,强调多平台合作提供服务。

2. 健康管理服务的特性

健康管理作为一种服务类产品,具有多种特性。科学、全面、准确地了解健康管理服务的特性,为个体和群体提供健康管理服务具有现实意义。健康管理服务具有以下六个特性。

(1) 无形性。健康管理服务是根据个体和群体的健康信息,进行评价和分析,为他们提供健康危险因素的干预,以达到健康改善的目的。整个服务过程在实施之前是无法用性状、质地、大小标准来衡量和描述。

(2) 不可分割性。在健康管理服务中,从开始到服务结束,服务的提供者和被提供者始终是实现健康效益的两个重要角色,两者缺一不可。

(3) 不稳定性。健康管理是一种个性化的服务过程,是依靠医生或健康管理师和被服务者共同完成的,会因服务提供者和被服务者或者双方同时出现心理和行为变化的波动而失去稳定性。

（4）易逝性。健康管理服务是根据个人当时的健康信息数据而提出的健康管理方案，此方案会随着个人的健康指标变化而失去价值。

（5）满意标准不同。由于个人对健康管理服务的期望值不同，对提供的健康管理服务的满意度也有所不同。

（6）客户的参与程度。健康管理服务是对个体的健康危险因素进行干预的过程，所以个体必须参与其中进行健康干预，才能起到增进健康的作用。健康管理服务的每一步都会影响个体对健康管理服务质量的总体印象。

三、健康管理学的科学基础

健康和疾病的动态平衡关系及疾病的发生、发展过程及预防医学的干预策略是健康管理的科学基础（图1-1）。个体从健康到疾病要经历一个完整的发生和发展过程，即从低危险状态到高危险状态，再到发生早期变化、出现临床症状。一般来说，在被诊断为疾病之前有一个时间过程。若为急性传染病，这个过程可能很短；若为慢性疾病这个过程可能很长，在这个漫长的过程中许多身体的变化多数并不会被轻易察觉，各个阶段之间也并无截然的界限。在被诊断为疾病之前，进行有针对性的预防干预，有可能成功地阻断、延缓，甚至逆转疾病的发生和发展过程，从而实现维护健康的目的。这就是健康管理的科学基础。

存在于人生命中的危险可分为以下三种：① 相对危险性。与同年龄、同性别的人群平均水平相比，个人患病危险性的高低。② 绝对危险性。个人在未来5年内患某些慢性疾病的可能性。③ 理想危险性。个人在完全健康的状态下得

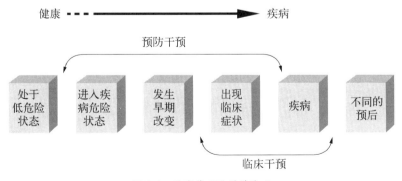

图1-1　健康管理的科学基础

到的数值。"绝对危险性"和"理想危险性"之间的差距就是个人可以改善而且应该努力摒弃的不良生活行为。引起疾病的危险因素可以分为"可以改变的危险因素"与"不可改变的危险因素"。"可以改变的危险因素"是随着"行为和生活方式"的改变而改变的。通过有效地改善个人的"行为和生活方式",个人的"可以改变危险因素"的危险性就能得到控制并降低。这构成了健康管理的最基本科学依据。

慢性病的发生、发展过程缓慢,是个体在环境及遗传等因素的作用下,体内生物指标逐步发生改变的结果。在早期阶段并没有明显的可诊断的症状出现。因而医生很难提出,个人也往往不能主动采取预防措施。这使得疾病不断地发展和加重,并将引起突如其来的临床发作,这个过程可能需要10年或更长的时间。因此,维护健康最重要的事情是预防疾病的发生,而不是治疗疾病。在这个过程中依据生物医学指标变化采取健康管理措施维护健康是预防慢性病发生、发展的有效措施。世界卫生组织指出,高血压、高血脂、超重和肥胖、缺乏体力活动、蔬菜和水果摄入不足、吸烟等,是引起慢性病的重要危险因素。这些危险因素相关的慢性疾病目前难以治愈,但其危险因素却可以预防和控制。这就是健康管理的科学基础。

健康管理可以通过健康风险分析和评估的方法确定慢性病的高危人群,通过有效的干预手段控制健康危险因素,降低发病危险,可以在这些疾病发展的早期尚未发展成为不可逆转之前阻止或者延缓疾病的进程。在健康管理过程中,可以利用先进的信息技术,通过分析大量的健康和疾病数据,如基因数据、影像结果、生物学标志物指标和临床指标,从中得出与个人健康相关的、非常有意义的健康管理信息,指导健康管理过程,达到健康管理的最优效果。

四、健康管理基本步骤

(一)健康管理的基本步骤

健康管理是21世纪一种前瞻性的健康服务模式,它是以较少的投入获得最大的健康效果,从而增加健康服务的效益。目前来说,健康管理有以下三个基本步骤。

1. 了解个人的健康状况

只有了解个人的健康状况后才能有效地维护个人的健康。具体地说,第一步就是收集个人的健康信息。一般来说个人的健康信息包括:一般状况(姓名、性别、年龄、婚姻状态等）、目前的健康状况和疾病家族史、生活方式（饮食状况、运动情况、吸烟、饮酒等）、体格检查（身高、体重、胸围、脉搏、血压等）、血和尿等实验室检查（血常规、血糖、血脂和尿常规等）、影像学检查（X-线检查、CT检查、超声检查等）、电生理检查（心电图、脑电图等）。

2. 进行健康和疾病风险性评估

根据收集的个人健康信息，对个人的健康状况及未来患病和死亡的危险性进行量化评估。其主要目的是帮助个体综合认识健康风险，帮助人们纠正不健康的行为方式和不良的生活习惯，制定个性化的健康干预措施并对其效果进行评估。目前健康风险评估主要转向发病和患病可能性上。患病危险性的评估，也被称为疾病的预测，是慢性病健康管理的技术核心。其特征是估计具有一定健康特征的个人在一定时间内发生某种非健康状况或疾病的可能性。患病危险性评估的特点是其结果可定量和可比较的。由此可根据评估的结果将服务对象分为高危、中危和低危人群，分别施以不同的健康改善方案，并对其效果进行评价，并在此基础上，为个体和群体制订健康计划。个性化的健康管理计划是有效控制健康危险因素的关键。个性化健康管理计划提出健康改善的目标，提供行动指南及相关的健康改善模块。

3. 进行健康干预

在前两步的基础上，以多种手段来帮助个人采取行动，纠正不良的生活方式和习惯，控制健康危险因素，实现个人健康管理计划的目标。健康管理中的健康干预是个性化的，即根据个体的健康危险因素，进行个体指导、设定个体目标，并动态追踪效果。

健康管理的这三个步骤可以通过互联网的服务平台及相应的用户端计算机系统来帮助设施。值得注意的是，健康管理是一个长期的、连续不断的、周而复始的，甚至需要持续一生的过程，即在实施健康干预措施一定时间后，需要评价效果、调整计划和干预措施。只有周而复始、长期坚持，才能达到健康管理的预期效果。

五、健康管理的服务流程

一般来说，健康管理的常用服务流程由以下五个部分组成。

1. 健康体检

健康体检是以人的健康需求为基础，按照早发现、早干预的原则来选定体格检查的项目。检查的结果对后期的健康干预活动具有重要的指导意义。健康体检项目可以根据个人的年龄、性别、工作特点等进行设定和调整。

2. 健康评估

通过分析个人的健康史、家族史、生活方式和精神压力等问卷获得的资料，结合其体检数据，为其提供一系列的评估报告，其中包括反映各项体检指标状况的健康体检报告、总体健康状况评估报告、精神压力评估报告等。

3. 健康咨询

在完成上述步骤后，个人可以得到不同层次的健康咨询服务。内容包括：解释个人健康信息及个人健康评估结果；了解个人的健康状况；制订健康管理计划；提供健康指导；制订随访跟踪计划等。

4. 健康管理后续服务

个人健康管理的后续服务主要包括：查询个人健康信息、接受健康指导、定期传播健康管理知识和健康提醒、提供个性化的健康改善行动计划。监督随访是后续服务的一个常用手段。随访内容主要包括：检查健康管理计划的实现状况、检查主要危险因素的变化情况。健康教育课堂也是后续服务的重要措施，在营养改善、生活方式改变和疾病控制方面有很好的效果。

5. 专项的健康及疾病管理服务

可为个体和群体提供专项的健康管理服务。对已患有慢性病的个体，可选择针对特定疾病或者疾病危险因素的服务。

第二节 健康管理的基本策略

健康管理的基本策略是通过评估和控制健康风险，达到维护健康的目的。健康管理的基本策略有六种：生活方式管理、需求管理、疾病管理、灾难性病伤管理、残疾管理和综合的人群健康管理。

一、生活方式管理

生活方式管理主要关注个体的生活方式、行为会对其健康造成的影响，并且通过专业干预手段减少由健康发展到亚健康再发展到疾病的可能性。

（一）生活方式管理的概念

生活方式管理是指通过健康促进技术来保护人们远离不良行为，减少危因素对健康的损害,预防疾病,改善健康。目前国人进行生活方式管理的重点为膳食、体力活动、吸烟、适度饮酒、精神压力等方面。

(二) 生活方式管理的特点

1. 以个体为中心,强调个体的健康责任和作用

选择何种生活方式属于个人的意愿和行动。可以通过多种方法和渠道宣传正确的生活方式,指导人们掌握改善生活方式的技巧等,但这一切不能替代个人作出选择何种生活方式的决策。

2. 预防为主

预防是生活方式管理的核心。有效整合三级预防:旨在控制健康风险因素,将疾病控制在尚未发生之时的一级预防;通过早发现、早诊断、早治疗而防止或延缓疾病发生的二级预防;防止伤残、促进功能恢复、提高生存质量、延长寿命、降低病死率的三级预防。

3. 与其他健康管理策略联合进行

预防措施通常是便宜而有效的,生活方式管理通常与其他健康管理策略联合进行,提高个体的健康水平。

二、需求管理

健康管理采用的另一个常用策略是需求管理。需求管理包括自我保健服务和人群就诊分流服务,帮助人们更好地使用医疗服务和管理自己的健康,即个体可以更好地利用医疗保健服务,在正确的时间、正确的地点,利用正确的服务类型。

(一) 需求管理的概念

需求管理是通过帮助个体维护自身健康和寻求恰当的卫生服务,控制卫生成本,促进卫生服务的合理利用。需求管理的目标是减少昂贵的、临床并非必需的医疗服务,同时改善人群的健康状况。需求服务常用的手段包括寻找手术替代疗法、帮助患者减少特定的危险因素并采纳健康的生活方式、鼓励自我保健/干预等。

(二) 影响需求的主要因素

影响个体卫生服务需求的因素主要有以下四个。

1. 患病率

患病率可以影响卫生服务需求,因为它反映了人群中疾病的发生水平。

2. 感知到的需要

个人感知卫生服务需要是影响卫生服务利用的最重要的因素，它反映了个人对疾病重要性的看法，以及是否需要寻求卫生服务来处理该疾病。有很多因素影响人们感知到的需要，主要包括个人关于疾病危险和卫生服务益处的知识、个人感知到的推荐疗法的疗效、个人评估疾病问题的能力、个人感知到疾病的严重性、个人独立处理疾病问题的能力，以及个人对自己处理好疾病问题的信心等。

3. 患者偏好

患者偏好强调患者在决定其医疗保健措施时的重要作用。患者与医生一起，患者对选择何种治疗方法负责，医生的职责是帮助患者了解这种治疗的益处和风险。

4. 健康因素以外的动机

一些健康因素以外的因素，如个人请病假的能力、残疾补贴、疾病补助等都会影响人们寻求医疗保健的决定。保险中的自付比例也是影响卫生服务利用水平的一个重要因素。

（三）需求预测方法与技术

1. 以问卷为基础的健康评估

以健康和疾病风险评估为代表，通过综合的问卷和一定的评估技术，预测在未来的一定时间内个人的患病风险，以及谁将是卫生服务的消费者。

2. 以医疗卫生消费为基础的评估

通过分析已发生的医疗卫生费用，预测未来的医疗卫生消费。

三、疾病管理

疾病管理是健康管理的又一主要策略。疾病管理是一个协调医疗保健干预与患者沟通的系统，它强调患者自我保健的重要性，强调运用循证医学和增强个人能力的策略来预防疾病的恶化。它以持续性地改善个体或群体健康为基准来评价临床、人文和经济方面的效果。

疾病管理具有三个主要特点。

（1）目标人群是患有特定疾病的个体。如糖尿病管理项目的管理对象为已确诊的糖尿病患者。

（2）不以单个病例和单次就诊事件为中心，而关注个体或群体连续性的健康状况和生活质量。

(3) 采用的医疗卫生服务及干预措施均为综合协调的措施。

四、灾难性病伤管理

灾难性病伤管理是疾病管理的一个特殊类型,它关注的是"灾难性"的疾病和伤害。这里的"灾难性"是指对健康危害十分严重和造成医疗消费巨大的情形,常见于肿瘤、肾衰竭、严重外伤等。

灾难性病伤有其自身的特点,如发生率低,需要长期复杂的医疗卫生服务,服务的可及性受家庭、经济、保险等方面的影响较大,这些特点注定了灾难性病伤管理的复杂性和艰难性。良好的灾难性病伤管理具有以下特征。

(1) 转诊及时。
(2) 综合考虑各方面的因素,制定出适宜的医疗服务计划。
(3) 具备一支多学科及综合业务能力强的服务队伍,能够有效的应对可能出现的各种医疗服务需要。
(4) 最大限度地帮助患者进行自我管理。
(5) 尽可能使患者和家人满意。

五、残疾管理

残疾管理的目的是减少工作地点发生残疾事故的频率和费用代价。残疾管理的具体目标如下。

(1) 防止残疾恶化。
(2) 注重功能性能力恢复。
(3) 设定实际康复和返工的期望值。
(4) 详细说明限制事项和可行事项。
(5) 评估医学和社会心理学因素。
(6) 与患者和雇主进行有效沟通。
(7) 有需要时要考虑复职情况。
(8) 要实行循环管理。

六、综合的人群健康管理

综合的人群健康管理是通过协调上述不同的健康管理策略来对个体提供更为全面的健康和福利管理。这些策略都是以人的健康需要为中心而发展起来的,有的放矢。健康管理实践中基本上都考虑采取综合的人群健康管理模式。

人群健康管理成功的关键在于系统性收集健康状况、健康风险、疾病严重程度等方面的信息,并评估这些信息和临床及经济结局的关联以确定健康、伤残、疾病、并发症、返回工作岗位或恢复正常功能的可能性。对于疾病管理来说,健康管理需要一套完整的医疗服务干预系统。

人群健康管理以三级预防为主:在疾病发生之前的一级预防;在疾病发展前对疾病早期诊断检测和对疾病进行筛查的二级预防;在疾病发生后预防其发展和蔓延,以减少疼痛和伤残的三级预防。

第三节 健康管理与我国的健康促进

维护和促进国民健康是关系到可持续发展的国计民生大事,通过健康管理来调动全社会的积极性,整合体制内和体制外的资源,从而全面促进国民的健康。健康管理为国民的健康促进提供具体的途径和方法。通过正确的健康管理理论与实践让人们从根本上认识到"生物—心理—社会医学"模式促进国民健康的作用。

一、生物—心理—社会医学模式

越来越多的研究结果证实,引起疾病和影响人类健康的因素多种多样,而且互相关联。人类某种疾病既可以在分子生物学水平上找到结构缺陷,也可在反映器官功能的生理生化指标上出现异常,还可以追溯到患者心理、家庭和人际关系方面出现的障碍。这些心理、社会和环境因素在疾病发生和发展过程中的重要作用也不容忽视。这些生物、心理、社会和环境因素常常互为因果、综合作用。引起疾病发生、发展的原因具有多样性和复杂性。因此,人们不仅要从生物因素方面,还要从心理和社会因素方面认识和防治疾病。这就客观上要求医学与社会学、医学与心理学之间相互渗透,以促进医学的进一步发展。由于人具有生物和社会的双重属性,因此,对于生命、疾病和健康的本质认识也需要从这两种属性及其相互关系上进行探索。

健康危险因素就是能使疾病或者死亡发生的可能性增加的因素,或者是能使健康不良后果发生概率增加的因素。新医学模式认为,疾病的产生除了生物学原因之外,人的心理、社会、环境因素也会起到很大的作用。因此,对于国民健康来说,最重要的不仅仅是医疗,还包括改变自然和社会环境,以及调动人们维护自身健康的积极性,改变不健康的行为和习惯。人们追求的应该是健康,不应该仅仅是看病。始于20世纪40年代,因健康新需求和科学新进展而产生的多因多病的生物—心理—社会新医学模式,到20世纪70年代基本成熟。我国于20世纪80年代初开始探讨从生物医学转向生物心理社会医学的理论与实践。这种新医学模式的特点是:沿着系统论思路,把人理解为生物的、心理的、社会的三种属性的统一体,人的健康和疾病不仅是生物学过程,还有心理和社会的因素,要从生物、心理、社会相统一的整体水平来理解和防治疾病。它主张在已有生物医学的基础上,加强心理和社会因素的研究和调控,相应地发展了医学心理学和心身医学、医学社会学和社会医学。

生物—心理—社会新医学模式的基本任务是维护与促进人群健康,提高人们的生命质量和健康水平。具体包括以下三个方面。

(1)倡导积极的健康观,保护和增进人群的身心健康和社会活动能力,提高人群的生命质量。通过健康危险因素评价和健康相关生命质量评价等医学评价技术,采取综合性健康措施,促进人们改变不良的行为和生活方式,减少危险因素,有效控制疾病的发生,提高健康水平。

(2)改善社会健康状况,提高个人的生命质量和健康水平。

(3)开展特殊人群和特种疾病的预防保健工作。特殊人群指处于高危险状态的人群,如妇女、儿童、老人、残疾人群和有害作业职工。

二、健康管理在我国健康促进工作中的作用

随着社会的发展和科技现代化,人们的生活方式发生了根本的改变,由于生活方式改变而导致的慢性非传染性疾病的发生率越来越高。单因单病、病在细胞的生物医学模式已经不能适应目前人类健康的需要。越来越多的医学科学技术成就阐明了心理、社会、环境因素对健康与疾病有着不可忽视的作用。由于人口老龄化进程加速和疾病谱从以传染病为主向以慢性非传染性疾病为主转变,医学模式从传统的生物医学模式转变为生物—心理—社会医学模式,与此相适应的医疗卫生服务已向四个方面扩大,即从单纯治疗扩大到预防保健,从生理扩大到心理,从医院服务扩大到家庭和社区,从单纯的医疗技术措施扩大到综合的社会服务。多因多病的生物—心理—社会医学模式是新时期指导我们维护和促进健康的指南针。

在新医学模式的指导下,健康管理应运而生,健康教育正在向健康促进发展。健康教育是帮助单独行为或集体行为的个人作出影响个人健康和其他人健康的知情决策的过程;健康促进是使人们提高控制自身健康能力和改善自我健康的过程;健康管理是科学确认、评估和去除健康危险因素,达到维护和促进健康目的的过程。可以说,三者都是生物—心理—社会新医学模式的具体体现。健康管理可以在健康促进工作中发挥巨大的作用。具体体现在以下两个方面。

(一) 健康管理为健康促进理念提供了令人信服的理由

健康促进认为改变环境和改变个人行为(生活方式)是降低发病率和死亡率、维护和改善国民健康的最有效途径。根据传统的生物医学模式,要降低发病率和死亡率,首先必须找到一个具体的生物学原因和死因。然而,21世纪大多数疾病和死亡已经不仅仅是由生物学病因导致的,要改变人们固有的生物学病因死因的观念,接受改变环境和改变生活方式可以降低发病率和死亡率的观念,必须有一个切实可行的切入点和行之有效的具体措施,即如何通过改变环境和生活方式来降低发病率和死亡率。健康管理的理论告诉我们,21世纪增加发病率和死亡率、威胁我们健康的元凶是工业化和城市化带来的环境和生活方式的巨大变化而导致的大量健康危险因素的增加。通过改变环境和个人生活方式可以有效地减少和消除危险因素,达到维护和促进健康的目的。健康管理的实践积累了足够的科学证据证明减少健康危险因素可以维护和促进健康。

(二) 健康管理为群众参与健康促进活动提供了切实可行的具体措施

群众参与健康促进活动和决策过程是巩固健康促进成果的关键。由于健康促进的五项行动策略偏重宏观,在我国目前的情况下存在操作层面上的客观困难。以科学检测、评价和化解健康危险因素为切入点,健康管理可以调动决策者和群众两方面的积极性。具体内容如下。

(1) 共同参与制定促进健康的公共政策。

(2) 共同参与创造安全、满意和愉快的生活和工作环境。

(3) 共同参与加强赋权社区。在社区开展健康行动,可以更有效地化解社区里的各种健康危险因素,可持续地建设健康社区。

(4) 共同参与发展个人技能,控制自己的健康和环境,有准备地应对人生各个阶段可能出现的健康问题。健康管理理念认为每个人都是自己健康的第一责任人。只有接受了健康管理的理念,才能积极参与健康促进。

（5）共同参与调整社区健康服务方向，建立一个有助于健康的卫生保健体系。

总之，21世纪威胁国民健康、增加发病率和死亡率的主要因素是存在大量的健康危险因素。健康促进为我们把握方向，健康管理通过检测、评价和消除可干预的健康危险因素，为我们提供了健康促进的具体途径和方法。这将对我国国民的健康维护和促进健康事业发展发挥巨大作用。

第二章

智能健康管理

根据《2012中国城市居民健康白皮书》调查发现,我国35~65岁的人群正在成为慢性病大军,其中超重和肥胖、血脂异常和脂肪肝、高血压呈明显上升趋势,发病年龄日趋年轻化。同时,中国正在逐步进入老龄化社会。国务院办公厅2017年发布的《"十三五"国家老龄事业发展和养老体系建设规划》指出:中国人口老龄化加速发展,老年人口基数大、增长快并日益呈现高龄化、空巢化趋势。对慢性病的病情管理及控制以及对老龄人口的照护是目前我国医疗健康行业亟待解决的问题。2016年,国家颁布的《国务院办公厅关于促进和规范健康医疗大数据应用发展的指导意见》表明,"互联网+健康医疗"这种服务新模式是激发深化医药卫生体制改革的动力和活力,能提升健康医疗服务效率和质量,扩大资源供给,不断满足人民群众多层次、多样化的健康需求,有利于培育新的业态和经济增长点。

第一节 智能健康管理相关概况

"互联网+医疗健康"的形式在国内逐渐崛起并快速发展。从需求驱动来看,人口老龄化、慢性病防控形势严峻,健康管理意识增强,成为日渐清晰的刚性内需。从政策驱动来看,促进健康服务业发展、实施信息惠民工程、推进远程医疗及分级诊疗、推进公立医院综合改革,以及规范医师多点执业和促进社会办医,每一项都对原有体系提出了挑战,需要有更加创新的模式满足其具体要求。从技术驱动来看,技术驱动是一切发展的核心基础和启动器,云计算/大数据等新技术发展、传感器技术使终端更智能化、移动互联网日益普及、3D打印和基因测序技术的发展和应用,都将为"互联网+医疗健康"带来足以满足需求的技术实现手段。从资本驱动来看,2014年以来,我国"互联网+医疗"快速发展,以BAT(百度、阿里巴巴、腾讯)为代表的互联网公司,跨界投资"互联网+医疗"领域。据公开资料整理,2014年我国"互联网+医疗"投融资事件103起,比2013年的33起增长了212.1%,投融资金额达14.18亿美元,比2013年的2.12亿美元增长了568.9%;2015年我国"互联网+医疗"投融资事件187起,比2014年增长了81.5%,投融资金额达18亿美元,比2014年的增长了27.0%,

为"互联网+医疗健康"的快速发展带来资金保障。

一、智能健康管理的定义

（一）智能健康管理的定义

智能健康管理是指通过使用智能手段以达到更好地进行健康管理的过程，即利用信息化技术对个体或群体的健康进行全面监测、分析、评估、提供健康咨询和指导，以及对健康危险因素进行干预的全过程。就中国目前的社会结构和疾病构成的现状而言，智能健康管理系统将在慢性病和养老产业两大领域提供巨大的支持并发挥积极的作用。

（二）应用对象

目前智能健康管理主要应用于慢性病等病程较长患者的延续性护理与健康指导，或者是对健康人群进行健康管理。这也是因为长期的护理与健康管理需要花费大量的时间、精力、资源，而智能健康管理刚好能够满足其需求。

（三）基本流程

智能健康管理以监测、评估、反馈、干预、追踪为循环路径，具体包括以下四点。

（1）通过远程实时监测，针对性的量表、问卷等对人体各项生理参数、心理指标、生活习惯等进行动态采集和评估，形成个体健康管理档案。

（2）通过各种方式进行评估结果的反馈和沟通，制订个体化健康目标和健康计划。

（3）针对个体现存或潜在的健康问题进行健康教育，实施健康干预。

（4）以个体健康管理档案为基础，实施持续追踪管理。

二、智能健康管理的特点

相较于传统的健康管理，智能健康管理具有以下五个特点。

（1）以人为本，强调个体的自主参与，即自我健康管理。

（2）疾病防治的工作重心由医疗机构下移到家庭和个体，不仅关注疾病治疗，更加注重疾病预防。

（3）以个体的健康信息为互联核心，实现个体、家庭、社区、医院、政府多机构的协同健康管理和服务保障。

（4）借助移动互联网、社交网络，建立个体与医生、护士、物理治疗师、营养师、心理咨询师等跨专业健康团队，以及同病人群、家庭成员间紧密的沟通联系。

（5）依靠智能科技，提高医疗资源的可及性和便捷性，降低就医成本，提高医疗照护质量。

三、智能健康管理的功能

（一）提高患者健康意识，促进健康行为

智能健康管理系统因其软件应用的可及性较广，在健康宣教中的应用较普遍。智能健康管理系统可以对患有冠心病的上班族进行健康知识的宣教，向患者介绍冠心病的危险因素，告知患者如何进行压力管理，并有定时提醒等服务，促进患者健康生活，提高患者的健康意识和健康知识储备，促进其健康行为。智能健康管理系统也可以为孕产妇提供健康信息，通过远程健康教育提高孕产妇健康水平，降低孕产妇死亡率，完成促进孕产妇健康的目标。

（二）协助健康管理人员进行健康信息监测和分析

随着可穿戴设备的出现，用户只需要穿戴微型设备，即可自动收集和传输个体生理数据等信息，并通过健康管理人员对健康信息进行监测和分析，这在慢性病监测管理、预防老年人跌倒、儿童体重控制等领域均有较好的作用。

（三）增进医患沟通，便捷就医环境

智能健康管理系统评估患者身体、功能和社会心理等状况，为患者呈现具有针对性的自我管理措施，同时还提供论坛、小组讨论、信息咨询等形式的交流平台，延缓患者生活质量的恶化。患者或家属通过智能手机将患者的检查信息（如X光照片）远程传输给医护人员，医生与患者可通过手机进行交流，即远程医疗模式。目前学者构建了互动式远程糖尿病管理模式，既为患者提供了个性化医疗服务，同时充分调动了患者的主观能动性和积极性，为更便于医患远程交流起到了良好的作用。

（四）为健康大数据分析奠定基础

智能健康管理系统最核心的内容在于对采集到的生理信息处理分析，这也是智能健康管理系统应用的价值核心，只有通过专业医护人员的分析处理，才能给予专业的、个性化的健康指导。相比于传统医疗辅助手段，智能健康管理系统的主要优势在于运用分析工具处理海量健康数据，从而发现蕴藏规律及关系，对健康状况有很好的预测作用。通过专业医护人员解析，进而使科学有效的健康知识服务于更多人群。

四、智能健康管理的必要性

(一) 合理配置医疗卫生资源、提高医疗健康服务的必然选择

移动数字医疗和智能健康管理坚持以预防为主、促进健康和防治疾病相结合，推进信息科技和医疗技术相结合，开发提供用于个人和社区居民的微型、智能、数字化人体穿戴式多参量医学传感终端等医疗与健康管理设备，以移动医疗数字信息化技术管理为手段，为居民提供实时的健康管理服务，为医护人员提供在线的医疗服务平台，为卫生管理者提供健康档案实时的动态数据，形成自我健康管理及健康监测、健康风险评估和远程医疗协助有机结合的循环系统，实现对个体健康的全程监控，显著提高重大疾病诊断和防治能力，提高医疗服务效率、质量、可及性，降低医疗成本与风险，为全民健康水平的提高提供强有力的科技支撑。

(二) 加快卫生信息化建设的迫切需要

"十二五"期间，我国卫生信息化建设取得较快发展，但由于健康管理和卫生服务本身固有的特殊性和复杂性，卫生信息化尚缺乏顶层设计和信息标准。顶尖的信息技术没有很好地与现代医学技术嫁接、交互、整合，信息孤岛和信息烟囱问题突出，组织机构建设滞后，专业技术人员匮乏、分散。智能健康管理充分发挥移动信息化优势，积极助力医疗行业打通内外部信息孤岛，构筑医患沟通平台和健康信息共享机制，开发效率更高、成本更低的数字医疗服务产品及平台，制定信息标准和规范，培养智能健康管理人才，从而助推卫生信息化建设的加快发展。

(三) "健康中国2030"战略的实施以及进一步推广全民健康事业的需要

"健康中国2030"战略目标离不开智能健康管理的建设与开发。我国经济发展，尤其是东部地区经济的快速增长，居民对健康需求的日益增长，健康产业的大力兴起，为智能健康管理的实施奠定良好的基础；"国家数字卫生关键技术和区域示范应用研究"等多项国家课题的研究与报告为智能健康管理构建先进的信息技术与现代医学技术交互、整合、开发的平台，推动了区域卫生资源互通共享，满足政府、企业和居民的需求。

第二节　智能健康管理的内容

世界卫生组织的一项调查显示，国外推行智能健康管理的主要形式有建立远程呼叫中心、推送预约提醒短信、远程医疗救助等，不但可以扩大卫生服务覆

盖面、促进居民个人健康管理，也能通过居民健康信息传输，利于医护人员专业知识水平提升，更有利于全面提高居民的健康保健意识，促进全民健康进程。我国智能健康管理系统主要包括对人群推送健康知识、健康信息采集、健康行为计划及干预、就诊预约挂号、疾病状况及风险评估分析、医护患远程沟通等内容。随着智能健康管理系统数量的增加，不同系统内涵盖内容的侧重点不一，涉及的主要内容也越来越丰富，其中也包括我国特色中医健康指导及干预。目前智能健康管理主要包括以下五个方面的内容。

一、数字健康

世界卫生组织将数字健康（eHealth）定义为医疗和健康照护的电子转换器，即通过综合运用各项信息技术，对居民健康数据进行采集、管理和分析，多个参与方辅助以学习、遵从和反馈，从而达到健康管理目标的交互迭代过程。从技术上而言，是现代信息技术与数字化医疗保健技术的结合。

eHealth最早出现在2000年，由于eHealth产业链涉及范围较广，有信息运营商、软件与硬件、IT服务、医疗器械、医疗与健康管理行业，内容也覆盖全民健康信息网络、电子健康记录、远程医疗服务、移动医疗设备和通信，以及越来越多基于IT和通信技术的疾病预防、健康监测和生活方式管理的系统和设备。

在智能健康领域，应主要瞄准eHealth的数字化、微小化、智能、微创/无创、准确、安全、可靠等关键需求，集成创新开发用于个人和社区居民的微型、智能、数字化人体穿戴式多参量医学传感终端等医疗与健康管理设备，包括新型传感终端的研制开发、微功率智能终端技术、传感监测技术、数据的自适应容错技术、质量控制方案、防冲突和定位技术等。

2016年3月发布的《国务院办公厅关于促进医药产业健康发展的指导意见》提出要鼓励开展智能医疗服务，规范医疗物联网和健康医疗应用程序（App）管理。同时，中国在推进和规范医师多点执业、处方药网上销售、公立医院改革、电子处方和互联网医保支付等方面也有新的进展和要求。这些政策为促进电子健康的发展提供了有利的基础条件，标志着电子健康在各个方面正逐渐发挥着作用，成为缓解现阶段医疗问题的重要途径。

二、移动健康

WHO将移动健康（mHealth）定义为通过移动设备，如手机、患者监护设备、掌上电脑等无线设备，进行医疗和健康管理，主要包括医疗信息服务、远程医疗服务、专家预约服务、医院信息移动化解决方案，所涉及的主要技术有物联网、可穿戴设备、移动应用程序、大数据、线上到线下。国际医疗卫生会员组织医疗卫生信息和管理系统协会（Healthcare Information and Management Systems Society, HIMSS）将mHealth定义为：通过使用移动通信技术（如掌上电脑、移动电话和卫星通信等）来提供医疗服务和信息。

随着移动通信技术和医疗技术设备的发展，促进了移动通信系统在医疗保健行业的应用。mHealth是把计算机技术、移动通信以及信息技术应用于整个医疗过程的一种新型的现代化医疗方式，它是面向社会的、全面的医疗信息、医疗服务和健康管理服务的复杂系统。

移动电话的普及为运用移动技术支持医疗服务提供关键的基础。据一项移动通信医疗服务应用的社会大众调查显示：60%被调查者有通过手机挂号和查询医疗健康信息服务的需求；65%的人希望医疗检查结果能发送到本人手机上；57.8%的人对手机健康热线咨询有需求；35.6%的人认为对术后、诊后、产后手机跟踪服务有需求。随着4G手机逐渐普遍化，手机的功能越来越强大，运营商已逐渐从它自身的领域向其他的产业扩张，移动医疗就是其中之一。mHealth的一个概念是利用手机终端采集用户的多种生理信息，如体温、血压、血氧、脉搏、心电等。手机终端利用采集器来实现采集的功能，采集器与手机可以是一体或分体，两者之间采用有线（如USB）或无线（如蓝牙）的方式传递信息。

过去，阻止移动医疗成为现实的障碍是网络连接、安全性、可靠性以及低成本和低功耗等要求，但随着4G无线通信技术在全球逐渐普及，以及技术不断演进、速率不断提高，无线通信技术对移动医疗支撑已经不是问题。目前，在该领域的主要应用有远程数据采集、远程监控、疾病与流行病传播跟踪、诊断与治疗支持、无缝隙监护与健康管理、教育与通知、针对医疗工作者的交流与培训，以及开发与运用便携式医学传感终端。移动医疗信息系统的核心就是通过使用移动终端，通过无线网络连接后台使用的服务器和数据库，实现相关信息的浏览、查询、采集和传输，彻底解决有线医疗信息系统存在的各种问题。移动医疗的范围非常宽，并且各种应用还在持续不断地发展。

无线和移动设备及技术会对医疗健康产业产生重大的影响，可使远程医疗监测、咨询和医疗更加灵活、方便。mHealth通过及时的医疗信息服务对解决医疗资源短缺问题提供了空前的机会。越来越多的数据表明，mHealth通过它的低成本、高效、广泛的应用,在许多医疗资源匮乏的地区,改变了医疗的传递方式。

mHealth的发展趋势为:针对远程用户应能进行随时随地的,不受时间和空间限制的,没有信息限量的传递多种类的和可靠的用户资料视频、生理参数、伤检分类、数据和交流,开展诊断、治疗、干预,实现无缝隙的健康管理。

三、电子健康档案

电子健康档案(electronic health records, EHR)是人们在健康相关活动中直接形成的具有保存备查价值的电子化历史记录。它的兴起和发展融合了"信息化"和"大数据"的特点。

电子健康档案在欧洲已被广泛使用在医院和医生的办公室,以计算机为媒介的通信技术促进了病人与临床工作者之间的沟通和互动,病人的数据可以共享和无缝地应用在他们的临床工作流程,供医疗专业人员使用。最终的目标是在不同的地点、时间,均可对临床信息进行访问。

我国电子健康档案的研究起步较晚于其他国家,是伴随着居民个人健康记录信息化、医院患者诊疗记录共享及个人健康纸质档案的建立而展开的。2009年5月,原卫生部出台了《健康档案基本构架与数据标准(试行)》,使电子健康档案标准化的实施有了一定依据。然而,我国电子健康档案目前尚未真正普及,覆盖率较小。这些录入计算机系统的健康档案,没有被大规模地推广使用,即使在覆盖率较高的一线城市中,各个医院平台的系统互不兼容,患者的信息也无法实现共享,医疗单位及民众个人并没有真正开始使用电子健康档案。不仅如此,居民健康档案的更新率也较低,依然依赖于临床就诊,信息精准性得不到保障。原本以减少患者及医生工作量为目的,但实际上并未能达到预期效果。

四、健康可穿戴设备

信息技术的发展使医疗健康技术迎来前所未有的融合,因此以智能可穿戴设备为代表的新兴信息产品与技术的传播和应用,推动了医疗健康领域服务与功能的全面升级。可穿戴设备(wearable devices)是指综合运用各类识别、传感、连接和云服务等交互及储存技术,以代替手持设备或其他机械,实现用户互动交互、生活娱乐、人体监测等功能的新型日常穿戴设备(眼镜、手表、腕带、衣服、拐杖、配饰等)。按照目前市场上已有的产品可将可穿戴设备分为以下两类。

(1)运动健康类或健康促进类(health promotion wearable devices)。如Apple

Watch、Google Glass、Samsung gear等带有简单计步、监测心率、监测睡眠和卡路里计算等促进健康功能的时尚可穿戴设备。

（2）医疗健康类（medical wearable devices）。如可穿戴视力听力增强器、非侵入式糖尿病监测、英特尔帕金森综合征监测、预防突发性心脏病和中风的功能型可穿戴设备等。

可穿戴设备和环境传感器在智能家居（smart home）和健康医疗信息技术（health information technology, HIT）领域已经有很多研究和应用，这些具有环境智能感知性、服务连续性、实时性和微环境（情境）感知性等诸多优势的设备，为老年人在居家环境中的安全、护理、医疗提供有效协助，如健康状况监测、防跌倒、定位和防走失、日常行为监测和异常行为报警、服药提醒、慢性病实时监测和预警。

目前国内外在运动健康类可穿戴设备中的发展较为成熟。对于医疗健康类可穿戴设备，美国食品药品监督管理局通过审核，批准部分医疗可穿戴设备进入临床试验和医疗产业中，如用于监测和治疗帕金森病的可穿戴设备、可穿戴人工肾、帮助部分失明人士重新看到物体的形状和色彩的电极网格等。可穿戴设备在中国并未纳入医疗器械范畴，其研发水平、公众认知度、接纳程度等都需要很长一段时间才能达到国际水平。

五、人工智能

人工智能对于医疗健康领域中的应用已经非常广泛，从应用场景来看主要分为虚拟助理、医学影像、药物挖掘、营养学、生物技术、急救室/医院管理、健康管理、精神健康、可穿戴设备、风险管理和病理学共十一个领域。

在智能健康管理方面，目前应用较广泛的为虚拟助理。我们把虚拟助理分成两类：一类是包括Siri等通用型虚拟助理；另一类是专注医疗健康类的专用虚拟助理。和通用类型助理相比，医疗健康类助理是一个更垂直、专业度更高的领域，有很多专业术语和专业技能需要我们去学习。我们从五个方面去对比通用类和医疗健康类虚拟助理的差别：通用类虚拟助理上市时间早，资本支持度高，数据规模大，而医疗健康类虚拟助理的专业属性强、监管风险高。虚拟助理是目前较受资本青睐的人工智能医疗健康细分领域，目前在国外用户所熟知的医健虚拟助理是Babylon Health（伦敦），而国内在虚拟助手上，也有大数医达和康夫子崭露头角。

第三节　中国的智能健康管理的实际应用

一、慢性病

慢性病的健康管理时间跨度大、涉及领域广，传统医疗模式受限于时间和空间，不能为慢性病患者提供高质量的健康管理。因此，如何在慢性病的治疗和长期健康管理上为患者提供足够的、合理的支持成为医疗卫生服务体系的巨大挑战。我国慢性病患者数量庞大且始终处于急剧增加状态，我国针对慢性病的智能健康管理模式以健康知识推送（如基本常识、体征监测、运动方案、合理用药、生活指南）和体征数据的传输（如血压、脉搏、体温、呼吸和血糖等）为主，尚未出现针对性的管理系统能够进行个人化的健康干预。

二、养老业

随着我国老龄化程度增加，养老业的发展极其重要。有报道显示，随着智能产品的普及，老年人对智能产品接受度逐渐提高，使得智能健康管理在老年健康服务领域将发挥更广泛的作用。目前，智能健康管理在老年健康管理领域主要应用于远程监测、心理评估、健康信息互联、慢性疾病管理、生活方式干预和健康教育等方面。

目前我国的养老方式主要有两种：家庭养老和机构养老。"互联网+养老"的形式，大大提高了养老业的服务效率。近年来在北京、上海等地逐渐兴起了以社区为单位的"社区服务热线"居家养老模式，该模式是由政府出资委托相关的社区服务机构对社区群众提供便利的服务，尤其针对老人提供了特别关爱服务，利用先进的电子技术和强大的网络运营商，为居家养老的老人打造了一个数字化、智能化、全方位、全天候的养老服务模式。其运用智能化手段，对烟、火、煤气等老年人生活中可能存在安全隐患的地方进行监控，并通过网络的传输和分析进行储存或者发出警报。根据老年人的身体状况和环境特点，为其提供个性化养老服务。除此之外，利用可穿戴式监测设备（如可穿戴设备），随时收集室内老年人的基本健康信息，并远程传输给专家诊断系统进行储存和分析，为老年人建立独立的健康档案，为老年人突发状况的处理、老年人疾病的预防和诊断，提供有力的参考。这种环境智能化的养老模式，费用高昂，普通家庭难以承担，也因此未能在大范围内推广。

还有一种通过养老服务方式智能化来改善养老服务,这种养老服务模式主要依托于养老服务平台,老人可以电话呼叫、网络预约所需服务,平台会立刻向就近的会员企业下单,将服务送上门。养老服务平台的功能随着实践开展会具体细化,更多服务将会展开,包括居家养老信息服务平台模式、三网合一O2O社区服务模式、社区便利店服务模式、社区远程医养结合服务模式、应急呼叫服务模式等,将使更多老年人零距离享受智能居家养老服务。

目前针对老年人的智能健康管理仍较局限,多聚焦于远程监测、单一疾病的健康管理等;国内也较少针对老年人群,仅处于智能健康管理系统的建构阶段,较少以使用者的观点探讨系统介入老年人照护服务后对其健康与生活品质的影响。因此,针对我国老年人的特点,结合老年人的健康管理和照护需求,开发集远程监测、多维度评估、健康信息互联、慢性病管理等功能为一体的老年智能健康管理系统,人性化评估老年人的使用体验还有待今后进一步深入研究。

三、智能健康管理的发展趋势

随着经济和信息化技术的高速发展,智能健康管理系统的应用越来越广泛,不局限于养老与慢性病,更能延伸至孕产妇及儿童、运动员等人群,或是其他行业,其在现代医疗体系中发挥着越来越重要的地位。但是,作为建设智慧城市的重要载体,智能健康管理系统也面临质量、信息整合、信息安全等方面的问题,而其现有的不足也更能促进医疗机构间、医疗与信息技术等多团队合作,研发更具有专业医疗特色的智能健康管理系统,使更多人群受益。以慢性病和多发病的健康管理为契机,提高全国范围内医院、社区、家庭智能健康管理系统普及率,不仅能够实现个人全生命周期的健康管理,还可以通过大数据的融合,为医疗、用药、护理、康复等多方面提供有力证据,对疾病的起到预测、监测及管理的作用。

第三章

健康体检

第一节　健康体检概述

一、健康体检的目的

健康体检的目的是：预防疾病,降低发病率；促进健康、增强体质,及时校正健康坐标,保持更长的健康状态。

健康体检可以做到：无病早防,有病早治,使人们拥有健康的体魄、充沛的精力、敏捷的思想、正常的心理。专家建议,看似健康的人也应该每年或至少每两年进行一次健康检查,因为定期的健康检查能够在早期发现一些无症状或者症状不明显的疾病,如早期肿瘤、高血压、高脂血症、糖尿病、脂肪肝等。因为有许多常见病是隐匿的,早期没有任何症状,如高血压病,有些人在血压很高的时候也没有任何感觉,当出现症状时心脏、肾脏或脑部已经受到损害,甚至已发展到不可逆转的严重阶段；糖尿病、高脂血症是严重危害人们健康的疾病,如果不进行血液化验也是难以发现的；还有一些早期肿瘤、脂肪肝等疾病,不通过实验室检查或B超等特殊检查也是发现不了的,定期进行健康检查是早期发现疾病的必要手段。

二、健康体检的类型

（一）集体健康检查

我国大部分单位都会每半年或一年为职工进行一次健康体检,这是对本单位工作人员"健康状态"的大检查。事实上,不少疾病也都是在体检中被发现的,如没有明显症状的恶性肿瘤、高血压病、糖尿病、脂肪肝、高脂血症等。集体健康检查项目通常以监测传染病（乙肝病毒携带者、肝炎、肺结核等）,肿瘤,心、肺、肝、肾、脑等重要脏器的功能和疾病,以及妇科普查为主。

（二）个人健康检查

个人健康检查完全是为个人而设计的,一般是根据健康检查者的年龄、性别、体重、身高、营养状态、职业特点、个人嗜好、既往病史、家族史、现病史和目前出现的症状体征等实际情况来具体制定的。因此,个人健康检查时应向主检医生如实讲清楚以上情况,以便主检医生制订准确的健康检查项目。

三、健康检查前的准备和注意事项

（一）健康检查前的准备工作

为了确保每项健康检查的项目都能得到与受检者实际情况相符的结果，排除可能的干扰因素，健康检查前应做如下准备工作。

健康检查前三日内，保持正常饮食，不要饮酒。健康检查前一天不要大吃大喝，不要进食太甜、太咸和高蛋白质食物，健康检查前最好禁食8小时以上，以免影响空腹血糖、血脂、尿素氮等指标的检测。

健康检查前一天要注意休息，避免剧烈运动和情绪激动，保证充足的睡眠，最好能洗个澡，尽量避免饮浓茶、咖啡等刺激性饮料，以免影响睡眠和心率。

既往有高血压、心脏病、肝病等慢性疾病一直服药者可继续按规律服用，可以不停药，以便检验用药后的效果；糖尿病患者因禁食暂停服药者，应携带备用，检查后立即进食及服药。

怀孕的女性应事先告知医护人员，避免做放射线检查及妇科内诊检查，以免造成流产或对胎儿不利的影响。

女性受检者月经期间不要做尿、大便检查及妇科内诊检查，可待月经后再补检。

近视眼者不要戴隐形眼镜，尽量改外戴眼镜，否则无法测试眼压。

体检当日不要化妆，不要带饰品，不要穿连衣裙、连裤袜，尽量穿着宽松衣服，男士不要打领带，便于检查。

如有疾病，尽可能将以往的病历资料备好带齐，以供体检医生参考。

（二）健康检查中的注意事项

1. 保持精神放松

保持平常心态，千万不要紧张，这样才能使检验结果客观、真实。

2. 如实反映病史

相信医生，积极为健康检查的医生提供真实的病历资料，告知医生自己的身体状态和不适感觉，以便体检医生对体检结果作出正确的诊断，避免漏诊和误诊。

3. 静脉采血注意事项

静脉采血时心情要放松，以避免因为恐惧造成血管收缩而增加采血的难度；同时还可避免神经血管反射而引起晕血。静脉采血后在针孔稍上方按压3分钟左右，不要揉，压迫止血的时间要充分。因为个别人需要较长的时间才能凝血,如果皮肤表层看似出血停止就马上停止压迫,可能会使血液渗至皮下造成青紫淤血。若出现小片青紫,会有轻微的疼痛,不必紧张,待24小时后进行局部热敷,会慢慢地吸收。

4. 血压测量注意事项

(1) 在测量血压前,先静息片刻,使身体安静下来。

(2) 情绪紧张和激动之后不要马上测量血压。

(3) 剧烈运动和劳动之后不要马上测量血压。

(4) 测量时坐正,把上衣一侧袖子脱下,手臂平放,手心向上,上臂和心脏在同一水平位上,肌肉要放松。如果是卧位,也要使上臂和心脏处于同一水平,不能过高或者过低。

(5) 测血压时精神不要紧张,不要屏住呼吸,因为屏住呼吸会使血压升高。

(6) 寒冷环境会使血压偏高,高热环境会使血压偏低,这也是应该注意的。

5. 糖尿病病人体检的注意事项

对于糖尿病病人,由于较长时间的禁食、禁水及体检时的活动、劳累,可能会造成低血糖、酮症酸中毒。因此,糖尿病病人在体检时最好有人陪伴,并尽量保持安静、减少活动,尽早抽取血液样本。进行需空腹检查的项目,应携带一些易消化的食品,一旦出现心悸、气短、出冷汗等症状,立即进食上述食品,以保证安全。

6. 避免意外发生

在健康检查过程中,如果感到身体出现不适或者疼痛,要及时向操作医生、护士、技术人员提出,以免发生意外。如果以往有晕血病史,请告诉护士,尽量采取卧位采血,可避免再次晕血的发生。

第二节 健康检查的常规项目

一、体格检查

(一) 身高、体重、体格指数

身高是指从头顶至足底的垂直长度。体重是指人体的重量。体格指数是反映体重的重要客观指标(见表3-1)。

$$体格指数(BMI) = 体重(kg) / 身高^2(m^2)$$

表3-1　我国成年人的体格指数（BMI）标准（kg/m²）

体重不足	正常	超重	肥胖
<18.5	18.5～23.9	24～27.9	≥28

肥胖或消瘦都可能引起疾病，引起肥胖最常见的原因是热量摄入过多，超过消耗量，也与内分泌疾病、遗传、生活方式、运动和精神因素等有关。消瘦多由进食不足，或者盲目减肥、胃下垂、贫血、内分泌功能紊乱等疾病引起。体格指数是评估体重与身高比例的指标，并不能完全反映身体脂肪的含量，而高脂肪含量才是危害健康的因素。

男性腰围≥90 cm，女性腰围≥85 cm，为腹部脂肪积蓄的界限。

（二）血压

测量血压是健康体检中最重要的内容之一。高血压病会导致脑中风和心肌梗死，此两种疾病是目前我国致残、致死的主要原因。高血压还可能引起肾功能不全、眼底出血等并发症，所以成年人每年都应进行多次的血压测量。血压的变化受多种因素的影响，如精神紧张、饮酒、情绪激动、运动等。血压水平的分级标准、如表3-2所示。

表3-2　血压水平的分级标准

血压水平分级	收缩压（mmHg）	舒张压（mmHg）
正常血压	90～139	60～89
1级高血压	140～159	90～99
2级高血压	160～179	100～109
3级高血压	≥180	≥110

（三）内科检查

1. 心脏听诊

心率：每分钟心跳的次数。正常成年人心率60～100次/分。

心律：心脏跳动的节律。正常的心律是窦性心律，最常见的心律失常是期前收缩（亦称早搏）、心动过速、心动过缓等。

心音：检查心音的变化和有无心脏杂音等，有助于心血管疾病特别是瓣膜病变的发现和鉴别。

2. 肺部听诊

通过肺部呼吸音的听诊,检查有无干湿啰音、哮鸣音、胸膜摩擦音等,作出肺部、气管、支气管、胸膜有无病变的判断。

(四) 外科检查

1. 脊柱

引起脊柱变形的病因有佝偻病、脊柱结核、强直性脊柱炎、脊柱退行性病变等。如果有椎间盘突出等问题,有病变部位会有压痛或叩击痛,如果脊柱旁的肌肉有压痛,则可能为肌肉劳损或者肌肉炎症。

2. 四肢

检查关节有无变形、红、热、肿、痛、运动障碍等,下肢水肿需考虑心脏、肾脏、肝脏、血管、新陈代谢是否异常。

3. 肌肉

检查有无肌肉萎缩、肌力减退等,如进行性肌营养不良、多发性神经根炎、周围神经损伤等,会出现单侧或者双侧的肌肉萎缩、肌力减退等。

4. 甲状腺

检查可发现甲状腺肿大、肿块等线索,以便进一步检查。

5. 肛门、直肠

检查肛门、直肠可发现有无痔疮、肛裂、肿物,以及早期直肠肿瘤等。

6. 外生殖器

检查外生殖器有无病变、炎症,男性是否有包茎、包皮过长、前列腺是否肿大等。

7. 乳房

检查可提示是否有乳腺囊性增生、结节、乳腺肿块等病变线索。

8. 浅表淋巴结

淋巴结肿大可分为局部淋巴结肿大和全身淋巴结肿大。局部淋巴结肿大大多见于炎症、结核、恶性肿瘤淋巴结转移。全身淋巴结肿大多见于急性、慢性淋巴结炎、传染性单核细胞增多症、各种淋巴瘤、白血病等。

(五) 妇科检查

有性生活史的妇女应定期做妇科检查、阴道B超及宫颈细胞学检查等,无性生活史的妇女一般只做腹部盆腔B超检查。凡是有性生活的妇女,每年至少应做妇科检查一次。

（六）眼科检查

1. 眼睑

了解是否有浮肿、瘀斑、肿物、内翻、外翻、下垂、闭合障碍、溃疡等。

2. 结膜和巩膜

除了发现结膜炎、角膜炎、沙眼、翼状胬肉等疾病外，还可以提供贫血、黄疸等疾病的线索。

3. 眼压

眼压为眼球房水的内在压力，正常值为 10～21 mmHg。眼压增高，见于青光眼；眼压降低，见于眼球萎缩或者脱水。

4. 视力

初步判断视力是否有减退，提示是否有屈光不正（散光、近视、远视）、老视（老花眼）等。

5. 色觉

对某种颜色的识别能力降低为色弱，完全不能识别某种颜色为色盲。

6. 眼底检查

很多全身疾病可引起眼底改变，如高血压、动脉硬化、糖尿病、白内障、视神经炎、视神经萎缩等。眼底检查可发现一些疾病的严重情况。

（七）耳鼻喉科检查

1. 检查项目

检查外耳、中耳、鼻、扁桃体等。可以发现急慢性鼻炎、鼻窦炎、扁桃体炎、鼻息肉、声带息肉、急慢性中耳炎、鼓膜穿孔等疾病。

2. 听力测定

测定听力是否减退，建议每年做一次听力检查。

（八）口腔科检查

主要检查有否龋齿、牙石、牙龈炎、口腔黏膜病变等。

二、影像学检查

（一）常用X线检查

1. 胸部X线摄片

可以发现肺部病灶，如炎症、肺气肿、肺结核、肺肿瘤、纵隔疾病、胸膜腔疾病等呼吸系统疾病,也可发现某些心脏疾病,如主动脉硬化、心脏肥大等。

2. 脊柱、关节摄片

检查有无椎体骨质增生,退行性病变、椎间盘病变、骨肿瘤等。关节摄片可帮助诊断类风湿性关节炎、痛风、骨折、脱位。了解有无关节炎、骨质疏松、骨质破坏,有无退行性病变等。

(二) B型超声波检查

俗称B超,常用在心脏、腹部和盆腔器官的检查中,可检查各脏器有无形态的改变及占位性病变。

1. 腹部超声波检查

可以发现如下疾病。

肝脏:肝脂肪浸润、脂肪肝、肝硬化、肝肿瘤、肝囊肿、肝血管瘤等。

胆囊、胆道:急、慢性胆囊炎,胆道结石,胆囊结石,胆囊息肉,胆囊肿瘤,胆管扩张等。

脾:脾大、脾肿瘤等。

胰腺:胰腺肿瘤、胰腺囊肿等。

肾脏:肾结石、肾结晶、肾囊肿、肾积水、肾肿瘤等。

2. 心脏、颈动脉B超检查

检查心脏的形态、结构、血流动力学状态和心脏功能;检查颈动脉是否狭窄、硬化、斑块。主要用于诊断心脏瓣膜病、心肌病、心包病、先天性心脏病等。

3. 甲状腺B超检查

筛查是否有单纯性甲状腺肿、甲状腺结节、甲状腺囊肿、甲状腺钙化点、甲状腺肿瘤等。

4. 子宫附件B超检查

可以发现子宫附件炎症、宫内妊娠、宫外孕、子宫内膜异位症,以及卵巢、子宫的囊肿、肿瘤等。

5. 前列腺B超检查

可以发现前列腺增生、前列腺炎、前列腺囊肿、前列腺结石、前列腺肿瘤等。

6. 乳房B超检查

乳房超声波检查可以发现乳腺增生、乳腺囊肿、乳腺肿瘤等。

(三) 骨密度检查

检查骨骼的密度,判断是否有骨质疏松等。

三、其他检查

（一）心电图检查

心电图检查对各种心律失常、心肌缺血、心肌梗死等的诊断具有重要价值。检查时，过饱、抽烟或者服用某些药物等可能会引起心电图改变。

（二）肺功能检查

肺功能检查是通过专门的医疗设备来检测人体呼吸时呼吸道产生的气流速度和气流量，从而了解呼吸功能是否正常的检查技术，检测肺功能可以了解肺部相关疾病。导致肺功能不良的疾病包括支气管疾病、肺炎、肺不张、肺积水、肺气肿等。

（三）遥控式MTD数字图像扫描系统检查

运用红外线数字影像扫描技术，对全身各部位异常现象进行分析，可提示身体各器官的相关病变。

四、实验室检查

（一）血常规检查

用于细菌性和病毒性感染的鉴别参考及贫血分类、血液系统疾病、某些传染病、过敏性疾病、中毒等疾病的诊断。

1. 白细胞计数（WBC）

增高：可见于某些细菌感染，但孕妇、新生儿，或者人体激烈运动后也会偏高。

减低：可见于某些病毒感染、再生障碍性贫血及自体免疫性疾病、脾功能亢进、伤寒、副伤寒、放化疗后等。

（1）嗜中性粒细胞计数。

增高：多见于急性细菌性感染，也可见于慢性中性粒细胞性白血病及组织坏死等。

减低：可能是某些病毒性感染、疟疾、再生障碍性贫血或某些药物的副作用。

（2）嗜酸性粒细胞计数。

增高：可能有过敏性疾病、寄生虫病、某些皮肤病等。

减低：伤寒、副伤寒、应激状态、应用皮质激素后等。

（3）嗜碱性粒细胞计数。

增高：可能有慢性粒细胞白血病、骨髓增生性疾病等。

减低：无重要临床意义。

（4）单核细胞计数。

增高：亚急性感染性心内膜炎、结核病、单核细胞白血病、疟疾、淋巴瘤等。

减低：无重要的临床意义。

（5）淋巴细胞计数。

增高：多见于病毒感染、结核病、再生障碍性贫血、淋巴细胞白血病等。

减低：多见于接触放射线、应用肾上腺皮质激素后等。

2. 红细胞计数（RBC）

增高：可见于真红细胞增多症、严重脱水、高原居住者等。

减低：各类贫血、白血病、大量失血等。

轻度增高或降低也可见于生理性。

3. 血红蛋白浓度（HGB）

增高：可见于直性红细胞增多症等。

减低：可见于缺铁性等各类贫血症。

轻度增高或减低也可见于生理性。

4. 血细胞比容（HCT）

血细胞比容是指红细胞在血液中所占容积的比值。

增高：可见于各种原因所致的血液浓缩、真性红细胞增多症等。

减低：各种贫血或者血液稀释。

5. 平均红细胞血红蛋白含量（MCH）

增高：大细胞性贫血。

减低：小细胞性低色素性贫血、单纯小细胞性贫血等。

6. 血小板计数（PLT）

增高：骨髓增生性疾病,急性炎症、急性失血、慢性粒细胞白血病等；

减低：可见于再生障碍性贫血、血小板减少性紫癜、放射治疗和化疗、脾功能亢进等。

（二）尿常规检查

1. 颜色（COL）

正常的尿色呈黄色或淡黄色。若尿色为红色常见于血尿，棕红色为血红蛋白尿，深黄色为胆红素尿，乳白色为乳糜尿等，反映体内可能存有某些疾病，但必须配合其他多项检查，方可作出正确的判断。

2. 尿蛋白（PRO）

尿内出现蛋白质称为蛋白尿，也即尿蛋白。蛋白尿多数为病理性，常见于肾脏炎症、肾病综合征、全身性疾病等。少数为功能性、体位性、假性表现等。

3. 尿糖（GLU）

正常情况下尿糖为阴性（-）或者微量。若尿糖为阳性（+），则应考虑是否有糖尿病、肾性糖尿，在尿中含有某些药物成分时，也会产生假阳性。

4. 尿胆红素（BIL）

当尿胆红素呈阳性（+），表示可能有胆道阻塞和肝脏疾病等。

5. 尿胆原（URO 或 UBG）

若尿中的尿胆原过高，表示可能有溶血性黄疸，急性肝炎、肝硬化等疾病。

6. 尿隐血（BLD）

若呈阳性（+），可能是泌尿系结石、肾脏炎症或泌尿系统肿瘤等。但若妇女在月经期间或前后，也可能造成假阳性。

7. 尿酮体（KET）

酮体为阳性（+），常见于糖尿病患者，但也见于饥饿、发热、长期腹泻、呕吐等人士，限制淀粉类食物的减肥者，尿中也会出现酮体。

8. 尿白细胞（LEU）

尿白细胞增加，多见于泌尿系感染。

9. 尿比重（SG）

低比重尿：见于尿崩症、慢性肾小球炎、慢性肾盂肾炎等。

高比重尿：见于糖尿病、充血性心力衰竭、脱水等。

10. 尿酸碱度（pH）

新鲜尿液正常时呈弱酸性。

尿 pH 降低：可见于酸中毒、痛风、糖尿病、低钾性代谢性碱中毒，以及服用维生素 C 等酸性药物。

尿 pH 升高：可见于碱中毒、尿潴留、膀胱炎、服用某些利尿剂等。

（三）白带常规检查

了解阴道清洁度，以及进一步检查阴道霉菌、滴虫感染。

（四）血流变（血黏度）检查

血液黏稠度的高低可反映血液流动是否正常，是运用物理和化学的手段研究血液中细胞成分与血浆成分的变形与流动特征。

血黏度高：见于高血压病、冠心病、心肌梗死、脑血栓形成、糖尿病、高脂血症、肺源性心脏病、恶性肿瘤，还有长期吸烟者。

血黏度降低：见于各种贫血。

（五）肝功能检查

肝功能检测的常用项目有丙氨酸氨基转移酶（ALT）、天门冬氨酸氨基转移酶（AST）、谷氨酰转移酶（GGT）、碱性磷酸酶（ALP）、总胆红素（T-BIL）、直接胆红素（D-BIL）、间接胆红素（I-BIL）、总蛋白质（TP）、白蛋白（ALB）、球蛋白（GLB）、白/球比值（A/G）等。

1. 丙氨酸氨基转移酶、天门冬氨酸氨基转移酶

ALT主要分布于肝脏，其次也存在于心脏、骨骼肌、肾脏等器官或细胞。AST主要分布于心肌，其次是肝脏、肾脏、骨骼肌。增高反映肝细胞、心肌、骨骼肌的受损，常见于病毒性肝炎、肝癌、肝硬化、胆道疾患、脂肪肝、心肌炎、心肌梗死等，也可见于肌营养不良、多发性肌炎和药物不良反应等。

2. 谷氨酰转移酶

这是一种主要存在于肝脏、胰脏及肾脏的酶。血清中的GGT主要来自肝胆系统，肝胆系统疾病尤其是酒精性肝损伤和药物性肝损伤，可呈现明显或者中度以上升高，患脂肪肝、胰腺炎、胰腺肿瘤时也会轻度增高。

3. 碱性磷酸酶

以肝、骨骼中含量最多，当细胞受损时，ALP数值即升高，可能为急性肝炎、阻塞性黄疸、肝内胆汁积滞、肝硬化、肝癌、骨癌或癌症骨转移等。

4. 胆红素

胆红素包括总胆红素、直接胆红素、间接胆红素，通过胆红素的检测，可以判断有无溶血，以及肝胆系统在胆色素代谢中的功能状态，可以判断黄疸、黄疸的程度，以及推断黄疸的病因。

5. 血清蛋白

血清蛋白包括总蛋白、白蛋白、球蛋白，是反映肝脏功能的重要指标，用于检查营养状态、肝脏功能、肾脏功能及自身免疫性疾病等。

（六）肝炎病毒检测

1. 乙肝两对半检查

乙肝两对半即乙肝5项，包括HBsAg（乙肝病毒表面抗原）、HBsAb（乙肝病毒表面抗体）、HBeAg（乙肝病毒e抗原）、HBeAb（乙肝病毒e抗体）、HBcAb（乙肝

病毒核心抗体）。肝炎筛查发现表面抗原阳性的病人需要常规检查乙肝五项，以进一步明确感染病毒的情况。

2. 乙肝病毒DNA定量检测

乙肝病毒DNA定量检测是反映乙肝病毒复制程度的直接指标。数值越高，说明病毒核酸含量越多，体内病毒载量越高，病毒复制越活跃，传染性也越强。

3. 甲型肝炎抗体检测

甲型肝炎抗体用于判断是否感染过甲型肝炎病毒或接种甲肝疫苗。

（七）肾功能检查

肾功能检查包括尿素氮（BUN）、肌酐（Cre），是反映肾小球滤过功能的指标。

增高：见于急性肾功能不全、慢性肾功能不全、氮质血症等。BUN轻度增高也可见于蛋白质的分解与摄入过多，因此判断肾功能是否正常，必须与其他临床资料综合分析，才能作出正确的诊断。

（八）尿酸（UA）检查

尿酸值升高：多见于痛风、肾脏疾患、铅中毒等，亦与饮食、药物有关。

尿酸值偏低：可由多食素食、多饮水、贫血、怀孕、先天性酶缺乏等引起。

（九）空腹血糖检查

血糖增高：见于糖尿病、肾上腺皮质激素过多、糖类皮质功能亢进、肝硬化等。

血糖减低：见于胰岛β细胞瘤、糖类皮质激素分泌减少、甲状腺素不足等。

分析空腹血糖检测结果，应注意生理性增高或减低的因素，如高糖饮食、剧烈运动、饥饿、妊娠期、情绪激动，都会引起相应血糖值变化。

（十）糖尿病检测

常在空腹血糖、餐后两小时血糖高时，做进一步检查。

1. 胰岛素（Ins）

检测胰岛素对糖尿病的分型。

2. 糖化血红蛋白（HbAIC）

这是反映检测前2～3个月的血糖水平，可作为糖尿病的疗效观察，长期监控指标。

3. C-肽（C-Peptide）

小分子肽类物质，反映胰岛β细胞的储存分泌功能，常用于糖尿病的分型诊断。

（十一）血脂检查

1. 血清总胆固醇（TC）

增高：常见于动脉粥样硬化所致的心脑血管疾病；各种阻塞性黄疸、甲状腺功能减退等；长期吸烟饮酒、精神紧张和血液浓缩等；或是应用某些药物所致。

减低：常见于严重贫血、严重的肝脏疾病、营养不良、甲亢等。

2. 甘油三酯（TG）

这是引起动脉粥样硬化的危险因素之一。

增高：见于动脉粥样硬化、冠心病、肥胖症、糖尿病、脂肪肝、阻塞性黄疸、肾病综合征、高脂饮食、高脂血症、酗酒等。

降低：见于肾上腺功能减退、严重肝功能衰竭等。

3. 高密度脂蛋白-胆固醇（HDL-C）

有抗动脉粥样硬化的作用，是冠心病的保护因素。

降低：见于冠心病、动脉粥样硬化、糖尿病、长期吸烟、急性感染等。

4. 低密度脂蛋白-胆固醇（LDL-C）

这是直接促使动脉粥样硬化的风险指标之一。

增高：见于动脉粥样硬化、冠心病、肾病综合征、糖尿病、阻塞性黄疸、高脂蛋白血症等。

（十二）甲状腺功能检查

1. 促甲状腺激素（TSH）

检查TSH可筛查甲状腺功能，通常必须和甲状腺一起综合考虑。一般而言，甲状腺功能亢进时，TSH下降；甲状腺功能低下时，TSH上升。

2. 四碘甲状腺素原氨酸（T_4）、游离四碘甲状腺素原氨酸（FT_4）

T_4、FT_4为一种甲状腺激素，表示甲状腺功能。

增加：可能为急性甲状腺炎、甲亢、妊娠、服用大量甲状腺内分泌激素。

减少：可能为甲状腺功能减退，或服用了某些药物、甲状腺抑制剂等。

3. 三碘甲状腺素原氨酸（T_3）、游离三碘甲状腺素原氨酸（FT_3）

甲状腺功能亢进时，T_3、FT_3升高；甲状腺功能减低时，T_3、FT_3降低。

（十三）电解质检查

1. 钙（Ca）

增高：主要见于甲状旁腺功能亢进症、多发性骨髓肿瘤、肾癌、肺癌，也可见于钙摄入过多，如饮用大量牛奶、维生素D中毒等。

减低：主要见于骨软化症、佝偻病、维生素 D 缺乏和甲状旁腺功能低下症等。也可由于摄入不足、吸收不良所致。

2. 磷（P）

磷应与血钙一起考虑。当血钙、血磷同时升高，须排除恶性肿瘤的可能；若血磷下降，可能为甲状旁腺功能亢进症或维生素 D 过剩症；血钙、血磷都下降，可能为骨软化症、佝偻病，或者维生素 D 缺乏；单纯血磷升高，则可能为甲状旁腺功能低下或者慢性肾功能不全等。

3. 镁（Mg）

镁作为机体的营养评级指标，是许多细胞内酶的辅助因子，存在于原有软组织与骨中，与肌张力、肝肾疾病有关。

4. 钠（Na）

增高：见于摄入过多、水分丢失过多、内分泌病变、垂体肿瘤、肾上腺皮质功能亢进、原发性醛固酮增多症、高渗性脱水等。

降低：见于摄入不足，长期低钠饮食，慢性肾脏病变，严重呕吐、腹泻，钠丢失过多。

5. 钾（K）

增高：见于急、慢性肾炎，严重挤压伤，口服或注射含钾液过多等，或长期服用含钾的利尿剂和潴钾药物。

降低：见于低钾饮食、禁食、厌食等，严重呕吐、腹泻，缺钾性周期性麻痹、应用排钾利尿剂等。

6. 氯（Cl）

增高：见于尿路梗阻、肾炎少尿期、呼吸性碱中毒、高氯性代谢性中毒等。

降低：见于利尿剂治疗后、消化道失液（如呕吐、腹泻）等。

7. 铁（Fe）

血清铁的测定主要筛检机体是否有缺铁的现象，有助于贫血原因的分析。若血清铁偏低，但血红蛋白仍在正常范围，表示有初期缺铁的现象；若血清铁与血红蛋白同时偏低，则表示已发生缺铁性贫血。血清铁偏高可见于再生障碍性贫血、溶血性贫血等。

8. 总铁结合力（TIBC）和铁饱和度

当血清铁有异常时加做总铁结合力检查，TIBC 可和血清铁（Fe）一起计算出转铁蛋白饱和度，可作为：① 缺铁程度的判断；② 区别慢性疾病贫血与缺铁性贫血；③筛检血铁质沉积或者慢性铁质过量等。

（十四）过敏原检测

过敏性疾病的发病率在全球有升高的趋势，通过过敏原检测可寻找过敏性疾病的病因，对症治疗。痊愈后尽量避免再接触致病因素，可防复发。因此，过敏原检测是一种筛查和寻找过敏原的重要体外检测手段。

（十五）组织炎症检测

1. 超敏C反应蛋白（CRP）

这是人体遇到严重感染或创伤时产生的一种蛋白质。过去主要筛检体内是否有急慢性炎症或组织坏死。近年来研究发现，超敏C反应蛋白与冠心病息息相关，超敏C反应蛋白升高者，预示将来患心肌梗死、卒中、心源性猝死及发展成周围动脉疾病的危险性增高。

2. 类风湿因子（RF）

这是体内所产生的一种自体免疫抗体，75%类风湿关节炎患者的血清及关节液里可发现此抗体。类风湿因子呈阳性反应可能是类风湿性关节炎、急慢性肝炎、肝硬化等肝脏疾病者；或患有心肌梗死、系统性红斑狼疮等胶原病，个别正常人也可有阳性反应。因此，有阳性反应者仍需进一步就医，做更详细检查。

3. 血沉（ESR）

血沉增快可见于急性炎症、风湿性疾病、癌症等。但是，单凭血沉加快并不能确定患有哪种疾病，需要与其他化验结果和临床资料结合分析，才能对疾病诊断有帮助。

（十六）肿瘤标志物检测

肿瘤标志物是指由肿瘤细胞本身合成，释放或者有机体对肿瘤细胞反应而产生的一类物质。肿瘤标志物检测的意义是用于肿瘤普查、辅助诊断、观察疗效和判断预后，须结合其他临床资料综合分析，而且要动态观察数据的变化，才能得出正确的结论。

1. 甲胎蛋白（AFP）

AFP是筛检原发性肝癌最常用的检验方法，原发性肝癌血清中AFP明显升高。患病毒性肝炎、肝硬化时AFP会有不同程度的升高；患胃癌、胰腺癌、畸胎瘤、睾丸癌、卵巢癌、妊娠、急性肝炎时AFP值也会偏高。

2. 癌胚抗原（CEA）

CEA是一种糖蛋白，通常患有结肠直肠癌、乳腺癌、肺癌、胰腺癌时，CEA数值会增高，在一些非肿瘤疾病中，CEA值也有可能偏高。

3. EB病毒

EB病毒检测是作为鼻咽癌的普查项目之一。目前，检测EB病毒的血清学指标的正常值为：VCA/IgA（壳抗原免疫球蛋白A）＜1∶10；EA/IgA（早期抗原免疫球蛋白A）阴性；DNase（EB病毒DNA酶抗体）≤30%。有下列情况之一者，可认为是鼻咽癌的高危人群：

（1）VCA/IgA≥1∶80。

（2）上述三项指标中任何两项阳性。

（3）上述三项指标中，任何一项持续升高。

4. 前列腺特异抗原（PSA）

90%～97%的前列腺癌患者PSA明显升高，检查血中PSA含量，可及早发现前列腺癌。PSA水平随年龄的增加而增加，PSA筛检适用于50岁以上男性。良性前列腺瘤、前列腺肥大、急性前列腺炎时，PSA也可能增高。

5. 糖类抗原15-3（CA15-3）

CA15-3是作为乳腺癌的辅助检查科目，乳腺癌初期阳性率约60%左右，晚期达80%。

6. 糖类抗原125（CA125）

CA125在卵巢癌患者血清检出的阳性率高，对诊断卵巢癌有较大临床价值，所以作为卵巢癌筛检的标志物。其他非卵巢恶性肿瘤也有一定的阳性率，如胰腺癌、肠癌、胃癌、肺癌等，子宫肌瘤、妊娠早期有时也有CA125升高的可能。

7. 糖类抗原19-9（CA19-9）

CA19-9在胰腺癌、胆囊癌、胆管壶腹癌病人血清中可明显升高，尤其对胰腺癌有较高的特异性和敏感性。某些消化道炎症CA19-9也有不同程度升高。

8. CA211肿瘤标志物

它的增高与肺癌密切相关。

9. CA724肿瘤标志物

患胃癌时血清CA724升高，阳性率65%～70%，有转移者更高。胰腺癌、肠癌、肝癌、肺癌、乳癌也有一定的阳性率。

（十七）性激素检测

性激素检测是用于检测性激素水平、判断性激素紊乱疾病的方法。性激素检测包括促黄体生成素(LH)、促卵泡生成素(FSH)、雌二醇(E2)、黄体酮(P)、睾酮(T)、催乳素(PRL)。LH、FSH是脑垂体分泌的重要促性腺激素,可以促进性腺、肾上腺分泌雄性激素和雌性激素,对判断性激素紊乱疾病的病因和病变部位有重要价值;雌二醇、孕激素是促进女性内外生殖器发育、维持女性性功能及第二性征的重要激素;睾酮是促进男性内外生殖器发育、维持男性性功能及第二性征的重要激素;催乳素对乳腺发育、泌乳和卵巢功能起重要调节作用,增高可见于高泌乳素血症,可导致月经紊乱、闭经、溢乳和不孕等。

(十八)心肌梗死特殊检查

心肌梗死特殊检查项目包括:肌红蛋白(Mb)、肌钙蛋白(cTn)、磷酸肌酸激酶同工酶(CK-MB)、磷酸肌酸激酶(CPK)、天门冬酸氨基转移酶(AST)、乳酸脱氢酶(LDH)。

1. 肌红蛋白(Mb)

肌红蛋白是心肌梗死早期诊断的良好指标。发病2小时内升高,12小时达高峰,24~48小时恢复正常。

2. 肌钙蛋白I(cTnI)或肌钙蛋白T(cTnT)

肌钙蛋白是更具有心肌梗死特异性的标记物,在发病3~4小时即可升高,11~24小时达高峰,7~10天恢复正常,对心肌梗死的早期诊断和发病后较晚就诊的病人均有意义。

3. 肌酸激酶的同工酶(CK-MB)

肌酸激酶的同工酶用于诊断心肌梗死的特异性较高,在发病后4小时内增高,16~24小时达高峰,3~4天恢复正常,其增高的程度能较准确地反映梗死的范围,高峰出现时间是否提前有助于判断溶栓治疗是否成功。

4. 肌酸磷酸激酶(CPK)

肌酸磷酸激酶在心肌梗死发病6小时内升高,24小时达高峰,3~4天恢复正常。

5. 天门冬酸氨基转移酶(AST)

天门冬酸氨基转移酶在心肌梗死发病6~12小时后升高,24~48小时达高峰,3~6天降至正常。

6. 乳酸脱氢酶(LDH)

乳酸脱氢酶敏感性稍差,在心肌梗死发病8~10小时后升高,达到高峰时间在2~3天,持续1~2周才恢复正常。

（十九）梅毒血清酶标试验

梅毒血清酶标试验是诊断梅毒感染的指标。

（二十）艾滋病检测

艾滋病是由病毒感染所引起的疾病。这种病毒会破坏人体的免疫系统。此项检查是用来筛检身体是否感染艾滋病病毒。若呈阳性，报专门的机构确诊。艾滋病的传播途径主要是经血液、性接触或母婴传播。

（二十一）幽门螺旋杆菌检测

检测方法有胃镜、^{13}C 呼气试验、^{14}C 呼气试验、幽门螺旋杆菌抗体等。幽门螺旋杆菌抗体若为阳性，代表的意义有三种。

（1）体内有该菌感染且造成疾病。

（2）体内有该菌感染但不造成疾病。

（3）该菌已根除，但抗体仍未消失。

第三节　不同年龄和不同人群的健康检查

一、不同年龄的健康检查

（一）儿童的健康检查

根据儿童生长发育的特点，定期进行健康检查可以系统地了解儿童的生长发育和健康状况，早期发现发育缺陷和疾病，及早进行矫正和治疗。此外，儿童保健智力监测、早期教育已受到人们的高度重视。

1. 儿童定期体检的时间和次数

儿童的定期体检一般主张从出生时即开始，定期进行。根据小儿生长发育的规律，体格检查的时间可定为：1岁以内的婴儿在出生3个月、6个月、9个月、12个月时各体检1次；1～2岁的小儿每半年检查1次，每年2次；3～6岁的小儿每年体检1次。

2. 儿童的常规体检项目

（1）健康状况的询问。出生史、喂养史、生长发育史、预防接种及疾病史（有无先天性、遗传性疾病，有无儿童常见病）等。

（2）体格发育测量与评价。测量指标包括身高、体重、头围、胸围、坐高、上臂围、腹部脂肪厚度、骨骼发育、牙齿生长及更换情况、视力等。根据测量数字评价儿童生长发育是否正常，有无营养过剩或营养不良等。

① 身高。出生时平均身长为50 cm，出生后前半年每月大约增长2.5 cm，后半年每月平均增长1.5 cm。1岁以后身高多在75 cm，2岁时身高达到85 cm左右，2岁以后平均每年增高5 cm左右。2~12岁的儿童，身高也可用以下公式进行粗略地推算：

$$身高(cm)=(年龄-2)\times 5+85$$

② 头围。出生时头围一般为33~34 cm，1岁时大约为46 cm，2岁时约为48 cm，5岁时约为50 cm，15岁时为54~62 cm。头围的测量在2岁以内最有价值，头围过小提示脑发育不良，头围过大提示可能有脑积水。

③ 胸围。胸围与肺和胸廓的发育有关。出生时胸围比头围小1~2 cm，1岁左右胸围和头围基本相等，1岁以后胸围逐渐超过头围。

④ 体重。人出生时体重一般在3.25 kg左右，出生后前半年体重平均每月增长0.6 kg，后半年平均每月增长0.5 kg。在一般情况下，5个月婴儿的体重是出生时体重的2倍，1岁时的体重是出生时体重的3倍，2岁时增至出生时体重的4倍，2岁以后平均每年增加体重2 kg左右。

（3）全身各系统的体格检查。

（4）智力测试。应每年进行1次。常用的方法是智力筛查，如丹佛发育筛查测验（DDST）、绘人测验。

（5）小儿神经精神发育状态检查，观察语言、动作的发展协调情况。

（6）儿童气质测评。通过气质测评了解孩子的气质特点，找出更适合孩子的教育方法，适用于12岁以下的儿童。

（7）血红蛋白测定。在6个月、1岁、2岁、3岁时各测一次，有条件的可加测血清铁蛋白和红细胞内游离原卟啉或锌卟啉，对铁缺乏症也可诊断。

（8）学龄前儿童（3~6岁）常规检查肝功能、乙肝两对半、尿常规、血糖、微量元素（锌、钙、磷、铅等）、心肌酶谱、心电图、血脂（肥胖儿）等。

总之，儿童早期体检可以发现营养不良、肥胖、缺钙、缺锌、高铅、营养不良性贫血、儿童鼾症伴睡眠低通气综合征、弱视、斜视、龋齿等。通过早期体检早期发现、及时治疗，以免影响孩子的成长，造成终生遗憾。

（二）青年人的普通体检

青年人身强力壮、朝气蓬勃，对身体充满自信，经常会忽略身体健康检查。有些人到了考学或应聘时才发现身体有问题，更有些人直到身体出现明显的症状才看病就医。

青年人需要进行哪些方面的体检呢？一般说来，除了进行内科、外科、视力、听力等方面的检查外，还应做以下项目的检查。

1. 血常规检查

了解有无贫血、白细胞异常、血小板异常等。

2. 尿常规检查

可以发现肾炎、泌尿系感染、肾结石、黄疸等疾病的线索。

3. 肝功能检查

了解肝脏功能。

4. 血脂检查

了解体内血脂的代谢情况。

5. 乙肝标志物检查

了解是否感染乙肝病毒、注射乙肝疫苗是否产生免疫力等。

6. 胸部X线透视

了解肺脏的情况和心脏的大小。

7. 腹部B超

了解肝、胆、脾、胰、肾的情况。

(三) 中年人普通体检

1. 中年男性普通体检

中年男人除了体重指数、血压、内科检查、外科检查、眼底检查、血常规、尿常规检查以外，还要做以下项目：肝功能检查、肾功能检查、血尿酸检查、血脂分析、血糖检查、血液流变学检查、心电图检查、心脏及腹部B超、前列腺B超、颅脑多普勒检查等。这些检查可以了解是否存在动脉硬化、高血压、冠心病，是否有中风的潜在危险，是否需要控制饮食、增加适当的运动来预防疾病的发生。另外，随着年龄的增长，发生肿瘤的危险因素也会增加，应相应地检查甲胎蛋白、癌胚抗原、前列腺特异抗原等肿瘤相关标志物。

2. 中年女性普通体检

中年女性健康体检在上述中年男性普通体检的项目中除去前列腺检查，其他项目均进行。此外，妇科和乳腺检查是中年女性的重要体检项目，如果有条件可增加妇科性激素水平和骨密度的检查，以了解是否进入更年期、绝经期，了解骨密度的状况。

（四）老年人普通体检

老年人因为健康状况较中年人相对来说要差一些，所以检查项目要更多一些。有条件的老年人最好每半年进行1次体检并将体检结果保存好，这样有利于早期发现疾病，及早治疗，也有利于了解已患疾病的治疗效果。老年人体检最好对以下项目进行定期检查。

1. 体重

老年人要经常检查自己的体重，过胖会增加心脏负担，诱发心血管疾病；过瘦会使免疫力低下，容易感染其他疾病。

2. 小便常规

可以及时发现糖尿病、肝病、肾脏疾病等。

3. 测血压

可以了解动脉及心脏的变化情况。血压过高增加心脏负担，诱发冠心病、中风、脑出血等；血压过低是血容量不足、心功能不全的表现。

4. 心电图

定期做心电图可以发现冠心病的心肌缺血和心律失常等，如果有异常发现，可以进一步检查心脏彩超、动态心电图等。

5. 胸部X线检查

定期胸部X线检查可以及时发现肺部疾患，如慢性支气管炎、肺结核、高血压性心脏病等。

6. 定期查眼底

眼底动脉可以反映高血压、动脉硬化的程度。还可以发现早期老年性白内障、原发性青光眼等疾病。

7. 血脂测定

主要检测总胆固醇、甘油三酯、高密度脂蛋白和低密度脂蛋白等，血脂过高是诱发动脉硬化、高血压、冠心病、糖尿病的危险因素。

8. 定期大便常规和隐血试验

经常大便常规异常和隐血试验阳性，常提示消化道疾病，有助于早期发现消化道的肿瘤和消化道的出血。

9. 肿瘤标志物的检查

有助于早期发现肿瘤。尤其是有慢性肝病的老年人应定期检查肝功能和甲胎蛋白。

二、不同人群的健康体检

（一）入托健康体检

（1）全身健康体检。身高、体重、血压、脉搏、发育情况、营养情况、皮肤、淋巴结、视力、辨色力、耳鼻喉、甲状腺、肺部、心脏、腹部、脊柱、四肢、神经系统等检查。

（2）实验室检查。血常规、尿常规。

（3）胸部X线检查等。

（二）高考健康体检

（1）全身健康体检。身高、体重、血压、脉搏、发育情况、营养状况、皮肤、淋巴结、视力、辨色力、嗅觉、听力、耳鼻喉、甲状腺、肺部、心脏、腹部、脊柱、四肢、神经等检查。

（2）肝功能和胸部X线检查等。

（三）出国健康体检

出国健康体检原则上要根据相应国家的要求进行健康体检。

（1）全身健康体检。血压、脉搏、发育情况、营养状况、皮肤、淋巴结、视力、辨色力、耳鼻喉、甲状腺、肺部、心脏、腹部、脊柱、四肢、神经系统检查。

（2）心电图、胸部X线检查，必要时加做心脏彩超、CT等特殊检查。

（3）血常规、血型、肝功能、乙肝表面抗原或乙肝五项、艾滋病抗体、梅毒血清等。

（四）司机健康体检

全身健康体检。身高、体重、血压、内科、外科、耳鼻喉、眼科等检查。重点检查视力、听力、辨色力、脊柱及四肢。

（五）教师资格认证健康检查

（1）全身健康体检。身高、体重、血压、内科、外科、耳鼻喉、眼科、口腔科等检查。

（2）实验室检查。血常规、尿常规、肝功能、肾功能、血脂分析。

（3）腹部B超（肝、胆、脾、胰、肾）、心电图、胸部X线检查等。

（六）公务员健康体检

（1）全身健康体检。身高、体重、血压、内科、外科、耳鼻喉、眼科、口腔科等检查。

（2）实验室检查。血常规、尿常规、肝功能八项、血脂四项、血糖、肾功能。

(3) 心电图、胸部 X 线检查、腹部 B 超 (肝、胆、脾、胰、肾)。

(七) 服务行业健康体检

服务行业包括餐饮、旅游业、美发、美容、保育员、家政服务员等。因为服务对象广泛,双方接触密切,很容易传播各种疾病。对从事服务性行业人员,除一般健康体检项目外,应着重检查传染病,如各型病毒性肝炎、肺结核、皮肤病、性病、细菌性痢疾、艾滋病等。重点检查肝功能、乙肝五项、胸部 X 线检查、大便常规或大便培养、皮肤病、妇科健康体检等,必要时进行艾滋病抗体检测。

(八) 婚前检查

婚前医学检查,是对准备结婚的男女双方可能患有的、有影响结婚生育的疾病进行的医学检查。检查的主要疾病包括严重的遗传性疾病、指定的传染病、有关的神经疾病和与婚育有关的疾病。对于婚前医学检查的结果,医生要对个人隐私进行保密。检查单位应向接受检查的当事人出具《婚前医学检查证明》。医学上认为不宜结婚的疾病,注明"建议不宜结婚"。发现医学上认为不宜生育的严重遗传性疾病,或其他重要遗传性疾病,或其他重要脏器疾病以及医学上认为不能生育的疾病,注明"建议不宜生育"。发现指定传染病在传染期内、有关精神病在发病期内,或其他医学上认为暂缓结婚的疾病时,应注明"建议暂缓结婚"。

第四节　选择适合的健康体检机构

健康体检市场发展迅速,相对缺乏规范的管理,存在着良莠不齐的现象。如何选择一个适合自己的体检机构呢?

一、如何选择健康体检机构

(一) 咨询

咨询是一个非常好的选择满意的健康体检机构的方法。询问专业人员或者专家,以及曾经参加过体检的亲戚和朋友,根据他们的体检经验,可以帮助你找到适合的健康体检机构。

(二) 了解健康体检机构的环境

在选定健康体检机构之前,最好能够熟悉一下健康体检机构的环境,如营业面积、人员设备配置,以及道路交通与停车场的位置等必要的信息。

(三)适合自己才是最好的

各种健康体检机构都会有不同的市场定位,因此会在服务项目、质量、便利性和价格等方面存在一定的差距。首先要考虑好自己最看重的是哪一方面,才能作出正确的选择。

(四)保持相对固定

前后数次的健康体检结果具有相互参照的价值,具有一定的连续性。因此,认真选定一家健康体检机构之后,最好能够保持相对的固定。

二、选择可以信赖的机构和医生

(一)证照齐备有效

具备齐全的证照与合格资质是重要前提,不要选择证照不全或者资质不合格的体检机构。

(二)拥有丰富的健康体检与临床诊查经验

丰富的临床经验是对健康体检医生的基本要求,而丰富的健康体检知识与宣教能力又是他们区别于普通临床医生的另一项基本功。一家值得信赖的健康体检机构应当拥有这两方面的背景和良好的口碑。

(三)拥有良好的体检秩序

体检的秩序包括受检者各体检项目的安排、现场的调度安排、标本的编号与处理、档案保管及预约反馈等方面,如果健康体检机构对受检者的项目安排、标本、档案、时间等管理处于混乱状态的话,最终的体检结果也会不准确。

(四)与受检者沟通良好

好的健康体检机构的医生要善于和受检者进行沟通,具有良好的沟通能力。真正的好医生要具有良好的职业道德,通过和体检者进行很好的沟通,让体检者清楚了解自己的身体状态、体检结果和相应的保健措施,能够和体检者进行愉快的交流。若医生态度冷漠、缺乏对受检者的尊重和关心,对有这样医生的体检机构要敬而远之。

(五)个性化服务

好的健康体检机构会从受检者的角度出发,提供多种人性化服务,如为受检者提供免费的营养早餐、对受检者进行科学的健康生活方式宣教等。

(六)良好的后续服务

健康体检需要对体检结果进行科学的解读,拿到体检结论后,如何正确理解和判断结果、如何及时应对异常警示,是健康体检机构医生必须认真完成的任务。如果不能提供相关的后续服务,也就无法达到健康体检的最终目的,所以好的健康体检机构的医生必须对体检结果进行科学的解读,让受检者知道自己的身体状态,同时进行定期的回访,最好能为受检者预约相关科室就诊等。

(七) 保护受检者的隐私

受检者的身体及体检相关的数据、结论等均属个人隐私的范围,必须受到健康体检机构的合法保护。

第四章

运动与健康相关行为

健康管理的核心是行为转变,健康管理的性质、目的与任务必然要与行为科学紧密结合起来。为了达到通过健康管理转变人们行为的目的,必须对人类的健康相关行为进行诊断、分析与干预。行为诊断指的是确定行为与疾病和健康问题的关系,并描述行为的流行特征;行为分析指的是分析健康相关行为的形成因素与影响因素,即健康相关行为的倾向、促成和强化因素;行为干预指的是在行为诊断和行为分析的基础上,根据行为改变的理论与方法,对行为实施综合干预,其最终的目的是使人们改变不利于健康的行为,采纳有益于健康的行为。

第一节 行 为 概 述

一、行为的概念

(一) 行为的含义

行为是指具有认知、思维能力、情感、意志等心理活动的人,对内外环境因素作出的能动反应。这种反应可能是外显的,能被他人直接观察到;也可能是内隐的,不能被直接观察。内隐行为需要通过测量和观察外显行为来间接了解。简言之,行为(behavior)是有机体在外界环境刺激下所产生的生理、心理变化的反应。

(二) 行为的构成要素

人类行为由五个基本要素构成:行为主体、行为客体、行为环境、行为手段、行为结果。

(1) 行为主体:人。
(2) 行为客体:人的行为所指向的目标。
(3) 行为环境:行为主体与行为客体发生联系的客观环境。
(4) 行为手段:行为主体作用于行为客体时所应用的工具或使用的方法。
(5) 行为结果:行为主体预期的行为与实际完成的行为之间相符合的程度。

人类的行为表现错综复杂,体现为同一个体在不同环境条件下行为表现不同,不同个体在相同环境条件下行为表现有所差异,即使同一个体在同样的环境条件下,由于其生理、心理等因素的影响,行为表现也不尽相同。然而,人类需要维持自身生存和种族延续,需要适应复杂的、变化发展的环境,其行为特征仍有一定的规律性。

二、行为分类

人类不同于其他动物,具有生物和社会双重属性,据此可将人类行为划分为本能行为和社会行为两大类。

(一) 本能行为

人的本能行为由人的生物属性所决定,是人的生物遗传信息作用的结果,而非后天习得,其行为特征主要是对环境的适应。公认的三个方面的本能行为如下。

(1) 与基本生存有关的本能行为,如摄食行为和睡眠行为。

(2) 与种族保存有关的本能行为,典型的表现是性行为。

(3) 攻击与自我防御行为,表现为对外来威胁的反抗、妥协和逃避。

这种本能行为广泛存在于低等动物乃至人类。值得一提的是,人类的本能行为已受到文化因素、心理因素、社会因素等的影响和制约,如饮食行为受到大脑认识活动的控制,定时进食和讲究营养,而性行为受到社会法律、舆论与道德的制约。

(二) 社会行为

人类的社会性是人与动物最本质的区别,人类不仅能够适应环境,更能通过劳动改造和维护环境,包括自然环境和社会环境。在这种情况下,人类个体通过与他人的交往、模仿、学习、教育、工作等就形成了得到社会承认、符合社会道德准则、行为规范和价值观念的人类社会行为。社会性行为是通过社会化过程确立的。这些社会化行为的造就机构包括家庭、学校、大众媒介、单位与社会团体以及非正式群体。社会行为的涵盖面非常广,如职业技能、社会角色行为、娱乐行为等。

三、行为的发展与适应

(一) 行为发展

行为发展是指个体在其生命周期中行为形成与发展的过程,即在个体出生以后,随着生理的发育、心理的成熟和社会交往的不断扩大,个体行为不断变化和发展的过程。在这个过程中,个体行为由于遗传因素与后天学习的作用,从偶然的、非系统的行为逐渐发展为连续而系统的行为,行为内容也越来越复杂。

1. 行为发展的阶段

在人的整个生命周期中,其行为发展可分为四个阶段。

(1) 被动发展阶段(0~3岁)。通过遗传、本能力量的驱使,以及无意识的模仿来发展行为,多种动作、简单语言、基本情绪及部分社会行为初步形成。

(2) 主动发展阶段(3~12岁)。开始主动模仿、探究,行为发展带有明显的主动性,对本能冲动的克制能力迅速提高,婴幼儿期形成的行为进一步发展。

(3) 自主发展阶段(12岁至成年)。人们开始通过对自己、他人、环境、社会进行综合认识,调整自己的行为发展。

(4) 巩固发展阶段(成年以后)。人的行为定式已经形成,行为发展主要体现在巩固、完善、适当调整等方面。

2. 人类行为的发展的特点

(1) 连续性。个体的行为发展是一个连续的过程,不可能跳过其中的某一阶段而进入下一阶段。因此,个体现在的行为是过去行为的延续,而将来的行为又必然是现在行为的延续。

(2) 阶段性。个体行为发展在某一阶段内呈量变,这种量变积累到一定程度后发展为质变,进入行为发展的下一阶段。在不同的年龄阶段,行为特征与规律有不同的表现。

(3) 不均衡性。尽管人类行为的发展按一定的模式进行,但在个体行为的发展过程中存在着个体差异和发展的不平衡性,即同一个体在不同阶段行为发展速度不同,而不同个体间即使处在同一发展阶段,行为发展的程度也因人而异。

(二) 行为适应

1. 行为适应

行为适应是指个体与环境之间保持动态平衡的过程。人类个体为了适应环境,就需要认识环境、与其他个体交流,从而发展了语言、感知觉、思维与智力,这种发展反过来又提高了人类适应环境的能力。在这一循环发展过程中,需要是人类行为产生和发展的基础,也是行为适应的必要条件。

2. 行为干预

行为干预的重点在于从小培养健康的行为。认识行为的发生发展过程和人类行为是在社会化过程中习得的。因此,健康行为的培养不仅仅是个体的事,而且需要家庭、学校、社区和各社会团体的共同努力并营造健康的文化环境。

四、行为与健康的关系

人的行为既是健康状态的反映,同时又对人的健康产生巨大的影响。随着人类社会的进步与发展,可供人们保护和促进健康的资源越来越丰富,如抗生素的问世、各种疫苗的发现、医疗技术与设备的发展、卫生服务网络的建立,以及人类生存环境的改善、生活水平的提高、健康保障政策的完善等,为人类健康水平的提高奠定了坚实的基础。但这并不能有效地控制慢性非传染性疾病和医疗费用日益上升的趋势,这是因为:① 大量的流行病学研究证实,人类的行为、生活方式与绝大多数慢性非传染性疾病关系极为密切,改善行为可以预防这些疾病的发生并有利于疾病的治疗;② 感染性疾病,意外伤害和职业危害的预防、控制也与人们的行为密切相关;③ 已有的卫生服务与服务需要人们采取行动去利用。例如,疫苗有效,但其实际效果还取决于人们是否有效地去利用疫苗。

行为与健康的关系已经被大量事实所证实,影响健康的行为也多种多样。有研究发现了七项与人们的期望寿命和良好健康显著相关的简单而基本的行为。

(1) 每日正常而规律的三餐,避免零食。

(2) 每天吃早餐。

(3) 每周2~3次的适量运动。

(4) 适当的睡眠(每晚7~8小时)。

(5) 不吸烟。

(6) 保持适当的体重。

(7) 不饮酒或少饮酒。

20世纪70年代,美国医学家爱伦·德弗(Alan Dever)通过对美国人死亡原因的调查分类,发现一半左右的死亡是由不良的行为或生活方式引起。

我国社会医学研究也表明:影响健康的四类因素中,行为或生活方式占三成多,且有不断上升的趋势。据WHO专家统计,不良的生活方式和行为占全部死因的第1位,在发达国家占死因的70%~80%,在发展中国家占40%~50%,全球平均为60%,因此,与其说我们面临的是心脑血管疾病和癌症的挑战,不如说是面临不良生活方式和行为的挑战。

行为与生活方式不仅与退行性疾病有关,而且也是引起其他类型疾病的重要危险因素。例如:① 传染性疾病。喝生水、吃不洁食物与肠道传染病有关;性生活紊乱可致性传播疾病蔓延。② 意外伤害。驾车不系安全带、酒后驾车均会增加意外伤害。③ 职业损伤。不遵守安全生产操作规程、经常不正确使用劳防用品,可引起职业损伤,甚至职业病。

第二节 健康相关行为

行为学是一门独立的学科,它的产生和发展对企业管理的科学化和现代化产生重大影响,并很快被应用于其他领域,形成众多分支,健康行为学即是其中之一。健康行为学是研究健康相关行为发生、发展规律的科学。它应用行为科学的理论和方法研究人类个体和群体与健康和疾病有关的行为,探讨其动因、影响因素及其内在机制,为健康教育与健康促进、健康管理策略和方法提供科学依据,从而服务于维护和促进人类健康的需要。

健康行为学不同于行为医学,行为医学是将行为科学的理论与技术用于临床治疗、康复及预防领域,它注重特定疾病的行为表现及其生理、病理、诊断和治疗;而健康行为学则立足于通过行为理论和方法的应用,促使人们保持并形成有益于健康的行为,改变不利于健康的行为,强调与疾病发生发展有关的行为问题,着眼于通过解决这些行为问题来维护和增进健康。

一、健康相关行为

(一) 健康相关行为的概念

健康相关行为指的是人类个体和群体与健康和疾病有关的行为。按行为对行为者自身和他人健康状况的影响,健康相关行为可分为促进健康的行为(简称健康行为)和危害健康的行为(简称危险行为)两种。

(二) 健康行为

健康行为是指朝向健康或被健康结果所强化的,客观上有益于个体与群体健康的一组行为。健康行为可分为五大类。

1. 基本健康行为

基本健康行为指日常生活中一系列有益于健康的基本行为,如合理营养、平衡膳食、积极锻炼、积极的休息与适量睡眠等。

2. 预警行为

预警行为指预防事故发生和事故发生以后正确处置的行为，如使用安全带，溺水、车祸、火灾等意外事故发生后的自救和他救即属此类健康行为。

3. 保健行为

保健行为指正确、合理地利用卫生保健服务，以维护自身身心健康的行为，如定期体格检查、预防接种，发现患病后及时就诊、咨询、遵从医嘱、配合治疗、积极康复等。

4. 避开环境危害

这里的环境危害是广义的，包括人们生活和工作的自然环境以及心理社会环境中对健康有害的各种因素。主动地以积极或消极的方式避开这些环境危害也属于健康行为，如离开污染的环境、采取措施减轻环境污染、积极应对那些引起人们心理应激的紧张生活事件等都属此类行为。

5. 戒除不良嗜好

不良嗜好指的是日常生活中对健康有危害的个人偏好，如吸烟、酗酒和滥用药品等。戒烟、不酗酒和不滥用药品就属于戒除不良嗜好这类健康的行为。

（三）危险行为

危险行为是指偏离个人、他人乃至社会的健康期望，客观上不利于健康的一组行为。危险行为可分为四大类。

1. 不良生活方式与习惯

生活方式是指一系列日常活动的行为表现形式。生活方式一旦形成就有其动力定型，即行为者不必花费很多的心智体力，就会自然而然地去做的日常活动。不良生活方式则是一组习以为常的、对健康有害的行为习惯，包括能导致各种成年期慢性退行性病变的生活方式，如吸烟、酗酒、缺乏运动锻炼、高盐、高脂饮食，不良进食习惯等。不良的生活方式与肥胖、心血管系统疾病、早衰、癌症等的发生关系密切。

2. 致病行为模式

致病行为模式是导致特异性疾病发生的行为模式，国内外研究较多的是A型行为模式和C型行为模式。

（1）A型行为模式。这是一种与冠心病密切相关的行为模式，其特征往往表现为雄心勃勃、争强好胜、富有竞争性和进取心，对工作十分投入，工作节奏快，有时间紧迫感。这种人警戒性和敌对意识较强，具有攻击性，对挑战往往是主动出击,而一旦受挫就容易恼怒。有研究表明,具有A型行为者冠心病的发生率、复发率和死亡率均显著地高于非A型行为者。

（2）C型行为模式。这是一种与肿瘤发生有关的行为模式,其核心行为表现是情绪过分压抑和自我克制,爱生闷气。研究表明：具有C型行为者宫颈癌、胃癌、结肠癌、肝癌、恶性黑色素瘤的发生率高出其他人3倍左右。

3. 不良疾病行为

疾病行为指病人从感知到自身有病到疾病康复全过程所表现出来的一系列行为。不良疾病行为可发生在上述过程的任何阶段,常见的行为表现形式有疑病、恐惧、讳疾忌医、不及时就诊、不遵从医嘱、迷信,乃至自暴自弃等。

4. 违反社会法律、道德的危害健康行为

吸毒、性乱等危害健康的行为属于此类行为,这些行为既直接危害行为者的个人健康,又严重影响社会健康与正常的社会秩序。如吸毒可直接产生成瘾的行为,导致吸毒者身体的极度衰竭;静脉注射毒品,还可能感染乙型肝炎和获得性免疫缺陷综合征(艾滋病);而混乱的性行为可能导致意外怀孕、性传播疾病和获得性免疫缺陷综合征。

二、不良生活方式与健康

（一）不良生活方式对健康的影响

不良生活方式(lifestyle)是指人们长期受一定社会文化、经济、风俗、家庭影响而形成的一系列有害的生活习惯、生活制度和生活意识。

一方面,不良生活方式就发生在人们的日常生活中,有这些生活方式的人又较多,往往难以引起人们的重视。另一方面,动力定型的作用又使不良生活方式改起来比较难。正因为如此,不良生活方式比其他危险行为对人群整体的健康危害更大。

1. 不良生活方式对某些疾病发生和发展的作用

不良生活方式在疾病传播过程中发生作用,有流行病学意义：① 饭前不洗手、吃霉变食品、饮生水或不清洁水等不良生活方式,造成人成为病原体寄生的新宿主；② 随地吐痰、乱打喷嚏等不良生活习惯,会将病原体从感染的宿主排出体外而传给其他人；③ 乱倒垃圾、乱丢果皮等行为造成环境的污染,影响人们的生活环境,进而引起疾病的发生。

2. 不良生活方式与疾病

（1）不良生活方式与肥胖。

随着我国经济的快速发展，人们的生活也越来越好，饮食结构也发生了变化，过多摄入的高热量、高脂肪的食物，过剩的营养，造成肥胖。高糖会增强促进脂肪合成作用的胰岛素的分泌，从而使脂肪蓄积，导致肥胖。肥胖已经成为社会关注的普遍问题。肥胖与遗传、内分泌、不良的生活方式均密切相关，其中不健康的生活方式是肥胖的重要危险因素。

不良饮食习惯是造成肥胖的最主要因素之一，不良饮食习惯主要表现在以下四个方面。

① 快食。

快食致胖主要是由于食物未能咀嚼成食糜，不能充分敷贴于胃壁，使胃壁仍处于饥饿状态，虽进食许多，但食欲不减；或咀嚼刺激过短，使迷走神经仍处于过度兴奋状态，从而引起食欲亢进。

② 零食。

零食的大部分食品如点心、果脯、油炸小食品、糖果巧克力等，含糖量高，易于被人体吸收，并能刺激促进脂肪生成所需酶的活性、刺激具有促进脂肪合成作用的胰岛素的分泌，从而导致肥胖。

③ 夜食。

许多人有夜间进食的坏习惯，特别是睡前进食，易使大量的热能被积蓄而转化为脂肪，从而导致肥胖。

④ 偏食。

偏食可导致营养素摄取的不平衡。不合理的饮食结构也会诱发肥胖。

缺乏运动也是造成肥胖的主要因素之一。缺乏运动导致能量消耗降低，出现能量摄入大于能量消耗，使多余的能量以脂肪的形式在体内积蓄，导致肥胖。运动不足使肌体的肌肉量不足，而使基础代谢降低，使能量消耗降低，导致肥胖。

（2）不良生活方式与高血压。

高血压病属于一种极为常见的慢性疾病，其发病因素除了与遗传、精神过度紧张、肥胖等有关，还与后天不良的生活方式（吸烟、酗酒、高盐饮食等）有关。

① 膳食高钠盐。

高盐饮食会使血压升高，减少食盐摄入量可降低正常人高血压发生危险，并能使高血压患者的血压趋于平稳,还可以使动脉粥样硬化性心血管病的发生危险有所降低。膳食中钠盐摄入量与人群血压水平及高血压患病率密切相关。

② 酗酒。

平均每天饮酒大于50 ml,比不饮酒者收编压和舒张压分别高3～4 mmHg和1～2 mmHg,而且血压上升的幅度随饮酒量增加而上升,男性持续酗酒者比不饮酒者4年内高血压危险增加40%。

③ 吸烟。

吸烟会增加高血压病的并发症发生率,烟草中的尼古丁可使交感神经兴奋引起血管收缩,血压升高。

④ 职业与环境。

凡从事注意力高度集中、过度紧张的脑力劳动,长期处于对视听、觉过度刺激的工作环境,导致个人应激负荷增加,平时运动量少的人群,高血压患病率明显增高。

⑤ 性格。

暴躁多怒、情绪急躁者,血压往往偏高;性情温和,处事不惊者,血压往往稳定。

(3) 不良生活方式与高血脂。

血脂异常也是导致其他代谢性疾病和心脑血管疾病的主要原因,可分为原发性和继发性。原发性血脂异常是由遗传导致,但是大部分的血脂异常都是继发性,是由摄入过多高脂肪、高热量食物,吸烟,喝酒过量,以及久坐、缺乏运动锻炼等因素所致。中等强度的有氧运动、合理的膳食结构、规律的生活方式有利于改善血脂异常、提高生活质量。

(4) 不良生活方式与癌症。

大量的调查研究发现,一些癌症的发生与生活方式是密切相关的。WHO癌症控制报告指出,保持良好的生活方式可以预防40%的癌症(通过健康饮食、运动和戒烟)。

① 不良饮食习惯。

高脂肪饮食,特别是长期摄入高脂肪、低纤维素饮食会引起大肠癌的发生概率增加。长期食用不新鲜蔬菜和腌制蔬菜食品,使体内亚硝酸盐超标,生成亚硝胺,亚硝胺对多种器官有致癌性。长期食用油炸,熏制食品。油炸、熏制食品或烧烤食品,特别是烤焦的动物食品表面含有高浓度的致癌物质,如3,4-苯并芘表现出多组织的致癌性。霉变食品。霉变食品中含有大量的黄曲霉素。黄曲霉素的代谢产物黄曲霉素B1有强烈的致癌作用,尤为肝癌的发生率特别高。长期不吃早餐者胆囊癌的发生率增加。

② 不良嗜好。长期大量饮酒。酒精与口咽部癌症、食管癌、结直肠癌、乳腺癌的关系已经明确,饮酒与吸烟行为同时存在对癌症发病有协同作用。长期大量饮酒,酒精(乙醇)及其中间代谢产物(乙醛)可直接损伤肝细胞,降低肝脏的解毒排毒能力,长期大量酗酒会导致营养失调,降低人体的正常免疫力,从而增加癌症发生的概率。酒精还会影响女性体内激素水平,而致女性乳腺癌发生率增加。

吸烟。烟雾中含有多种对人体有害的物质,特别是烟草成分及燃烧的烟雾中有3,4-苯并芘、砷、亚硝胺、重金属(钢、扑元素)等多种致癌和促癌物质。国内外大量调查资料表明,吸烟时间越长、吸烟支数越多和开始吸烟的年龄越小,患肺癌的概率越大。吸烟是肺癌的重要危险因子,吸烟的数量及时间的增加均和肺癌发生成正相关。

混乱的性行为。混乱或不洁的性行为会增加性传播疾病的患病率。如生殖器传染性软流、单纯疱疹、尖锐湿疣,甚至艾滋病。增加了阴茎癌、宫颈癌的发生率。

(5) 不良生活方式与糖尿病。

糖尿病是一个生活方式病,它的发生和发展与饮食和运动有非常密切的关系。生活方式不健康,经常吃得多、运动得少,会使能量处于一种不平衡的状态。能量不平衡、摄入过多的能量,多余的能量会转变成脂肪储存在体内。久坐不动,脂肪容易储存在腹部,腹部脂肪过多、内脏脂肪积聚是诱发糖尿病发生中常见的因素之一。

(6) 不良生活方式与缺血性脑卒中。

缺血性脑卒中是中老年人易发的心血管疾病,严重者可导致死亡,随着我国老年人口的不断增长,其发病率会逐渐增高。脑卒中的很多危险因素都是由不良的生活方式导致的,如吸烟、酗酒、体力活动少、睡眠质量差、饮食结构不合理等。这些可通过后天生活方式的干预得到改善,成为缺血性脑卒中的预防干预措施。白肉、含糖高的食品会增加脑卒中的患病率;多食坚果类、蔬菜水果的饮食模式可降低脑卒中的发生率。适当参加体育锻炼和体力活动是预防脑卒中的有效方法。

（7）不良生活方式与骨代谢疾病。

骨质疏松是伴随年龄增长的一类生理性慢性病,目前只能通过有效的手段延缓骨量的丢失。研究证明,早年通过积极调整生活方式对预防和减少骨量丢失、增加骨密度、延缓临床上骨质疏松的发生具有主要意义。

(二) 不良生活方式影响健康的特点

不良生活方式对人们健康的影响具有以下五个特点。

1. 潜伏期长

不良生活方式形成以后,一般要经过相当长的时间才能显现对健康的影响,出现明显的致病作用。这一特点使得人们不易发现并理解不良生活方式与疾病的关系,加之行为的习惯性,改变起来难度较大。但同时这也给了我们充分的时间采取干预措施,阻断其对健康的危害。

2. 特异性差

不良生活方式与疾病之间没有明确的对应关系,表现为一种不良生活方式与多种疾病和健康问题有关,而一种疾病或健康问题又与不良生活方式中的多种因素有关。例如,吸烟与肺癌、冠心病、高血压等多种疾病有关;而高血压又与吸烟、高盐饮食、缺乏运动锻炼等多种不良生活方式有关。

3. 协同作用强

当多种不良生活方式同时存在时,各因素之间能起协同作用、互相加强,这种协同作用最终产生的危害将大于每一因素单独作用之和。

4. 变异性大

不良生活方式对健康的危害大小、发生时间早晚存在着明显的个体差异。例如,有的人吸烟会发生肺癌,而有的人也同样有此不良行为却没有得肺癌。此外,即使是同时开始不良生活方式,以同样的量作用同样长时间,其结果也不尽相同。

5. 广泛存在

不良生活方式广泛存在于人们的日常生活中,具有不良生活方式的人为数较多,其对健康的危害是广泛的。

第三节 健康相关行为的干预与矫正

健康相关行为分为健康行为和危险行为两大类,健康教育、健康促进和健康管理的目的就是通过行为的干预与矫正,使人们形成并保持健康行为、改变危险行为。

一、转变行为成功的因素

要使人们的行为向着有利于健康的方向转变,需要通过教育者和受教育者两方面的共同努力。转变行为成功的主要因素有以下七点。

(一) 认知

认知是行为转变的前提。促使人们理解健康、幸福和生活质量的内涵,很大程度上是取决于对行为和生活方式的选择。人们对健康的关注度越大,就更容易作出健康行为的选择。教育者和受教育者对健康行为、危害健康的行为有明确的认识,即能够明确意识到哪些行为有益于健康、哪些行为对健康是有害的。

(二) 知识

掌握生活方式领域中的知识,有助于人们作出决策。例如,知道血脂水平高意味着什么,人们就会决定如何通过膳食来降低血脂。知识有助于你了解危险因素以及如何去实现你的目标。教育者和受教育者了解健康行为对健康有哪些好处,益处有多大;危险行为对健康有哪些害处,危害程度如何,这是行为转变不可缺少的。

(三) 动机

动机是转变行为的动力,它是在需要基础上产生的。当需要的强度达到一定的水平并具备相应的条件时,就会转化为动机。引发动机的因素有外在的力量,包括奖励、证书、纪念品等,但内在的动机更为持久。根据心理学家的观点,影响动机的三个重要因素是:① 自主的而不是强迫的;② 相信自己有能力、有信心去实现行为的转变(自我效能);③ 有良好的人际关系支持。

(四) 技能和管理技术

技能有助于实现某行为的转变。如何控制你的情绪?如何选择有营养的饮食?如何在繁忙的工作中进行体育锻炼?如何做好自我监测?技能和管理有助于将自我转变的策略融合到生活中去。教育者帮助受教育者掌握行为转变的技能和管理;受教育者明确目标,按照行为转变的方法去做。

(五) 社会支持

组织与环境的支持是十分重要的。例如,当你要戒烟的时候,你的领导同事、朋友、家属是否吸烟对你的影响极大。因为,行为的转变并非在真空的条件下,必须创造支持性环境,使人们更容易作出健康的选择。教育者要倡导社会支持、鼓励人们采纳健康行为、改变危险行为;受教育者要有采纳健康行为、转变危险行为的愿望,并决心采取行动。

(六)评估与监测

一旦确定了健康行为的选择,就应当评估你现在的生活方式以及哪些行为需要转变。评估内容可以是医学检验(血压、血脂、血糖)、体育锻炼、膳食等,甚至包括态度问题,这有助于你理解社会和个人的关系。教育者应加强对健康行为转变的评估和监测;受教育者要巩固和发展有益于健康的行为。

(七)责任感

责任感是转变行为的核心,健康教育和健康管理的目的是促使人们对个体和群体的健康承担责任。自我负责包括积极地参与行为与环境的转变并有预期的目标。有责任感还包括自我制约。行为转变是个人授权,包括有主人翁意识和参与决策过程。改变不健康行为不仅仅是个人的事,而是涉及整个社会甚至子孙后代的大事。

二、个体行为的矫正

(一)行为矫正的概述

1. 行为矫正的概念

运用操作式条件反射及生物反馈的原理和方法,矫正个体偏离正常的不健康行为,称为行为矫正。行为矫正和行为干预并没有严格的区分。行为矫正首先必须明确问题的所在、起源和程度,分析维持不健康行为的社会和自然环境以及心理因素,据此选用适当的矫正方法并制定矫正计划和监测过程。行为矫正是长期的过程,而不是一次性的,因此需要制定长期矫正计划,并适时地进行评估,监测矫正的全过程,直至完全矫正成功,不可半途而废,功亏一篑。

行为矫正指的是按照一定的期望,在一定条件下采取特定的措施,促使矫正对象改变自身的特定行为的行为转变过程。行为矫正更注重人们在行为改变过程中的自觉投入。矫正对象是行为改变的参与者、核心,而不是消极的行为受限者。

2. 行为矫正的要素

行为矫正由三方面要素构成。

(1)行为矫正对象。行为矫正对象是确定的行为改变者。

(2) 行为矫正环境。行为矫正环境包括行为指导者、矫正场所和矫正时机，矫正场所可以不固定，但大多数行为矫正的场所是固定的，便于对行为矫正效果进行观察、记录和评价；选择行为矫正的时机也很重要，在易诱发行为改变的特定时机进行行为矫正，容易取得最佳的效果。

(3) 行为矫正过程。行为矫正过程就是行为矫正技术的选择和实施过程，其核心是针对矫正对象的具体行为来选择矫正技术。

（二）行为矫正技术

行为矫正技术是从20世纪50年代末发展起来的，到目前为止，在健康教育领域内运用较为广泛的行为矫正技术有脱敏疗法、厌恶疗法、示范疗法和强化疗法等。

1. 脱敏疗法

脱敏疗法又可分为系统脱敏疗法、接触脱敏疗法和自身脱敏疗法等，主要用于消除个体因对某种因素过于敏感而产生的不良行为表现，如恐怖症、焦虑症和紧张症等。焦虑与放松是互相拮抗的生理过程，系统脱敏法就是运用交叉抑制原理，系统地训练病人放松，用放松来矫正焦虑。

该方法以认知原理为基础，在治疗中有目的地、循序渐进地主动提供这一刺激因素，适时修正个体对刺激因素的错误认知，再通过反复的操作、强化，就可以达到消除这种过于敏感行为的目的。脱敏疗法的成功取决于矫治过程的系统性、有专业人员指导，以及适当的矫正环境。

2. 厌恶疗法

厌恶疗法又称去条件反射法，其基本做法是每当矫正对象出现目标行为或出现该行为的欲望冲动时，就给予一个能引起负性心理效应的恶性刺激。反复作用后，在矫正对象的内心就会建立起该行为与恶性刺激间的条件反射，引起内心的由衷厌恶，直至消除该目标行为。厌恶疗法常用于矫正各种成瘾行为、强迫症、恐怖症和异常癖好等，如吸毒、酗酒、吸烟。厌恶疗法在使用时，一要注意持续性，否则无法建立条件反射；二要注意强度的适宜性，使用不当可能引发新的紧张刺激；三要注意治疗原则的保密性，以防矫正对象产生对抗心理，无法实施行为矫正。

3. 示范疗法

示范疗法在应用时，将所要形成的健康行为或所要改变的危险行为分解成不同阶段或不同表现，设计相应的模拟场景，让行为矫正对象扮演其中角色或观察角色行为,身临其境模仿角色的示范,从而形成自己的行为。以现实生活中克服不利于健康行为的人为示范典型,鼓励和帮助矫正对象改变自身行为。

4. 强化疗法

强化疗法是一种在行为发生后通过正面强化或负面强化来矫正行为的方法。通常的做法是当矫正对象表现出有益于健康的行为时,对矫正对象施以正面强化,以肯定和巩固健康行为。正面强化的形式有口头表扬、奖状、物质/货币奖励等。反之,当矫正对象表现出对健康有危害的行为时,对其施以负面强化,使矫正对象由于逃避负面强化而放弃不利于健康的行为。本方法是迄今为止在帮助个体矫正危险行为、建立健康行为方面最有前途的行为矫正手段。但在使用该方法时,专业人员应注意选择正确的强化因素,安排适宜的强化活动,并随时听取反馈信息,以确保行为矫正的效果

三、群体行为的干预

(一)群体行为干预概述

1. 群体行为干预的概念

群体行为干预通常是以行政单位(社区、学校、工厂、医院等)为基础,运用行为团体干预法进行群体行为干预。团体(单位)不仅是社会的细胞,也是社会与个体相互作用的桥梁,是个体成员行为形成的微观环境。个体的行为、习惯、道德、价值观多是通过团体来实现的。另外,人的人际关系、社会关系和社会态度的形成与改变等,也都受社会团体的影响。因此,团体可以显著地影响和改变个人的观念和行为。

2. 群体行为干预的优点

(1)这是一种有组织的行为,以团体决策层为核心,得到组织、政策和资源的保证,得到全体成员或绝大多数成员的积极支持和参与。

(2)行为干预有明确的目标和目的,这种目标和目的由决策层所确立,并成为团体内全体成员的行为指向。

(3)这是一种有组织、有计划、有系统的教育活动,并得到政策支持,其实施过程处于严密控制之中,有专人负责、进行监测、信息反馈和调节,并对效果进行科学评价。

(4)组织对其个别或较少量的个体给予更多的关注,所以团体促进不健康行为的转变,一旦获得成功,效果将更显著、更持久。

（二）群体行为干预的策略

1. 争取领导

领导对健康相关行为干预目的、意义的理解与支持是目标人群行为干预的重要环节之一，其作用不仅在于领导自身的行为可以成为人群的榜样，更重要的是领导具有决策倾向性。领导对健康相关行为干预的理解和赞同，会使行为干预得到组织、资源、舆论等方面的支持。

2. 目标人群行为干预

目标人群行为的转变是健康教育与健康促进和健康管理中行为干预的落脚点，因此通过各种方法促使目标人群中的每一个个体采纳健康行为、转变危险行为是健康相关行为干预的根本所在。通常采用的人群干预方法如下。

（1）提高群体的健康意识。利用大众媒体、培训与讲座、分发宣传材料等方法，向目标人群传播有关疾病与健康、如何改变行为等信息和知识，提高群众的健康意识，为向健康行为转变奠定基础。

（2）心理支持与压力。群体成员之间往往具有亲密的关系，每个成员有群体归属感和集体荣誉感。在这样的群体环境下，率先改变行为的个体可能成为群体中的骨干，起到示范与带动他人共同行动的作用。同时，由于归属感和集体荣誉感的存在，群体成员会受到群体规范的制约，形成群体压力。这种支持与压力的联合作用，能有效地促使群体中的个体形成健康行为，改变危险行为。

（3）竞争与评价。在群体间引入竞争与评价机制，利用群体凝聚力，激发群体的强大力量，促使群体成员健康行为的形成与巩固。评价可以总结成功的经验，发现存在的问题，激励行为干预取得良好效果的群体，督促还存在差距的群体，最终达到增进健康的目的。

3. 创造支持性环境

这里所说的环境既包括物质环境条件，又包括社会环境。

（1）改善环境条件。环境条件的改善是行为干预中必须考虑的因素之一，如果没有环境条件的支持，即使人们已经作出了改变行为的决定，也会由于环境条件的制约而无法实施。例如，当人们了解患病后及时就诊的意义并打算采取行动时，医院却离家特别远，给就诊带来极大的不便，人们就可能放弃及时就诊这样一种健康行为。

（2）社会支持与制约。通过社会舆论的倡导，支持促进健康的行为，反对危害健康的行为。通过有关法规的制定，约束既不利于自身健康，又对他人健康造成损害的行为。

第四节　健康相关行为之运动与健康

运动与健康效益之间存在复杂的因果联系。影响运动健康效益的外部因素包括信息、社会支持、环境和政策因素,个人因素包括心理和生理因素,通过提高运动水平改善身体能力(有氧能力、生理机能、身体成分、技能、代谢能力和情绪),从而产生健康效果。目前,运动不足已成为全球范围死亡的第四位危险因素,许多国家缺乏运动的人群比例在不断增加。

一、运动对全因死亡率和慢性疾病的影响

(一)运动对全因死亡率的影响

1. 全因死亡率

全因死亡率是指一定时期内各种原因导致的总死亡人数与该人群同期平均人口数之比。全因死亡率,就是"所有死因的死亡率",不论任何原因导致的死亡,都算作死亡人数。全因死亡率是用来衡量某时期人群因病、伤死亡危险大小的指标。

2. 运动对全因死亡率的影响

尽管全因死亡率是一个反映各种危险因素作用的综合指标,但运动同样是一个作用于多个系统的综合因素,因此运动与全死因死亡率的关联更全面地反映了运动对人类健康的影响。

与久坐少动生活方式或心肺功能水平低的人群相比,参加中等到大强度运动或心肺功能健康水平高的人死亡率更低。在各种研究和不同人群中,运动与这种全因死亡率降低的关联都是一致和显著的。参加中等强度运动,如每周爬20层楼梯,可以降低全因死亡率,参加强度更大的运动所带来的效应更大,全因死亡率进一步降低。

区别于休闲时间和职业相关的运动,进行外出往来有关的运动(如每天骑自行车上班)并且累计30分钟以上,同样可以产生独立于其他休闲时间运动的有益作用。

对于已经发生有关慢性疾病的各种高危人群,参加运动同样有效。例如,与久坐少动生活方式的慢性疾病人群相比,经常参加运动的慢性疾病人群发生过

早死亡的概率低;在超重和肥胖人群中,运动较多和身体素质较好的人群,发生过早死亡的概率低;运动较多的心血管疾病患者,死亡率低于不活动者,增加运动水平能够减少死亡率20%～35%,积极的体育锻炼能够减少50%以上由心血管疾病引发的死亡率,而且,每周通过运动和体育锻炼增加1 000 kcal(4 200 kJ)的能量消耗或者增加1MET活动强度能够减少20%的死亡率。高负荷的运动能够有效降低来自各种疾病的死亡率。这些结果表明,身体锻炼的多少与死亡率有着重要的关联,身体锻炼越多者死亡率越低,甚至身体锻炼负荷量适当地增加都能够有效地减低死亡率,积极从事体育活动的人能够减少死亡率达44%。因此,有规律地进行运动可以减少冠心病、卒中、2型糖尿病、高血压、结肠癌、乳腺癌和抑郁症等引发的死亡率。

(二) 运动对慢性疾病的影响

慢性非传染性疾病目前已构成全球近50%的疾病负担,每10例死亡中约有6例归因于慢性非传染性疾病。身体不活动(缺乏运动)是慢性病的一种独立高危因素,总体上估计在全球造成190万例死亡。

1. 运动对普通成年和老年群体慢性疾病发生率的影响

(1) 运动对普通成年群体慢性疾病发生率的影响。体育锻炼能够和药物一样预防和控制疾病。在理论上,成年人群运动和慢性疾病之间存在着线性关系,即越缺乏运动的人,其患慢性疾病的概率就越高。

(2) 运动对老年人群体慢性疾病发生率的影响。与年轻群体相比,运动对老年群体慢性疾病发生率的预防效果更为显著。大量的研究证明,运动和慢性疾病发生率之间存在定量关系。70岁积极锻炼的老年人和不锻炼老年人相比,在75岁时,其丧失活动能力的概率仅为17%。积极锻炼的老年人和缺乏锻炼的老年人相比,能减少53%丧失劳动能力的可能性。适当锻炼的老年人(每天20分钟,每周2～3小时)患功能障碍的概率为不锻炼老年人的1/4。对老年人群体而言,步行的频率与老年人功能水平下降之间存在重要关联。经常锻炼者的身体功能丧失的发生率仅为不活动者的52%。每周多活动1小时,其患瘫痪的概率会减少7%,而每天多活动1小时的老年人,其概率会减少40%～50%。总之,对老年群体而言,体育锻炼和慢性疾病发生率之间存在一种剂量—反应(dose-response)的关系。

2. 运动对心血管疾病的影响

与从事规律的中等强度以上运动的人群相比,缺乏运动人群发生各种致命性和非致命性冠心病事件危险度高1.5～2倍。临床有关研究所提供的证据可以从多个角度说明运动对于冠心病影响的机制，包括对动脉粥样硬化、血脂、血栓形成、血压、微循环和纤溶活性的影响。

现有的证据还不足以就运动与缺血性或充血性中风的关联作结论。缺血性中风的发病机制与冠心病类似。一些研究证实，增加运动可以降低发生缺血性中风的危险，更明确的结论还有待进一步的研究

3. 运动对糖尿病的影响

很多前瞻性研究证实，运动较多的人2型糖尿病发病率低于运动少的人。据估计，适宜水平的运动可以减少30%～50%糖尿病的新发病例。

有关运动对糖尿病的良好作用的生物学机制还没有完全研究清楚，但是可以确定运动对糖尿病的作用可以发生在系统水平、组织水平和细胞水平上。研究表明，运动可以增加胰岛素的敏感性、改善骨骼肌葡萄糖的代谢、降低发生动脉粥样硬化的风险以及减少腹部脂肪等。规律运动对糖尿病产生的这些良好作用，会在停止运动后逐渐消退。因此，运动预防和治疗糖尿病需要长期坚持。

4. 运动对癌症的影响

一些研究显示了运动对预防结肠癌和结肠癌前病变的保护作用。运动降低结肠癌危险的机制包括影响前列腺素代谢、减少粪便在肠道的通过时间和增加抗氧化活性物质的水平。现有证据没有发现运动与直肠癌的明确关联。

多数研究报道证明运动多的妇女发生乳腺癌的危险降低。在绝经前、围绝经期和绝经后女性人群中，休闲时间或职业相关的运动伴随发生乳腺癌的危险度降低约30%。运动可以影响雌激素和孕激素的分泌、代谢和清除，是运动降低发生乳腺癌危险的可能原因。

有关运动与其他癌症的关联，目前的证据尚不足以作出结论。有一些证据提示大强度的运动有预防前列腺癌的保护作用，但另一些研究者并没有证实这一关联。对于运动与女性的子宫和卵巢肿瘤、男性的睾丸癌及两性的肺癌的关联，有关的研究还太少，结论也不能明确。现有的证据还提示，为了减少发生某些癌症的危险，所需要的运动强度可能要大于运动产生其他促进健康作用的强度。

5. 运动对腰痛、骨质疏松、跌倒和关节炎的影响

正确的锻炼可以强健背部、腹部和腿部肌肉。这些肌肉可以帮助支持脊柱，从而缓解背部疼痛。一般情况下，加强腰背肌功能锻炼是预防和治疗腰椎间盘突

出和腰腿痛的重要的方法,也是预防其复发的主要手段。

长期参加运动可以提高、维持肌肉骨骼系统的健康,也可以延缓由于缺乏运动而产生的增龄性肌肉骨骼系统功能水平的降低。老年人参加运动,可以帮助其维持肌肉力量和关节的柔韧性,进而保持自己的独立生活能力、减少发生跌倒和股骨颈骨折的危险。缺乏运动与骨质疏松和骨折的发生相关。在青少年和中年女性人群的研究中可见,负重运动对于提高骨量峰值有重要意义。在有关的对照研究中,参加运动的程度、有氧工作能力和肌肉力量都与骨密度呈正相关关系。

适量的运动负荷具有增加骨量的作用,但是最有效的运动形式尚不清楚。有关文献的系统综述确认了运动可以降低老年人发生跌倒的危险,但现有的证据还不足以确定缺乏运动对于跌倒危险发生的影响。

运动对于维持关节的健康是必需的,也有助于控制关节炎的症状。尚没有证据说明运动本身会引起关节炎,但是随着运动强度和时间的增加,发生关节外伤的危险有增加趋势。但是,普通人长期参加休闲性的跑步,没有发现增加发生关节炎的危险。

6. 运动对抑郁、焦虑和紧张的影响

一些观察显示,休闲时间的运动和职业相关的运动可以缓解抑郁的症状,也可减少焦虑和紧张的症状。运动还可以产生其他影响心理健康的有益作用。例如,个体参加运动可以帮助儿童建立自信心和社会交往技巧,也可以使妇女产生更好的自我感觉,能够提高儿童和成年人的生活质量。这些效应的产生很可能是运动本身和参加运动所伴随的社会文化内容的共同作用。此外,参加运动可以减少青年人危害自身和社会的行为。

(三) 有益健康的运动水平

有益健康的运动应该适度,这主要指运动的频度、时间、强度和有关的注意事项。针对不同人群、不同生理和病理状态,适度运动又有不同的内涵。但是其中基本的考虑是:① 平常缺乏运动的人,如果能够经常参加中等强度的运动,他们的健康状况和生活质量都可以得到改善;② 获得运动促进健康的有益作用不必从事很剧烈的运动锻炼,日常生活中的运动也会带来健康促进效益;③ 增加运动量(时间、频度、强度)可以获得更大的健康促进效益;④ 不同的运动频度、时间、强度和形式促进健康的作用有所不同,综合耐力、肌肉力量和柔韧性活动和锻炼可以获得更全面的健康促进效益;⑤ 不同人群的运动能力、对运动的反应和适应过程及社会属性存在差异,根据个人条件,保持适度的运动可以降低发

生运动有关意外伤害的概率。

1. 运动的频度

日常生活中经常参加中等强度运动人群的心血管病、糖尿病和全死因死亡率均明显低于缺乏运动的人群。所谓经常或规律，可以每周5~7天定量。这里强调规律，一方面因为平常缺乏运动的人，只有经过一定时间规律适度的运动积累，相应的健康促进效应才能显现；另一方面因为日常有适度运动的人，如果停止规律的运动，相应的健康促进效应会逐渐消失。特别值得指出的是，有研究观察到为了弥补工作日运动的不足，周末较多的运动也具有正面的健康效益。

2. 运动的时间

应保持每天30分钟以上，或每周180分钟的运动时间。运动时间可根据运动强度的差异进行安排：强度较大时，运动时间短；强度较小时，运动时间应增加，范围在每天15~60分钟。这里不强调每次时间达到期望值，而是以每天或每周的累计时间计算。这一推荐量主要依据运动总能量消耗与各种健康效益的关联。

现有证据还表明，不同健康目标的剂量效应关系和所强调的运动内容可能不同。维持体重需要达到一个总的运动能量消耗值，需要每天60~90分钟的中等强度运动量。不过如以降低各种慢性疾病的风险为目标，30分钟中等强度的运动对于体重正常或是肥胖者都有效果。

分段（10分钟）累积30分钟运动，据认为其效应相当于持续30分钟的运动。现有累积爬楼梯层数的证据显示男性每周爬125层楼梯，女性爬85~100层，每次至少5层，有助于改善心血管系统的健康水平。

3. 运动的强度

几乎所有有关的运动推荐量和指南都强调中等强度的运动。

（1）运动量与死亡率的调查数据显示，随着每周运动量的增加，人群的死亡率降低。每周运动的热能消耗在700 kcal以上，就可以见到明显的死亡率降低效应，但这一变化趋势到3 500 kcal/周时不再增加。折算下来，每天在100~500 kcal，相当于中等强度运动30分钟到极大强度运动60分钟。

（2）从运动强度与健康效益的剂量反应关系上看，缺乏运动的人增加运动量所获得健康效应最大；而运动较多的人增加运动所增加的健康效应较小，但他们获得的累计健康效应更大。

（3）中强度运动的推荐热能消耗数值通常为150 kcal/天，由于体重不同，完成同样时间或距离运动的能量消耗不同,所以运动消耗150 kcal所需时间也不同,30分钟只是一个平均值。用心率掌握运动强度,由于不同个体的基础心率的差异,同样心率的运动负荷量也因人而异。

(4) 从运动有益健康的作用上讲,除了一些疾病状态下对运动强度有所限制外,适宜时间和频度的各种强度运动对健康都是有益处的。因此,指导日常运动的基本原则之一是从事尽量多的运动。

4. 运动锻炼的安全

运动降低发生心血管疾病的危险和死亡率,但是剧烈运动可能诱发心血管意外。这种情况在健康的心血管系统不会发生,而受到影响的人都有心脏病理改变的基础,有些人发生意外时已经明确心血管病的诊断,有些人则是表观健康的隐性心脏病患者。小于35岁者发生运动猝死的可能性较小,美国报道按年计算发病率,女性为七十七万分之一,男性为十三万分之一,原因以肥厚性心肌病为主。中老年人发生运动猝死和非致命性心肌梗死的危险增加,原因主要与血管动脉粥样硬化斑块的破裂有关。临床运动试验的统计显示,经过健康筛查,健康者发生意外的可能性很小,而高危病人各种心血管意外的发生率为万分之六。

运动外伤是另一类于运动有关的健康危害,其原因与准备活动不充分、疲劳、运动过度等有关,器材、着装、道路和场地等因素也与运动外伤的发生有关。运动强度、时间和频度的增加都伴随运动外伤发生率的增加,因此适度的运动量是需要控制的重要因素。

二、不同运动类型对健康的影响

(一) 有氧运动与健康

1. 有氧运动

有氧运动是指人体在氧气充分供应的情况下进行的体育锻炼,即在运动过程中,人体吸入的氧气与需求相等,达到生理上的平衡状态。

以有氧运动为主要形式的运动是增强体质、提高人体健康水平的最常用、最有效的方法。

2. 有氧运动与健康

(1) 有氧运动对能量代谢的影响。有氧运动对蛋白质代谢的影响研究较少。氨基酸和蛋白质在运动时供能所占比重较少,与运动时间有关。糖底物过量消耗的长时间运动中有5%～10%的能源来自氨基酸和蛋白质，所以运动时要注意蛋白质的补充。

有氧运动可增加肝释放葡萄糖的速率及肌肉对葡萄糖的摄取能力和代谢作用，提高外周组织对胰岛素的敏感性，促进肌细胞膜上胰岛素受体的表达，改善胰岛素抵抗，使骨骼肌细胞内葡萄糖转运蛋白4基因转录增加，增加骨骼肌细胞内葡萄糖转运蛋白4的含量，提高其活性；维持血糖浓度的能力增强。

有氧运动能改善血脂状况。这表现为总胆固醇、三酰甘油、低密度脂蛋白、总胆固醇与高密度脂蛋白比值、极低密度脂蛋白、低密度脂蛋白/高密度脂蛋白、载脂蛋白B、载脂蛋白B/载脂蛋白A1水平下降，高密度脂蛋白和载脂蛋白A1水平升高。有氧运动提高机体脂肪动员和分解的速度，以及对脂肪酸利用的速度。促进脂肪分解的机制在于有氧运动提高了肌肉、肝脏等组织的脂蛋白脂酶、肝脂酶等分解代谢关键酶的活性。儿茶酚胺通过cAMP-蛋白激酶系统的作用激活交感肾上腺系统对β受体的调节作用，使脂肪酸活性提高，脂肪分解加强。

（2）有氧运动对心血管系统的影响。耐力性有氧运动对心脏的作用有两方面：一是可以改善心脏的结构；二是可以改善心脏的功能。长期的有氧耐力运动后，心脏容积增加；另外，心肌收缩成分的增加，心脏顺应性增加，心肌内线粒体的容积密度和体积密度增加，心肌毛细血管增生，氧化代谢酶活性增强，内源性保护因子的浓度增加，这些结构上的变化促进了心脏功能的提高。长时间有氧运动训练能使心率保持较低水平，心脏的储备力增加，有效地防止心脏过度疲劳。

（3）有氧运动对自由基及其防御系统的影响。4%～5%的氧耗不是生成水而是生成自由基，因此运动时氧耗增加，氧自由基也会增加。一次有氧运动自由基生成的主要途径有：① 运动引起的儿茶酚胺激素分泌释放增加，这类激素自氧化时会产生自由基。② 呼吸链氧化磷酸化作用加强引起自由基生成增加。但大量研究表明，长期有氧运动后，血清丙二醛及呼出气中戊烷含量降低，这表明有氧运动能增强机体的自由基防御能力。研究表明，长期有氧运动后，血浆脂质过氧化水平下降，提示出现了运动性适应现象。

有规律的有氧运动会增加机体内非酶抗氧化剂含量及抗氧化酶的活性，提高机体防御自由基损害的能力，所以有训练者在完成相同负荷运动后，血浆和组织中自由基的含量及脂质过氧化水平较没有训练者低。

（4）对免疫系统的影响。中低强度的有氧运动能提高人体的免疫功能，而高强度运动或超长时间中低强度运动会降低人体的免疫功能。研究表明,有氧运动能改善T淋巴细胞和B淋巴细胞的功能,增加自然杀伤细胞的数目和能力,增加巨噬细胞数量。但这与运动习惯有关,规律性地参加有氧运动者的淋巴细胞反应性明显高于锻炼无规律者,单核细胞对酵母多糖的吞噬功能也大大高于锻炼无规律者,而免疫球蛋白和补体两者无明显差异。因此,运动习惯对细胞免疫有较大影响,而对体液免疫的影响则较小。

有氧运动对红细胞免疫功能也有促进作用。规则的有氧运动可以促进红细胞免疫的黏附功能,可使红细胞C3b受体花环率增加,血清受体免疫复合物的数目明显下降,但红细胞循环免疫复合物增加。由于有氧运动可引起β-内啡肽的轻度增加,对红细胞的黏附有促进作用。

规律的有氧运动促进骨骼肌产生谷氨酰胺,其是免疫细胞的重要能源物质;有氧运动促使骨骼肌产生细胞因子白细胞介素6,白细胞介素6在抗炎症反应中起重要的作用;有氧运动还引起糖皮质激素轻度升高,介导抗炎症反应。这些证据都说明规律的有氧运动对免疫系统具有良好的作用。

(5) 有氧运动对其他健康方面的影响。

① 提高呼吸功能:通过有氧运动可以提高呼吸系统的功能,表现为肺活量明显增加,肺交换效率提高。

② 提高神经系统功能:从事有氧运动中长距离跑、爬山、攀岩等运动项目,大脑皮层和神经系统会更坚强稳定并提高各肌肉群及内脏器官协调能力。

③ 减肥:运动减肥的效果主要与体育锻炼的时间和体育锻炼的总工作量有关。有氧运动消耗的脂类物质较多,所以减肥的效果就明显。以减肥为主要目的体育锻炼主要以有氧运动为主要形式。

④ 促进儿童青少年生长发育:有氧运动由于改善身体的血液循环,加强体内的新陈代谢,从而可以促进少年儿童的生长发育。经常锻炼能使关节变得更灵活、更稳固,使肌肉变得更发达,体型更健美。坚持体育锻炼的青少年,其身高、体重、胸围都较同年龄的人有不同程度的增长。

⑤ 延缓衰老:老年人进行有氧运动,可以调节神经系统的功能,加强体内的代谢功能,使老年人保持旺盛的精力和充沛的体力,从而达到延年益寿的效果。

(二) 抗阻运动与健康

1. 抗阻运动

抗阻运动指的是肌肉在克服外来阻力时进行的主动运动。这是恢复和发展肌力的主要方法,是发展力量素质的主要运动方式。

力量素质是各项身体素质的基础,肌肉工作能力降低是衰老的重要标志之一,人的肌力从 30 岁开始减弱,且从事非体力劳动者比体力劳动者明显。尤其人到老年后,肌肉发生显著性的变化,其特点是肌纤维的体积缩小、肌纤维的数量减少、肌肉的代谢能力下降,结缔组织和脂肪增多并伴随着骨密度的下降。这些变化会导致肌肉工作能力下降,表现为肌肉收缩速度变慢、肌肉收缩力量下降,这些变化对人的正常行动能力起到了极大的制约作用。当行动能力受到制约,必将导致机体功能水平的下降,最终使健康受到极大影响。

2. 抗阻运动与健康

(1)健康相关的抗阻运动目标。对于所有成年人来说,健康相关的抗阻运动目标如下。

① 降低日常生活中体力活动(如爬楼梯和提杂货袋)的生理应激。

② 有效管理、缓解,甚至是预防慢性疾病,如骨质疏松症、2 型糖尿病和肥胖。

正因如此,虽然抗阻运动对所有年龄段的人都很重要,但是年纪越大做抗阻运动的意义就越大。

(2)抗阻运动对运动系统的影响。通过抗阻运动可以增加肌肉的力量和体积,能有效延缓肌肉和力量的退化,抑制和减缓体内脂肪的堆积。抗阻运动对肌肉、骨骼系统有重要功效。抗阻运动不仅可以有效地增加承重骨的骨量(即骨密度和骨矿含量)和骨力,还可预防、减缓,甚至逆转骨质疏松症病人的骨质流失。由于肌肉力量薄弱是引发骨质减少的一个危险因素,因此,进行抗阻运动可以降低这种肌肉骨骼疾病的发生率,减轻骨质疏松病人的疼痛和活动不便。有效保持肌肉功能,防止骨质疏松,对由于摔倒、骨折、功能衰退所造成的不良结果起到预防作用。

(2)抗阻运动对慢性疾病预防作用。对心血管疾病、骨质疏松症、糖尿病、癌症等严重危害人体健康的疾病起着积极的预防和治疗作用。通过抗阻运动,机体中与健康相关的标志物会发生一系列明显变化,包括改善身体成分、血糖水平、胰岛素敏感性和高血压前期到一期病人的血压。因此,抗阻运动可以预防和治疗"代谢综合征"。研究还显示,运动者进行抗阻运动不仅可以预防和减轻抑郁、焦虑,还可以增强活力和缓解疲劳。

(3)抗阻运动对老年健康的影响。对老年人而言,抗阻运动有很大的潜在增强功能的作用。老年人灵活性的削弱与肌肉力量的减退有很大关系。即使是年龄非常大的老人对抗阻运动的刺激反应同样有很好的适应性,身体功能的灵活性和全身功能都会得到改善。伴随着动力性力量的增加,老年人的平衡能力也得到显著提高。抗阻运动可以降低老年人摔倒的概率从而增加或延长他们独立生活的能力,提高生活的质量。因此,抗阻运动被认为是老年人改善体质健康、提高生活质量最有效的手段之一。

(三) 柔韧性运动与健康

1. 柔韧性

柔韧性是指人体关节活动幅度,以及关节韧带、肌腱、肌肉、皮肤和其他组织的弹性和伸展能力,即关节和关节系统的活动范围。影响柔韧性即关节活动范围的因素有:关节骨结构,关节周围组织的体积,韧带、肌腱、肌肉和皮肤的伸展性。其中,韧带、肌腱、肌肉和皮肤的伸展性对提高柔韧性关系最大。

柔韧性是身体健康素质的重要组成部分,经常做伸展练习可以保持肌腱、肌肉及韧带等软组织的弹性。柔韧性得到充分发展后,人体关节的活动范围将明显加大,关节灵活性也将增强,动作更加协调、准确、优美,同时在体育活动和日常生活中可以减少由于动作幅度加大、扭转过猛而产生的关节、肌肉等软组织的损伤。

2. 柔韧性运动与健康

柔韧性运动的目的是根据个性化运动目标来发展大肌群/韧带群的关节活动度。柔韧性运动应针对机体主要的肌肉肌腱单元,包括肩带、胸部、颈部、躯干、腰部、臀部、大腿前后和脚踝等进行。

(1) 柔韧性运动对运动系统的影响。所有年龄段的人都可以通过柔韧性运动提高关节活动度或柔韧性。关节活动度在柔韧性练习后会立即增加,并且每周进行至少3～4次,坚持4～6周的规律拉伸之后,关节活动度会长期增长。柔韧性运动可提高韧带的稳定性和平衡性,特别是与抗阻运动结合进行时效果更佳。规律的柔韧性运动可以减少运动者的肌肉韧带损伤、预防腰痛,或者缓解肌肉酸痛。经常性地拉伸全身关节、各个肌肉群,不仅能让肌肉、骨骼避免长期处于紧张状态,还能使人保持非常良好的身体姿态,看起来更精神挺拔有气质。

(2) 柔韧性运动对中老年健康的影响。人到中年以后,关节周围的关节囊、韧带、肌腱等会逐渐发生老化,关节韧带的柔韧性减退常引起一些诸如颈椎、腰椎椎间盘突出症、肩周炎、腰腿痛等退行性疾病。柔韧性减退的过程个体差异很大,自然老化只占其成因的1/3,其余的2/3都与运动锻炼有关,而柔韧性运动在中老年人健身中常常被忽视。作为人体基本运动能力之一,柔韧性运动的重要价值在于:良好的柔韧性不仅是学习、掌握运动技能的重要基础,还可以提高运动素质,减少运动器官在锻炼中的负担,降低运动损伤的发生。

经常进行柔韧性运动对中老年人更有益处。柔韧性运动能扩大中老年人关节韧带的活动范围,有利于提高身体的灵活性和协调性,在意外事故发生时有可能避免和减轻损伤。柔韧性运动可使僵硬的肌肉得到松弛,防止肌肉痉挛,减轻肌肉疲劳,柔韧性运动通过加强肌肉韧带的营养供应,延缓肌肉韧带的衰老,同时还能延缓血管壁的弹性下降和皮肤的松弛。

第五章

运动健康信息的检测和评价

当今社会已经进入信息时代,人们对自身健康非常关注,相对应的运动水平和健康体适能检测应运而生。健康体适能属于体适能的一部分,主要包括心肺适能、身体成分适能、肌肉适能和柔韧适能等。针对不同的性别、不同年龄、不同健康状况、不同锻炼习惯、不同健身目的人群进行健康体适能的测定,并对测定结果进行评价,为其提供个性化的锻炼指导,对改善身体状况、认知身体机能有积极作用。本章主要介绍的运动水平检测、健康体适能(包括身体成分适能、肌肉适能、心肺适能、柔韧适能)一些测试项目的检测和评价,并介绍健康体适能信息的管理。

第一节　身体活动水平测量与评价

身体活动水平的评价方法可分为两类:一类是借助于一些仪器、试剂进行测量的客观评价方法;一类是以身体活动问卷为主要形式的主观评价方法。客观评价方法多用于实验研究,是从身体活动能量消耗角度对身体活动进行测量;主观测量法多用于流行病学调查,是从身体活动的强度、频率和每次活动持续的时间三个方面对身体活动水平进行评价。

一、身体活动水平的测量方法

(一)客观方法

身体活动能量消耗是影响总能量消耗的主要部分。客观测量方法包括双标水法、间接热量测定法、心率监测法,以及各种机械或电子的运动传感器。

1. 双标水法

双标水法于1955年由Lifson和他的同事共同发明并于1982年第一次应用于人类研究。此方法是使受试者服用经非放射性同位素^2H和^{18}O双重标记的水,通过测量尿液中同位素的含量,得到^2H和^{18}O的代谢速率,从而计算CO_2生成率和O_2消耗量(VO_2),得出单位时间的能量消耗,结合人体基础代谢率,就可以计算出身体活动消耗。双标水法测量准确、无毒副作用,而且不影响受试者的日常活动,所以一直被认为是身体活动测量的"金标准"。但是,由于^2H和^{18}O

价格昂贵,不适合在大样本人群试验中应用。

2. 间接热量测定法

间接热量测定法也是一种较精确的热量测定方法,它通过测定吸进的O_2和呼出的CO_2来计算能量消耗,结果真实可信,目前许多验证运动传感器测量步行或跑步有效性和可靠性的研究就是以此法作为参考。但是,该法往往只能在实验室里借助跑步机才能测量步行或跑步的热量消耗,限制了在一般人群日常身体活动调查中的应用。

3. 心率监测法

心率监测法的原理是心率在一定强度范围内,通常是110～150次/分钟,心率与耗氧量呈线性关系。Strath等在校正了年龄和体适能后,测得心率与耗氧量的相关系数为0.68,因而心率可以作为测量身体活动的一种客观指标。但是,心率监测法也有明显缺陷:① 容易受到环境温度、湿度、情绪变化和身体姿势的影响,单纯记录心率的方法不够准确。② 对低水平的身体活动(如步行)测量结果不准确。

4. 运动传感器

运动传感器可以固定在身体上,通过感应肢体或躯体的运动或加速度来测量身体活动。常见的运动传感器为计步器和加速度传感器。

(1) 计步器。计步器是机械式步伐计数器,可以感应垂直方向的运动,当人们以正常的步速行走时,计步器能够精确记录行走的步数。计步器可以推算能量消耗。计步器不适合测量行走缓慢或步态失调的老年人。

(2) 加速度传感器。加速度传感器是更为复杂的运动传感器,通过感应水平、侧面和垂直方向的加速度来测量身体活动的频率和强度。与计步器相比,加速度计的优点是可以提供活动强度和频率等信息,其输出结果更能反映人体的真实活动情况,但加速度计对上楼梯、骑自行车和搬运物体等非全身运动的测量不准确。

(二)主观方法

主观测量法包括行为观察、问卷调查和面访调查,其中问卷调查又可细分为:回顾性问卷、日记和日志。

1. 回顾性问卷

目前有相当多的回顾性问卷应用于身体活动评价,应用比较广泛的有国际身体活动问卷(IPAQ)、全球身体活动问卷(GPAQ)、明尼苏达休闲时间身体活动问卷（MLTPAQ）等。美国运动医学院曾在1997年的 Medicine and Science in Sports and Exercise 的一期增刊上列举了30多种身体活动问卷。IPAQ由国际身体活动测量工作组于2001年制定，包括长卷和短卷两种形式，长卷多用于科学研究，短卷多用于行为监测。Craig等在12个国家的14个中心对IPAQ的信度和效度进行了研究，认为IPAQ是一种应用于18～65岁人群中的可被接受和合理的身体活动测量工具。GPAQ是国际身体活动测量工作组专为发展中国家制定的国际标准身体活动问卷，主要用于身体活动监测，其效度已在9个国家得到验证。MLTPAQ也是应用较广的问卷，其信度和效度经过了多个国家的验证。虽然回顾性问卷与客观测量相比，其准确性较低，但由于其成本相对低廉、便于管理、被调查对象易于接受，目前仍是国内外大型流行病调查中最常用的方法。当前，已有研究开始使用问卷调查联合计步器来共同测量身体活动水平。

2. 身体活动日记

身体活动日记通常是用来详细记录每15分钟或30分钟的活动内容，连续记录1～3天。通过日记，研究者可以计算身体活动的总能量消耗。与双标水法和间接热量测定法相比，身体活动日记也能较为精确地估计能量消耗，故被认为是最准确的主观测量法，但是，由于受试者不容易坚持，影响了该方法的推广使用。

各类测量方法总结，如表5-1所示。

表5-1　身体活动能量消耗的测量与计算

测量方法		原　理	精度	效度	优点、缺点
标准测量法	热量消耗测定法 直接法	在隔热条件下直接收集和测量人体整个能量代谢过程中散发的全部热量。常采用测量机体在一定时间内所处介质温度的变化，根据介质的比热，推算出机体在这段时间内所产生的热量	高（金标准）	高	精确度高，但对设备和技术要求较高，测试费用也较高。只限在实验室中进行，适合课题研究
	间接法	通过测量机体在代谢过程中氧消耗量和二氧化碳的生成量以及尿中氮的排出量等，根据呼吸商（RQ）间接推算出能量消耗			精确度高，但设备仪器价格不菲，需带呼吸面罩，会让受测试者感到轻度不适。常用于测定其他身体活动测量方法的效度或小样本研究

（续表）

测量方法		原　　理	精度	效度	优点、缺点
标准测量法	热量消耗测定法 双标水法	通过给予受试者一定剂量氘（^{2}H）和^{18}氧（^{18}O）后，测量受试者尿液中标记的^{2}H和^{18}O的衰减率，估计CO_2的生成率，然后根据呼吸商（RQ）和经典的Weir公式计算出单位时间内的平均能量消耗	高（金标准）	高	样品收集和测量过程简单、安全，无毒副作用，适用范围广，但成本较高，且只能测试一段时间内的TEE，不能精确地反映出AEE、DEE和BMR的比例。常用于评定其他身体活动测量方法的效度
客观测量法	心率监测法	HR是一个与能量消耗密切相关的重量参数。在一定强度范围内，特别是HR在10～150次/分钟的范围内，HR与耗氧量（VO_2）呈现线性关系，据此推算出能量消耗	较高	较高	简便易行，但不稳定，个体差异大，易受多种因素的影响，如身体成分、训练水平、吸烟、咖啡因、紧张情绪等，适用于大样本流行病学调查
客观测量法	运动传感器法 计步器	利用人体步行时产生的垂直加速度，引起装置内部水平垂吊力臂的垂直移动并使得弹簧的杠杆发生偏转。每偏转一次记录一次，并逐渐累加得到单位时间内的步数，然后根据步数推算出能量消耗	较高	一般	体积小，价格便宜，佩带方便，不影响调查对象活动，测量结果准确。但不能提供关于活动强度、活动时间和活动模式等的信息，很难感应到不涉及明显身体移动、肌肉等长收缩或以上肢活动为主的运动。适用于小规模的人群研究
客观测量法	运动传感器法 加速度计	通过压电陶瓷产生的形变转化为电信号这一工作原理，按预先设定的回归方程和佩带者的身高、体重、年龄、性别计算出相应的能量消耗或根据预先指定的常数得到活动计数	较高	较高	体积小，重量轻，使用方便，并且能提供身体活动强度和活动模式方面的信息，可以储存几天、几周，甚至几个月记录数据，可以很好地解释TEE的变化，但很难感应那些不涉及明显身体移动的身体活动，如骑自行车、上肢的运动等，也不能用于测量游泳、跳水等项目的能量消耗

(续表)

测量方法		原理	精度	效度	优点、缺点
客观测量法	观察法	在特定时间和环境内观察、收集受试对象身体活动的类型、频率、持续时间等信息,并根据这些信息,对照各种活动能量消耗量表,估算出研究对象在某一段时间内的能量消耗	较高	较高	可以完整地记录被观察对象身体活动时的各种参数以及活动时的周围环境,获得的数据客观可靠,但需要训练有素的观察员,成本较高。适用于小样本调查,尤其是回忆细节能力较差的学龄前儿童
主观测量法	调查法	通过日志、日记、定量化回忆、活动回忆、访谈等形式记录身体活动信息,并根据这些信息,对照各种活动能量消耗量表,估算出调查对象在某一段时间内的能量消耗	较差	一般	费用低,操作简单,可以提供活动类型、频率、时间、强度等信息。但结果受主观因素影响较大,容易产生偏倚,尤其是对认知能力、回忆能力、理解能力有限的人群。适用于大规模流行病学调查

资料来源:乔玉成,"身体活动水平:等级划分、度量方法和能耗估算",《体育研究与教育》,2017年第3期。

二、身体活动水平的评价

身体活动评价方法与测量方法相关,对于使用双标水法等客观测量方法,评价时一般以测试指标的结果来评价;对于使用回顾性问卷的主观测量方法,一般通过问卷的结果进行分级。

(一)客观方法

身体活动水平的高低取决于单位时间内身体活动的总量与能耗,而活动总量和能耗的多少又与身体活动的强度、持续时间、活动频度等要素密切相关。因此,活动强度、持续时间、活动频度等变量均可作为确定身体活动水平等级的量纲,而这些变量又各自有着不同的表达方式,因而也就决定了身体活动水平分级方法的多样性。

1. 按身体活动强度来评价

就按照强度水平划分而言,美国疾控中心(CDC)和美国运动医学会(ACSM)目前按照代谢当量将身体活动水平划分为三个等级的标准,目前已作为评估身体活动水平的等级标准在国际上得到广泛接受和应用（见表5-2）。

表5-2 身体活动水平分级（按METs）

身体活动水平	METs	相当于		身体活动形式举例
		热量消耗（kcal/min）	最大摄氧量 [ml/(kg·min)]	
低	<3.0	<3.5	<50%	一般日常生活活动，如购物、做饭、洗衣等。
中	3.0～6.0	3.5～7.0	50～60%	如跳舞、骑马、割草、做瑜伽、打高尔夫、走路、打太极拳、打乒乓球、网球双打、骑自行车（<16千米/小时）、搬运重物（<20千克）等。
高	>6.0	>7.0	>60%	如竞走、跳绳、跑步、快骑自行车、踢足球、重体力劳动（如伐木、建筑）、打篮球、打网球、游泳、背包旅行、搬运重物（>20千克）等。

资料来源：乔玉成，"身体活动水平：等级划分、度量方法和能耗估算"，《体育研究与教育》，2017年第3期。

2. 按身体总能量消耗与基础代谢率的比值来评价

身体活动构成了能量代谢途径中可变性最大的部分，也构成了影响能量代谢平衡状态的关键，而身体活动所需要的能量在每日消耗的总能量中所占的比例，既可反映出身体活动水平的高低，也可作为身体活动水平等级划分的依据。根据个体24小时内总能量消耗与该个体24小时基础代谢能量消耗的比值即可推算出每日体力活动水平（PAL）。世界卫生组织（WHO）按此种方法将职业性身体活动（劳动强度）分为三个等级。我国也采取此种分级方法对身体活动水平进行分级（见表5-3）。

表5-3 身体活动水平分级（按PAL值）

身体活动水平	职业工作时间分配	工作内容举例	PAL值*		PAL值**
			男	女	
低	75%的时间坐或站立，25%的时间站着活动	办公室工作、修理电器钟表、售货员、酒店服务员、化学实验操作、讲课	1.55	1.56	1.40～1.69

(续表)

身体活动水平	职业工作时间分配	工作内容举例	PAL值* 男	PAL值* 女	PAL值**
中	40%的时间坐或站立，60%的时间特殊职业活动	学生日常活动、机动车驾驶、电工安装、车床操作、金属切削	1.78	1.64	1.70~1.99
高	25%的时站着活动，75%的时间特殊职业活动	非机械化农业劳动、炼钢、跳舞、体育运动、装卸、采矿	2.10	1.82	2.00~2.40

注：*为《中国居民膳食营养素参考摄入量》，2000；**为《Human Energy Requirements》，FAO/WHO/WNU，2001。

3. 按照身体活动频度和持续时间划分进行评价

身体活动水平的高低与单位时间中身体活动量有关，而身体活动量的大小除与活动强度有关外，还与单位时间内的身体活动频度和持续时间有关。全球身体活动问卷（GPAQ）专家组将身体活动水平划分为久坐少动、活动不足、活动充分、活动活跃和高度活跃五个等级（见表5-4）。但这种划分方法较为模糊，尤其是在判断"身体活动不足"时，与其他标准之间存在较大差异，其敏感性远远低于其他标准。

表5-4 身体活动水平分级（按MET-分钟）

身体活动水平		划 分 标 准	PAL值*
总体身体活动	高度活跃	符合下列两项中任何一项：① 重度身体活动，每周至少3天，且能量消耗达到1 500 MET-分钟；② 每周中，重度体力活动合并累计不少于7天，并且合计总能量消耗达到1 500 MET-分钟	1.90~2.50
	活跃	高强度体力活动每周至少3天，每周累积达到至少1 500 MET-分钟；或者，每天步行并参加中等强度或高强度的体力活动，每周累积达到3 000 MET-分钟	
	充分	每周至少3天，每天至少20分钟的高强度体力活动；或者，每周至少5天，每天至少30分钟的中等强度的体力活动或步行；或者，每周至少5天有步行并参加中等强度或高强度的体力活动，每周累积达600 MET-分钟	1.60~1.89

(续表)

身体活动水平		划分标准	PAL值*
总体身体活动	不足	没有达到身体活动活跃或身体活动充分的水平	1.40～1.59
	久坐少动	一周中没有任何的中等强度或重度身体活动	1.00～1.39
单项活动	完全静坐	单项体力活动没有任何的中等强度或重度体力活动	
	活跃	符合下列两项中任何一项： （1）每周不少于5天的中等强度身体活动，每次不少于30分钟； （2）每周不少于3天的重度身体活动，每天不少于20分钟	

注：① 总体身体活动：包括职业类、交通类、休闲类、家务类身体活动；② 单项身体活动：职业类、交通类、休闲类、家务类中的某一类身体活动；③ MET-分钟是表示身体活动总量的指标。MET-分钟=MET水平活动时间（60分钟）× 每周活动次数；④ * 为美国医学会（IOM）标准，2008。
资料来源：乔玉成，"身体活动水平：等级划分、度量方法和能耗估算"，《体育研究与教育》，2017年第3期。

（二）主观方法

按照身体活动时的自我感觉评价。采用主观感觉对身体活动水平进行划分主要是基于身体活动过程中个体心理、生理对运动强度的整体感知与反应，其本质属于相对强度的一种划分方法。由于主观运动强度与身体活动过程中的心率、能量消耗、血乳酸水平等生理指标值存在较高的相关性，其应用价值已得到美国运动医学会（ACSM）的认可与推荐。由于该量表更加侧重于考虑个体的差异性，故不仅可以作为身体活动心理负荷强度的划分标准，而且也可以供人们在身体活动时把握活动强度时作为参考（见表5-5）。

表5-5 身体活动水平的分级（按自我感知）

身体活动水平	主观感知			"讲话测试"	相对强度最大心率（%）	绝对强度代谢当量（METs）
	自我感知用力程度					
	RPE级别	感觉	REP范围			
低	6	毫不费力	<12	能说话/唱歌	<60	1.0
	7	非常轻松				

(续表)

| 身体活动水平 | 主观感知 ||| 相对强度最大心率(%) | 绝对强度代谢当量(METs) |
| | 自我感知用力程度 || "讲话测试" | | |
	RPE级别	感觉	REP范围			
低	8～9	很轻松	<12	能说话/唱歌	<60	>1, <3
	10～11	轻松				
中	12～14	有些吃力	12～14	能说话但不能唱歌	60～75	3.0～6.0
高	15～16	吃力	≥15	说话困难	>75	>6
	17～18	很费力				
	19～20	非常费力				

资料来源：乔玉成，"身体活动水平：等级划分、度量方法和能耗估算"，《体育研究与教育》，2017年第3期。

第二节 身体成分的检测和评价

身体各组成成分的数量及其分布，不但影响体质的强弱，其异常的数量增长和分布还会对人体的健康产生不利的影响。因此，身体成分被认为是与健康相关的体质评价指标，用它可以监测营养状态、体液平衡状态和评价生长发育等。体成分评估在减肥、健美和运动员控制体重等方面具有重要意义。

一、身体成分常用检测手段与方法

目前身体成分检测手段和评价方法有身体密度法（水下称重法和空气置换法）、人体测量法（体重指数、皮褶厚度法、围度法、双光能分析法、核磁共振法、CT法）、生物电阻抗分析法和生物化学方法等，现就常用方法作简要介绍。

（一）身体密度法

1. 水下称重法

水下称重法是经典的身体成分计算法，当人体浸入水中，其浮力等于身体排出水的重量。通过人体在水中和陆地上的体重变化来计算人体体积和身体密度（BD：指单位身体体积的身体质量，即身体质量/身体体积）值，从而推算出体脂%、体脂重(FM)和去脂体重(FFM)。

$$身体密度 = 陆上体重(g) / [(陆上体重(g) - 水中体重(g)) / (水密度(g/mm^3) - 残气量(ml) - 胃肠道容积(ml))]$$

肠胃道容积为 100 ml

Siri 公式：体脂% = [(4.95/身体密度) − 4.50] × 100%
Brozek 公式：体脂% = [(4.57/身体密度) − 4.142] × 100%

检测仪器主要有体重秤、80 cm × 80 cm × 180 cm 的水箱及其配备的盘秤、肺活量计、电热水器、温度计、皮尺等。

2. 空气置换法

空气置换法的技术原理与水下称重法基本相同，只是水下称重法是通过水下称重求得人体的面积，而空气置换法是通过人体进入测试仓内几秒，由电子感受器计算压力，测出人体排出的空气来计算人体面积。此方法简单、有效，适合大多数人群，但是价格昂贵。

（二）人体测量法

1. 体重指数（BMI）

体重指数可用来表示身高体重的相对关系，其计算方法为：BMI=体重(kg)/身高^2(m^2)。

亚太人群 BMI 正常值为：18.5～22.9；欧美人群 BMI 正常值为：18.5～24.9。

对大多数人来说，BMI 超过正常值时，肥胖相关的健康问题明显增加。虽然 BMI 无法区分身体脂肪、肌肉和骨骼的重量，但是当 BMI 超过 30 kg/m^2 时，高血压、睡眠呼吸睡眠暂停综合征、2 型糖尿病、某些癌症、心血管疾病和死亡率都会增加。

2. 围度

围度的测量可用于预测身体成分，且适用于不同性别及不同年龄层次的人群。腰臀比即用腰围除以臀围，是评价身体脂肪分布并确定个体是否具有较多有害的腹腔脂肪简单常用的方法。健康风险随腰臀比增加而增加，且因年龄和性别而不同。年轻男性腰臀比参考标准为＜0.90，年轻女性腰臀比参考标准为＜0.85。

3. 皮褶厚度法

人体脂肪分布有一定的规律，通常2/3存在于皮下，1/3存在于身体内部、内脏周围。皮下脂肪厚度与体脂总量有一定的比例关系，因此皮褶厚度的测量不仅可以反映体脂分布情况，而且可以从不同部位的皮褶厚度推算出体脂总量。但是，反映全身的FM的程度受年龄、性别、总脂肪量，以及测量部位和技术的影响。

各国学者在对不同人群研究的基础上，提出了许多采用皮褶厚度测量结果推测体脂率的方法和公式。比较著名的是日本长岭公式（适用于9～18岁和成年人）、美国Jackson和Pollock公式（适用于18～61岁）、国内学者郑四勤公式（适用于17～24岁的大学生）、元田恒公式（适用于7～18岁学生）、姚兴家公式（适用于7～12岁学生）等。

用皮褶厚度计卡钳测量，测量部位：肱三头皮褶厚度、肩胛下方皮褶厚度、腹部皮褶厚度。数据按照以下公式计算（以日本长岭方程为例）。

成年男性：身体密度=1.091 3−0.001 16×［肱三头肌皮褶厚度（mm）+肩胛下方皮褶厚度（mm）］

成年女性：身体密度=1.089 7−0.001 33×［肱三头肌皮褶厚度（mm）+肩胛下方皮褶厚度（mm）］

4. 双光能分析法

双光能分析法的原理是应用两种能透过集体不同的能量的光子，在不同密度的组织中，其衰减光子能量的程度不同。通过记录两种不同光子能量被不同组织衰减的程度即可计算出各种自组织的含量，即获得体脂量、脂肪分布情况和骨密度。

（三）生物电抗阻分析法

生物电抗阻分析法是通过测量电流通过身体脂肪和非脂肪组织的差别来计算身体成分的一种方法。人体是电的导体，导电性反映人体水分的含量。因为脂肪组织中几乎不含水，而人体含水量与FFM密切相关，因电阻抗的大小可以反映机体FM。

二、身体成分测量与评价的应用

（一）指导大众控制体重

体重是反映人体各组织器官总量增长的综合和身体充实程度的指标。体重超过相应身高所确定的标准值则为超重,超重不加以控制会发展为肥胖。肥胖增加了患许多疾病的风险,包括胰岛素抵抗、2型糖尿病、高血压、血脂异常、心血管疾病、脑卒中、睡眠呼吸暂停综合征、胆道疾病、高尿酸血症、骨质疏松和某些肿瘤。过重的体重也显著增加了心血管疾病的死亡率和全因死亡率。

1. 减体重

大众减体重主要以增加运动能量消耗并配合饮食控制减少能量摄入为最佳方案。体重下降与运动能量增加和营养中能量摄入降低呈正相关。在减体重时,去脂体重和体脂肪都减少,去脂体重对身体而言是执行生理功能的有效成分,应尽量避免减少或最大限度地保持。大多数超重者拥有过多的身体脂肪,特别是储存脂肪,这些脂肪过多地分布在腹部时,人体患病的风险增高,所以应最大限度地减少该部分的脂肪。因此,超重和肥胖者在减体重过程中,不仅要监测体重变化,还要监控身体脂肪的变化。有氧运动能够增加能量消耗,特别是脂肪的消耗,肌肉抗阻力练习可以增加肌肉量,减缓因节食而导致的去脂体重的丢失,使体脂百分率趋于正常。所以,大众减体重效果的评价不能仅用体重这个单一的指标,而应采用体重、BMI、腰臀围比和体脂百分率等指标综合评价。

2. 增体重

营养不良造成的体重过轻可以通过饮食营养方案和运动方案来进行干预。干预遵循的原则是正能量平衡,每增加 1 g 体重需要 33.5 kJ 的能量。随着体重的增加,脂肪重量和去脂体重都同时增加。饮食营养中需要有足够的蛋白质和其他必需营养素,则去脂体重的增加量可以达到体重增加量的 1/3 以上。同时,还需要进行运动干预,特别是需要进行系统的肌肉力量练习,以促进骨骼肌蛋白质的合成,使肌肉重量增多、体积增大。促进肌肉力量的大运动量器械力量锻炼,既有利于机体肌肉塑造,又有利于去脂体重的增加。

睡眠是人体体力恢复的重要措施,也是生长激素分泌增加的时期,保证高质量的睡眠是增加体重和去脂体重的前提。此外,调整好精神状态、保持愉快心情、避免焦虑,也是身体健康强壮的保障。同样,对大众增体重效果的评价也需要综合体重、BMI、腰臀围比和体脂百分率进行。当这些指标达到正常范围时,应停止正能量平衡方案,采取量入为出,即根据饮食能量的摄入情况安排运动量来消耗额外的能量,使能量摄入和消耗达到平衡状态;也可采取量出为入,即根据每日运动的能量消耗合理安排饮食的能量摄入,使能量消耗和能量摄入达到平衡状态。

（二）指导运动员安全控制体重

运动员的理想体重不同于普通人，有运动项目的特别要求，身体成分也不例外。中长跑运动员要求体形苗条、体重相对较轻，以减轻跑步时的负担；而相扑运动员则正相反，体重相对较大。依体重分级的运动项目，对控制体重要求更高，既要保持肌肉力量，又要去掉不必要的脂肪和水分。有些以力量和爆发力为主的运动项目，增加去脂体重很重要，因为力量的大小与去脂体重中的肌肉量呈正相关，肌肉是去脂体重的主要成分。运动员的理想体重是取得最好成绩时的体重，或获得最大力量、速度和耐力时的体重，或达到最佳运动水平的最小体质百分率时的体重。

运动员为了适应运动项目特点和比赛需要，有的需要减轻总体重，有的希望减少脂肪重量。长跑运动员需要减轻总体重，而跳高、体操及篮球、排球运动员需要减少体脂肪量，增加去脂体重量，增加相对力量，提高弹跳力和爆发力。通过对运动员的形态学分析和身体成分特征的研究，科学确定运动员的理想体脂百分率，控制体重在合理的范围内，才能更好地保持运动员良好的竞技能力。运动员体重控制主要是减体重和身体脂肪、保持和增加去脂体重等。

1. 运动员体重与身体成分的控制策略

运动员减轻体重是指有目的、有计划地在长期训练过程中缓慢减轻体重，或在赛前较短时间内快速减轻体重的过程。其关键是确定合理的减体重、减体脂的目标，以及采用科学的方法。按照减体重的速度将减体重分为快速减体重和缓慢减体重两类。

（1）快速减体重。在一周左右的时间内将体重迅速减少到某一特定目标的过程。如在一周内减体重的幅度大于其自身体重的4%，或每天减体重的幅度大于其自身体重的1%。按体重级别进行比赛的运动项目，如举重、摔跤、柔道、散打和跆拳道等运动员常使用此方法。

短时间快速减体重量限制在原体重的5%范围内是比较安全的。若快速减体重量大于5%，则会造成体内蛋白质的耗损，从而造成运动能力的降低和免疫功能的降低，同时还会导致肌肉失去弹性、韧带伸展性降低，以及发生运动损伤。

（2）缓慢减体重。在较长的一段时间内将体重减少到某一特定目标的过程。一般每周减轻体重不超过自身体重的2%。以克服自身体重为主的一些运动项目，如体操、艺术体操、跳水、花样滑冰和长距离跑等运动员常采用此方法。长期对其体重进行控制,使身体脂肪处于较低水平,使运动员维持最佳的竞技状态。

缓慢减体重的计划应符合能量消耗大于能量摄入的原则,主要采用的方法是控制饮食与增加运动相结合。长期控制体重时,一定要监测运动员的身体成分。通常成年运动员体重和体脂百分率应不低于普通人健康标准的下限,运动员的身体成分与运动成绩有较大的关系。

2. 控制体重的注意事项

（1）依据能量平衡理论和运动项目特点,调整好能量摄入和消耗之间的平衡关系。

（2）在控制体重时应采用科学、安全、稳妥的体重控制方法,避免造成肌肉的耗损和免疫力低下。

（3）避免长期禁食来减体重。

（4）避免使用致泻剂、刺激剂、利尿剂和其他药物减体重。

（5）男运动员体脂%低于5%～7%,女运动员体脂%低于6%～10%,不宜再减体重,每周减体重的速度不超过1.5～2.0 kg。

第三节 肌肉功能(适能)的检测与评价

骨骼肌是由具有收缩功能的肌细胞构成的人体最大的组织,占体重40%左右。人体各种形式的运动,如劳动、体育运动和日常生活中的运动等,都是通过骨骼肌收缩和舒张实现的。

一、肌肉力量的检测与评价

1. 等长测试

等长测试是肌肉力量检测的主要手段,通常包括检测握力、背力、臂力和腿部力量等。通常用的测量手段有握力计、背力计等,也可采用等速肌力测定仪和各种力量传感器进行测定。测定过程一般进行2～3次,取最好成绩。等长测定的优点是方便、省时且不需要昂贵的设备,但其缺点是易受关节角度大小的影响。老人、心血管疾病等慢性病患者不宜采用此类方法检测。

为了排除体重因素对最大等长肌肉力量评价的影响,通常以单位体重的最大等长肌肉力量作为个体间比较和群体评价的指标。

2. 等张测试

常用的等张测试手段和方法包括曲臂、杠铃上举、仰卧蹬腿、半蹲起、俯卧屈膝等。最大等张肌力的评价通常以能够成功推举一次的最大重量,即1RM的大小表示。

3. 等速测试

等速测试是1969年由Perrine等提出并建立的一种关节运动角速度恒定而外加负荷阻力呈顺应性变化的动态运动概念和动态肌力评价方法。测试时,等速肌力测试仪所产生负荷阻力与肌肉收缩的实际力矩输出相匹配,从而使肌肉在整个关节活动范围内均能承受相应的最大阻力,产生相应的最大张力和力矩输出。与传统的等长、等张和常见的力量素质现场评价相比,等速肌力检测有效地克服了等长肌力评价存在的"关节角度效应"和肌肉力量现场测试存在的"运动技术效应"等因素的影响,是比较理想的肌肉力量检测方法。

二、肌肉耐力的检测与评价

1. 等长测试

等长测试是评价肌肉耐力的方法,通常是检测和记录肌肉持续工作的时间,所选择的负荷重量通常介于30%～60%最大肌力(MVC)之间,也可以通过检测机体维持某一身体姿势的时间长短评价肌肉耐力。

2. 等张测试

等张肌肉耐力测试方法较多,通常依据检测肌肉的不同分为上肢(如引体向上)、躯干(如仰卧起坐)、和下肢(如蹲起)肌肉耐力测试。通常以有效完成练习的数量加以评价。对不同部分的肌肉耐力评价,可选择70%1RM的负荷强度,重复运动,记录运动次数。

3. 等速测试

利用等速测试实施肌肉耐力的检测与评价通常是在180°/s以上的关节运动角速度状态下进行的,由于此时加载于肢体的运动负荷阻力较小,关节运动速度较快,因此常被用于检测和评价肌肉的耐力。等速肌肉耐力测试的主要评价指标包括以下两种。

(1) 输出功率(PO)。快等速测试通常比慢等速测试可更精确地反映肌肉的输出功率。肌肉的输出功率除了受峰力矩影响外,还受运动幅度及力矩曲线形态的影响,平均功率(AP)能敏感地反映肌肉的实际工作能力,是最常用的动态肌肉耐力功能指标之一。

（2）肌肉耐力(muscular endurance)。肌肉耐力等速测试方案较多,最常采用的有两种:一种是耐力比测定,通常以180°/s关节运动角速度连续做最大收缩25次,计其末5次(或10次)与首5次(或10次)作功量之比,称耐力比;另一种是50%衰减试验,一般以180°/s或240°/s速度连续做最大收缩,当有2～5次不能达到最初5次运动平均峰力矩的50%时为止,以完成的运动次数作为肌肉耐力评价的参数。

第四节　柔韧素质（适能）的检测和评价

长期以来,人们对柔韧素质(适能)的认识就充满着矛盾。一方面,普通体育锻炼者很少关注发展并保持柔韧素质(适能)在适当水平对健康、运动安全和运动能力的重要性;另一方面,专业体育人士大都认为柔韧素质(适能)对运动的安全性和运动能力具有重要意义,在安排锻炼或运动计划时,一般都会安排专门的柔韧性练习,但是这些练习计划多是经验性的,并没有足够的科学理论作支撑。另外,柔韧素质(适能)的研究是体适能研究中最薄弱的一个环节,目前对有关柔韧适能的认识大都带有较多的经验性成分,而不是科学成分。

一、柔韧适能的测量与评价概述

柔韧素质(适能)的测量与评价的目的在于确定一个关节活动范围的基线水平。这一基线水平可用于运动处方中的标准值进行比较,或留作干预练习后个体在测量时的参考,或在损伤后的康复期作为参考值。在实际应用中,柔韧适能测量项目与测量方法的选择应与测量目的相符合。柔韧适能可通过静态柔韧适能和动态柔韧适能来检测。静态柔韧适能是基于一个或一组关节活动范围的长度或角度测量,并分为多关节和单关节测试。长度测量用线性位移来间接测量柔韧适能,受人体测量学变异的影响较大。角度测量用角度位移直接反映总的关节活动范围,可避免人体测量学变异的影响。多关节静态柔韧适能测试常用于现场测试,单关节测试能更好地将专门的肌肉—肌腱单元柔韧性分开,可避免人体测量学变异的影响。静态柔韧适能测试既可通过直接测量也可通过间接测量进行。直接测量有准确的优点,适用于进行个体间或组间进行比较,或评价关节活动范围以确定是否有关节损伤;间接测量具有简易快速、设备费用低的优点,适用于大规模调查或专门的柔韧适能训练。

动态柔韧适能测量由于测试设备昂贵、标准化不够和正常值难以确定等原因,目前仅限于实验室研究。

二、柔能适能的测量方法

1. 准备活动

无论是间接测量还是直接测量,都要使准备活动标准化。测量前的准备活动和伸展运动可能影响测量结果,虽然不做准备活动就进行测量,得到的结果更为客观可靠,但是从安全的角度考虑,测试前应该进行适当的准备活动。在这种情况下,要在测量方案中对准备活动进行详细的说明和限定,包括准备活动的类型、持续时间及所用的肌肉伸展技术等。

2. 测量次数

柔韧适能测量的重复性是健康体适能成分中最差的,主要原因是很难限定身体其他部分的活动。在柔韧适能测试方案中对柔韧适能测量的次数及取值方法进行限定非常重要,通常要求进行3次测量,记录测得的最大值作为特定关节的柔韧适能。也有专家建议取3次测量的平均值,尤其是在做完准备活动后的情况下应该取3次测量的平均值。

3. 直接测量技术

目前直接测量关节活动范围的仪器主要有三种,即莱顿弯曲度测量仪、通用测角计和临床测角器。莱顿弯曲度测量仪是一种重力式测角仪,是目前得到广泛认可的关节活动范围测量仪器。临床测角仪的工作与莱顿弯曲度测量仪的工作原理基本相同,只不过它是手扶式的,而莱顿弯曲度测量仪是绑带固定的。通用测角仪对使用者的要求较高,在柔韧适能测试上受到一定限制。

4. 间接测量技术

目前已经开发了多种用于测量大多数主要关节柔韧性的间接测量方法,但间接测量法及其测量结果具有一定的复杂性。坐位体前屈是一种应用最多的柔韧适能间接测量方法,被广泛应用于众多国家的健康体适能测试方案中。肢体和躯干的长度也影响柔韧性间接测量的结果。在坐位体前屈测试中,超出正常标准的极端体型会明显影响测试结果,较长的躯干和手臂与较短的腿可以提高测试得分,而较短的躯干和手臂与较长的腿正好相反。目前在经典的坐位体前屈测试方案基础上已发展了许多改良测试方案和对应的测试量表,Hoeger发展了一种修正的坐位体前屈测量方法,通过对手指伸出到箱的距离进行标准化来减小臂长度和腿长度差异的影响,Hoeger改良的坐位体前屈测验已成为最常用的坐位体前屈测试方法。应用坐位体前屈评估柔韧适能应保持测试方案的稳定和评分量表的对应。

第五节 心血管功能(适能)的检测和评价

心血管适能的测评方法较多,有直接反映心脏泵血功能的最大心输出量测量和反映机体氧气摄取和利用能力的最大摄氧量测量,也有间接推测心血管适能的台阶试验、20米往返跑试验、12分钟跑走试验等各种运动负荷试验。由于间接测试的方法简便且易被接受,因此成为当前心血管适能测评的常用手段。

一、心血管适能的间接测评

(一) 最大运动试验

1. Bruce跑步试验

Bruce跑步试验(Bruce treadmill protocols)是最为常用的冠心病诊断和VO_2max预测试验。此试验要求受试者按照预先设定好的运动负荷程序(表5-6)在跑步机上完成跑步运动,直至力竭,记录被试者最大持续运动时间(min),然后分别依据以下的预测公式计算VO_2max[①]。

经常运动的男性 $VO_2max = 3.778 \times$(运动持续时间间)$+0.19$

不经常运动的男性 $VO_2max = 3.298 \times$(运动持续时间)$+4.07$

心脏病人 $VO_2max = 2.327 \times$(运动持续时间)$+9.48$

健康成年人 $VO_2max = 6.70 - 2.82 \times$(性别)$+0.056 \times$(运动持续时间)

---

① VO_2max的单位为ml/kg·min,经常运动的男性、不经常运动的男性和心脏病人的运动持续时间单位为min,健康成年人的运动持续时间单位为s。男性为1,女性为2。

表5-6 Bruce试验运动负荷方案

阶段	速度(mph)	坡度(%)	持续时间(min)	代谢当量(METs)
1	1.7	10	3	4
2	2.5	12	3	7
3	3.4	14	3	9
4	4.2	16	3	13
5	5.0	18	3	16
6	5.5	20	3	19
7	6.0	22	3	22

资料来源：王健、何玉秀，《健康体适能》，人民体育出版社，2008年。

Bruce等研究发现，采用此运动方案和预测公式获得的VO_2max预测值与实测值之间高度相关（正常女性0.93，正常男性0.877）。可见，采用Bruce方案预测VO_2max具有较高的内部效度。

2. 20米往返跑

20米往返跑测验（20 meter shuttle test，20-MST）是Leger等于1982年提出的以渐增负荷方式运动来评估最大摄氧量的方法。Leger等认为，以往的方法均为非渐增负荷运动，因而不能充分发挥受试者心肺耐力的潜力，因此设计了以渐增负荷方式来评估VO_2max的20米往返跑测验。大量的研究表明，此方法具有较高的效度和可靠性。20米往返跑可以在室内外进行，不受气候和场地差异的影响，而且不需要测量心率，仅需要一台录放机，比台阶实验更易实施，具有广泛的适应性。

20米往返跑方法是让受试者在两条相距20米的画线内来回往返跑，跑速受录放机的节拍指挥，初级速度为8 km/h，每1分钟增加一级（即增加0.5 km/h）。测试过程中，受试者尽最大努力，如果连续三次不能跟上节拍到达终线，或确感难以完成时即停止，记录最后阶段的速度级别。代入Leger回归方程式：

$$VO_2max (ml/kg \cdot min) = 31.025 + 3.238 VO_2max - 3.248A + 0.153\,6 \times A \times VO_2max$$

其中：VO_2max（最大跑速km/h）= 8 + 0.5 × 最高级别；A表示年龄（岁）。

国外有学者研究发现,20米往返跑与VO₂max的相关系数较高。其中,8～19岁组的相关系数为0.89,20～45岁组为0.95。我国学者通过比较研究发现,20米往返跑与以绝对值、体重相对值和去脂体重相对值表示的VO₂max的相关系数分别为0.796、0.799和0.698,相关程度明显优于台阶指数。这类试验对心血管系统的负荷明显大于亚最大运动试验。因此,此类运动试验比较适合健康青年人和运动员人群,若用于心脏病患者的检测时应加倍注意。

3. Balke跑试验

Balke跑步试验(Balke treadmill test)是一种恒定跑速的最大运动负荷试验。男性和女性受试者分别接受不同的运动负荷方案。男性受试者跑速为3.3 mph,起始坡度为0%,跑步开始1分钟后坡度升到2%,然后每过1分钟递增1%坡度,直至运动负荷试验结束,记录运动负荷总持续时间(T)。女性受试者的跑速为3.0 mph,起始坡度为0%,跑步试验开始后每过3分钟递增2.5%坡度,直至运动负荷试验结束,记录运动负荷总持续时间(T)。分别按照以下公式计算VO₂max。

$$男子:VO_2\mathrm{max} = 1.44 \times T + 14.99$$
$$女子:VO_2\mathrm{max} = 1.38 \times T + 5.22$$

公式中,T的计算需要以小数表示,如9分15秒应表示为9.25分。

(二) 亚最大运动试验

1. 12分钟跑

12分钟跑是一种无需任何专门设备简便易行的亚最大运动负荷试验。测定时,要求受试者以均匀的速度,尽力跑12分钟,记录其跑的距离。如果受试者完成12分钟跑很吃力,可以根据自身体适能状态,采用"跑"或"跑走交替"的方式完成。之后,可按以下公式推算VO₂max和按照表5-7提供的标准评价其心血管适能水平。

$$VO_2\mathrm{max}(\mathrm{ml/(kg \cdot min)}) = 35.97 \times 距离(\mathrm{mi}[①]) - 11.29$$

库珀的研究表明,12分钟跑成绩与用直接法测得的每kg体重的最大摄氧量呈高度相关,相关系数达0.897。此预测公式并未考虑年龄和体重因素的作用。

采用库珀12分钟跑预测的VO₂max评价不同年龄和性别受试者心血管适能

---

① 1 mi=1.609 344 km

的标准,如表5-7所示。

表5-7 不同年龄、性别的心血管适能分类

性别	等级	年龄(岁)					
		13～19	20～29	30～39	40～49	50～59	60+
男子	1.很低	<35.0	<33.0	<31.5	<30.2	<26.1	<20.5
	2.低	35.0～38.3	33.0～36.4	31.5～35.4	30.2～33.5	26.1～30.9	20.5～26.0
	3.一般	38.4～45.1	36.5～42.4	35.5～40.9	33.6～38.9	31.0～35.7	26.1～32.2
	4.高	45.2～50.9	42.5～46.4	41.0～44.9	39.0～43.7	35.8～40.9	32.3～36.4
	5.很高	51.0～55.9	46.5～52.4	45.0～49.4	43.8～48.0	41.0～45.3	36.5～44.2
	6.超优秀	>56.0	>52.5	>49.5	>48.1	>45.4	>44.3
女子	1.很低	<25.0	<23.6	<22.8	<21.0	<20.2	<17.5
	2.低	25.0～30.9	23.6～28.9	22.8～26.9	21.0～24.4	20.2～22.7	17.5～20.1
	3.一般	31.0～34.9	29.0～32.9	27.0～31.4	24.5～28.9	22.8～26.9	20.2～24.4
	4.高	35.0～38.9	33.0～36.9	31.5～35.6	29.0～32.8	27.0～31.4	24.5～30.2
	5.很高	39.0～41.9	37.0～40.9	35.7～40.0	32.9～36.9	31.5～35.7	30.3～31.4
	6.超优秀	>42.0	>41.0	>40.1	>37.0	>35.8	>31.5

资料来源:王健、何玉秀,《健康体适能》,人民体育出版社,2008年。

2. Balke15分钟跑

Balke15分钟跑是根据受试者在15分钟内跑和走的最大距离,并通过以下关系计算VO_2max。

跑速为150 m/min时的平均VO_2为33.3 ml/(kg·min)。

跑速超过150 m/min部分,跑速每增加1.0 m/min,VO_2增加0.178 ml/(kg·min)。

例如,某人在15分钟内跑完2 918米,则其平均跑速为194.5 m/min,超过平均跑速超过150 m/min部分为44.5 m/min,这部分的VO_2为44.5×0.178=7.92 ml/(kg·min),此人的VO_2max= 33.3 ml/(kg·min)+ 7.92 ml/(kg·min)= 41.22 ml/(kg·min)。

3. Astrand-Ryhming列线图法

这一方法是对18～30岁青年受试者在完成亚极量负荷时VO_2max与HR之间的关系基础上建立的一种预测方法,此方法既可是台阶实验,也可是自行车

功量计实验。此方式是一种较为理想的VO_2max间接测定法。但是，也有研究发现，采用这种方法往往低估了很少运动和训练有素的两个极端人群的VO_2max，而高估了女性人群的VO_2max。

4. 哈佛台阶试验

通过运动负荷的方法检测和评价心血管系统的功能，最初是由哈佛疲劳实验室的Bill博士及其同事共同建立的，然后由Brouha等改进，采用持续以30次/min的频率上下台阶（高度为50.8 cm）方法进行。运动结束后，检测恢复期第2～2.5分钟、3～3.5分钟和4～4.5分钟的心率，然后根据以下公式计算台阶指数，以监测机体对剧烈运动的适应能力和运动后身体机能的恢复能力，评价心血管系统的功能。

哈佛台阶指数 = 运动负荷的持续时间（s）× 100/2 ×

（2～2.5 min心率 + 3～3.5 min心率 + 4～4.5 min心率）

哈佛台阶试验评价标准，如表5-8所示。

表5-8 哈佛台阶试验评价标准

台 阶 指 数	评 价 等 级
>90	优秀
80～89	良好
65～79	较好
55～64	一般
<55	较差

资料来源：王健、何玉秀：《健康体适能》，人民体育出版社，2008年。

5. PWC_{170}机能试验

PWC_{170}机能试验表示HR达到170 bpm时，受试者的身体做功能力。这种试验有多种运动负荷方式，目前常用的是亚最大连续踏车运动和二次运动负荷试验。前者是一个渐增强度的运动负荷试验，其起始负荷一般为25 W，每级运动持续2分钟，递增幅度为25 W（女生）或者50 W（男生），于每次负荷后即刻测定HR；后者是一种间断性运动负荷试验，每次负荷持续3～5分钟（以负荷时HR

相对稳定为依据,一般3分钟即可),两次负荷之间休息5分钟。于每次负荷后即刻测定HR。第一次负荷的强度应使HR达到120 bpm左右为宜,第二次负荷应使受试者的HR尽可能接近170 bpm。然后,计算获得HR达到170 bpm时机体做功功率。通常,PWC170越大,表示受试者身体心脏做功能力越强。

由于此实验是根据测试者不同强度时的HR反应来评价做工能力的,因而简单易行。但是,由于HR测定易受运动以外的情绪、环境、温度等因素影响,其评价效度相对较低。如果心脏运动应激能力下降(如窦房结功能低下)时,可能出现较高的PWC_{170},因此应结合其他检测方法进行综合评价。

二、心血管适能的直接测评

心血管适能的直接测评一般包括最大摄氧能力、外周肌肉氧利用能力最大心输出量(COmax)等。常用检测指标包括VO_2max、无氧阈、有氧运动效率和COmax等。由于COmax的准确测定通常需要昂贵设备和有损性操作,故在体适能的究领域较为少见。

(一) VO_2max 的直接测定

VO_2max又称最大有氧功率,是指人体在进行有大肌肉群参加的力竭性运动过程中,当有氧运输系统的心泵功能和肌肉的氧利用能力达到本人的极限水平时,单位时间内所能摄取的最大氧量。通常以O_2 L/min或O_2 L/(kg·min)表示,前者是VO_2max绝对值表示,后者是相对值表示。由于人体的氧运输系统不能大量储存氧,所以通常情况下,最大摄氧量等同于最大耗氧量,所以均以VO_2max表示。

VO_2max可以通过心输出量和动静脉氧差的分析以及呼吸气体的分析分别进行直接测定,前者叫心血管测定法,后者叫呼吸测定法。心血管测定法是在获取最大心输出量和动静脉氧差的基础上测量VO_2max,因此具有一定的损伤性。呼吸测定法则是通过在对呼出气体分析的基础上测量的,是一种非损伤的直接检测法。目前实验室VO_2max的检测多采用呼吸测定法。

呼吸测定法通常是在实验室条件下进行的,测定时让受试者在一定的负荷功量计上进行渐增强度的运动负荷试验。运动过程中收集并定量分析呼出气体的容量,即肺通气量和氧气及二氧化碳的气体含量,计算各级运动时的吸氧量,然后根据VO_2max的判别标准确定VO_2max。不同年龄和性别人群VO_2max的评价标准,如表5-9所示。

表5-9 不同年龄和性别人群VO$_2$max的评价标准

男子 ml/(kg·min)						
年龄（岁）	18～25	26～35	36～45	46～55	56～65	65+
优秀	>60	>56	>51	>45	>41	>37
良好	52～60	49～56	43～51	39～45	36～41	33～37
较好	47～51	43～48	39～42	36～38	32～35	29～32
一般	42～46	40～42	35～38	32～35	30～31	26～28
较差	37～41	35～39	31～34	29～31	26～29	22～25
差	30～36	30～34	26～30	25～28	22～25	20～21
非常差	<30	<30	<26	<25	<22	<20
女子 ml/(kg·min)						
年龄（岁）	18～25	26～35	36～45	46～55	56～65	65+
优秀	>56	>52	>45	>40	>37	>32
良好	47～56	45～52	38～45	34～40	32～37	28～32
较好	42～46	39～44	34～37	31～33	28～31	25～27
一般	38～41	35～38	31～33	28～30	25～27	22～24
较差	33～37	31～34	27～30	25～27	22～24	19～22
差	28～32	26～30	22～26	20～24	18～21	17～18
非常差	<28	<26	<22	<20	<18	<17

资料来源：www.brianmac.demon.co.uk/VO$_2$max.htm。

（二）无氧阈的测定

无氧阈（AT）是指人体进行渐增强度的运动时，体内能量代谢由以有氧代谢为主转向无氧代谢为主的临界点，由于此代谢供能模式的转变是以缺氧导致乳酸生成并继发性地引起肺通气快速增加为依据进行判别的，故取名为无氧阈，以此来反映骨骼肌的氧利用能力。

根据检测内容的差异，无氧阈检测方法主要分为乳酸阈、通气阈和心率阈三类。其中,乳酸阈的检测方法包括血乳酸拐点法、4.0 mmol/L法(OBLA)和个体无氧阈(IAT)法;通气阈检测方法包括Wasserman法、Davis法和容积斜率法等;心率阈的检测主要依据Conconi等人的方法进行。

1. 乳酸阈检测

乳酸阈检测方法是一种依据运动负荷试验中的乳酸浓度的特征性变化进行判别的有损伤性无氧阈检测方法。最初乳酸阈的判别是依据渐增强度运动负荷中血乳酸浓度呈突然增加、非线性增加、毛细血管血乳酸轻度增加或呈指数函数增加为判别依据的。为了克服上述各种方法存在的多次取血方面的问题,Sjodin等在其研究的基础上提出了以血乳酸浓度达4.0 mmol/L时运动强度表示乳酸阈的方法,称之为血乳酸开始累积点或4.0 mmol乳酸阈,并认为该浓度可以反映定量亚极量连续运动时血乳酸的来源与消除的最大平衡。1981年,Stegmann等认为以4.0 mmol/L标准判定乳酸阈,没有考虑到血乳酸代谢动力学的个体差异,从而引入了个体无氧阈(IAT)概念,并建立了相应的检测方法。

2. 通气阈检测

通气阈检测方法是最早依据运动负荷试验中某些肺通气参数的特征性变化进行判别的非损伤性无氧阈检测方法。目前易操作而准确的判别标准为:① 通气当量V_E/VO_2系统增加,而V_E/VCO_2不变;② 呼气末氧分压($PETO_2$)系统增加,而呼气末二氧化碳分压($PETCO_2$)并未下降。

3. 心率阈检测

心率阈(HRT)检测是依据人体在不同跑速下运动时心率与跑速间的关系确定无氧阈值的方法,它特指渐增强度运动中心率与运动强度开始呈非直线性变化时的运动强度值。心率阈的标准如下。

(1)心率与运动强度开始呈非直线性增加点。

(2)心率维持一个或两个运动强度不变。

(3)运动强度增加而心率下降。

(4)心率在一个或两个强度的运动负荷时呈非直线性增加。

在测试过程中,凡心率符合上述四项标准中的任何一项,即可确定为心率阈。

许多研究证实,心率阈的大小与耐力性项目运动成绩之间有较高的相关性,且心率测量也有很好的重复性。在正常情况下,心率阈与乳酸阈呈高度正相关,故可作为乳酸阈预测的指标。

(三) 有氧运动效率测定

有氧运动效率特指人体在有氧代谢条件下运动时单位耗氧量下的运动表现,通常以每升耗氧量的做功能力表示。研究发现,有氧运动效率与人体运动能耗和耐力成绩密切相关。一名有氧运动效率较低的人在相同运动速度条件下的能量消耗明显高于有氧运动效率高的人。在其他因素相同的条件下,有氧运动效率高的人在完成耐性项目运动时更容易战胜效率低的人。在通常情况下,有氧运动效率的检测是在绘制某种运动的运动速度与稳态耗氧量关系曲线的基础上进行的。

第六节 运动健康信息管理

当今社会已经进入信息时代,运动健康信息的各项指标反映了人体运动时健康相关信息,随着信息的日益丰富,对信息的收集、归类、分析、统计等工作也越来越需要有系统的方法和工具进行管理。本节主要介绍建立运动健康信息系统的必要性、系统的基本组成、信息采集的设备和方法、运动健康管理相关信息的管理与应用等。

一、运动健康管理信息概述

(一) 运动健康管理信息系统的概念和必要性

1. 运动健康管理信息系统的概念

运动健康管理信息系统是指将测试者的信息管理,健康/体质测试与评价,运动试验前的筛选,运动试验方案的确定,测试结果的收集,终止试验的标准,测试结果的分析,运动处方的制定,锻炼效果的前后对比,数据库的建立,数据的初步统计、分析和导出等功能整合为一体开发的软件系统。

2. 建立运动健康管理信息系统的必要性

中国专门从事运动健康管理的专业人员较少,而人口众多,随着全民健身运动的推广和"健康中国2030战略"的实施,"运动是良药"的认知深入人心,科学健身的需求量大大增加,仅靠少数专业人员,通过手工方案制定个性化的指导计划,远远不能满足实际的需要。

国内可以提供运动健康管理信息的来源主要有私人教练员、健身俱乐部、国家各体育管理部门等。目前私人教练整体水平和综合的知识体系还有待进一步提高,健身俱乐部大多根据自身经营的经验确定健身计划,国家各级体育管理部门(体科所)服务的人群有限。总之,这些部门提供的服务都不能满足老百姓日益增长的对科学健身指导的需要。

基于中国人口众多、专业人员明显不足的事实,运动健康管理的数字化、信息化将在全民健身科学指导、慢性疾病的防治和康复等方面发挥很大的作用。运动健康管理信息系统可针对不同性别、不同年龄、不同健康状况、不同锻炼习惯、不同健身目的的人群,采用不同的测试与评价方法,提供个性化的锻炼指导,可满足全民健身机构、各级康复机构、各级健身会所、各级国民体质监测管理部门以及体育科研的需要。

运动健康管理信息系统的形成,必将有利于全民健身计划的推广,促进中国健康管理的深入开展,更好地为国人的健康服务。

(二)运动健康管理信息系统的基本组成

1. **会员管理**

建立会员个人档案,记录个人基本信息,方便会员管理和查询。

(1) 会员注册登记。建立会员档案,记录个人基本信息,完成会员信息的管理。

(2) 会员信息查询。通过确定的查询条件,查询相应的会员信息。

2. **报告管理**

对会员的测试报告进行综合管理,可根据需要调用和打印不同项目的评定报告和运动处方、营养处方、心理处方报告。打印会员的测试报告,既可根据单项测试打印,又可根据多项测试综合打印。

3. **数据中心**

对会员测试结果进行查询、数据分析、数据上传网站等,便于对会员信息进行统计分析,使会员方便、及时地了解自己的信息。

(1) 数据查询。通过确定的查询条件,查询相应的测试结果。

(2) 个人数据分析。查看某受试者的单组数据分析和历史数据分析。

(3) 数据综合统计。对于所有的测试数据进行综合统计。

(4) 数据上传。会员测试数据上传相关网站,便于会员及时了解个人信息。

4. **系统管理**

实现系统参数设置、操作权限设置、数据备份等功能。

(1) 参数设置。对默认输入法和默认打印机等一些基本参数进行设置。

（2）操作员管理。对操作员的级别和工作权限进行限定。

（3）数据管理。进行数据备份和恢复等一些基本功能。

（4）系统活动状态。查看操作员在系统的活动状态。

5. 相关管理项目

（1）心肺适能管理。获取心肺适能的相关测试数据，进行评价和指导。

（2）身体成分管理。获取身体成分的相关测试数据，进行评价和指导。

（3）肌肉适能管理。获取肌肉适能的相关测试数据，进行评价和指导。

（4）柔韧适能管理。获取柔韧适能的相关测试数据，进行评价和指导。

（5）骨密度管理。获取骨密度的相关测试数据，进行评价和指导。

（6）体质管理。获取体质测试的相关测试数据，进行评价和指导。

（7）营养管理。获取营养的相关测试数据，进行评价和指导。

（8）心理管理。获取心理的相关测试数据，进行评价和指导。

（三）运动健康管理信息系统的总体设计要求

1. 规范性

运动健康管理信息系统是一个综合性的信息管理系统，它的应用软件功能涉及国家和有关部委制定的标准，包括国民体质监测标准、普通人群锻炼标准、运动耐量试验测试、心脏发病危险性调查、锻炼计划管理、健身知识普及教育、运动营养管理、运动心理管理、锻炼计划跟踪、锻炼效果趋势分析和评价、数据统计与分析、系统管理等。遵从国家、省部委、地区体育管理部门的信息规范和相关标准。

2. 实用性

运动健康管理信息系统能满足各类用户对信息的需求，具有强大的数据查询及管理功能，并且能辅助管理者决策，成为运动健康管理工作不可缺少的组成部分。

3. 技术先进性

运动健康管理信息系统涉及运动医学、心理学、营养学、训练学、系统论、信息论、统计学等多学科领域。采用先进、成熟且稳定的计算机技术、网络通信技术、开发运行平台、数据库系统、图形图像处理系统等技术和产品。

4. 教育普及性

运动健康管理信息系统应采用寓测于教的方式，将大量的健身知识嵌入软件中，方便用户随时获取相关知识，并为用户提供知识库升级的功能。

5. 数据采集多样性

系统具备良好的数据采集接口,可采集各类端口的信息,且可直接读取数据。

6. 简捷易用性

系统人机界面亲善、直观、统一、清晰。为操作员提供简单、迅捷的操作方法。具备完善的容错、防错、纠错能力,及时方便的操作提示,简捷易使用。

7. 个性化

针对不同性别、年龄、身高/体重、锻炼习惯、健身目的进行不同的测试方法,提供个性化的锻炼指导,让受试者在横向对比的基础上更关注自身的纵向对比,跟踪锻炼日志,对锻炼计划进行调整,通过锻炼使自身的健康状况得到改善和提高。

8. 保密性

运动健康管理信息系统具有严格的权限管理和数据保密措施。对涉及检测指标、锻炼计划的确立、执行、终止、变更和跟踪等重要数据,提供痕迹更正功能、加密功能及操作日志登记功能。

9. 可靠性

系统具备完善的数据备份和数据恢复功能,并发现、提示和纠正错误。

10. 易扩充性及构架灵活性

系统采取开放式设计、构架方法,有利于用户在需求增加或变更时能方便地对系统功能进行增减、合并和分割等。

二、运动健康管理信息的采集与分析

(一)运动健康管理信息采集的设备与方法

1. 心肺适能信息采集

心肺适能的测试方法,主要是采用运动负荷试验的方法,观察完成定量负荷所需要的时间、负荷后心肺功能的反应,或观察固定时间内能完成的运动负荷量的大小。比较常见的有PWC_{170}、运动耐量试验、12分钟往返跑、哈佛台阶试验、学校的1 000米跑(男)和800米跑(女,初中、高中、大学)等方式,其他还有适合不同人群的不同距离的走、跑、定时的上下楼梯和跳绳等。

采集信息的设备有跑台、功率车、心率遥测表等。

2. 身体成分信息采集

身体成分测定的手段较为丰富,常见的有水下称重法、皮褶厚度测量法和生物电阻抗法等。

（1）水下称重法。水下称重法是通过对身体密度和比重进行测量,从而推算身体的脂肪重量和去脂体重。水下称重的测量方法相对精确,但是它的缺点是不适合大规模推广,只适合在科研单位进行研究使用。

（2）皮褶厚度测量法。皮褶厚度测量法是通过对身体不同部位的皮褶厚度进行测量后,将所测的皮褶厚度代入公式进行计算身体成分的一种方法。这种方法需要有专用的皮褶计才能测定。

（3）生物电阻抗法。生物电阻抗法是通过检测皮肤生物电阻抗可较精确地估算出人体的总体脂%。操作简单,被测者只需赤脚站在仪器上面,手握测试手柄,仪器就会自动打印出多项指标,如体脂%、体重、肥胖程度等,相当方便实用。

3. 肌肉适能信息采集

肌肉适能的测试方法：一种为测定肌肉一次用力收缩时所能产生的最大力量,以测定肌肉最大力量为主；另一种方法是测定肌肉在一定的负荷下能够重复收缩的次数,或能够持续的时间,以测定肌肉的力量耐力为主。

通常,测定肌肉适能有三类方法：① 用专业的力量测试设备,如等动、等张和等长测力设备；② 普通的力量测试设备,如握力计、背力计等；③ 克服自身重力的测试方法,如俯卧撑、跪卧撑、仰卧起坐、仰卧举腿、俯卧背伸、立定跳远等。

肌肉适能信息采集的方法根据设备的情况也不相同,可以手工录入,也可以通过测量设备的接口获取,还可以由设备导出数据间接获取。

4. 柔韧适能信息采集

柔韧适能信息的采集可以用各种仪器对关节活动范围进行测量,也可用一些简单易行的方法对这一素质测定和评价。常见的方法有坐位体前屈、背后对指、臂夹棍转体等,针对不同的关节,也有许多不同的测量方法。

5. 骨密度信息采集

骨密度测量的方法有X线检查、单光子吸收法(SPA)、双能X线吸收法(DXA)、单能X线吸收法(SXA)、X线成像吸收法(RA)、定量超声(QUS)、定量CT(QCT)等方法,仪器基本上是医疗设备,信息的采集需要从这些仪器中获取。

6. 体质信息采集

体质测试的方法比较多,而且每种方法包含的项目也不太一样,可以根据需要进行选择。这类测试设备有电子的、机械的,与软件系统的接口有有线、无线、IC卡、非接触卡等多种方式。

（1）国民体质测定标准。

国家体育总局根据我国《体育法》和《全民健身计划纲要》等有关规定，建立了国民体质监测系统，规定每五年进行一次全国性的国民体质监测，获取我国国民体质状况的资料，并在这些监测数据的基础上制定了《国民体质测定标准》，这是目前我国最主要的评价国民体质的标准，可以用于制订运动处方，确定处方中的锻炼目标。

《国民体质测定标准》各项指标的测定结果，分为1～5分，共五个级别。建议凡某项素质达不到4分或5分者，该项素质应当被纳入运动处方的锻炼目标之中。

（2）学生体质健康标准。

《学生体质健康标准》是由教育部、国家体育总局共同研制的，为《国家体育锻炼标准》的一个组成部分。《学生体质健康标准》是学生体质健康的个体评价标准，也是促进学生体质健康发展、激励学生积极进行身体锻炼的教育手段，并作为学生毕业的基本条件。该标准体系中，也包含运动健康管理所要求测定、评价的内容，可以作为制订运动处方的依据。

《学生体质健康标准》测定结果，分为"优秀""良好""及格""不及格"四级。

（3）普通人群锻炼标准。

《普通人群体育锻炼标准》也是《国家体育锻炼标准》的一部分。主要适用于20～59岁的成年人群，其评价标准也可作为制订运动处方的依据。

《普通人群体育锻炼标准》的测定结果，与《国民体质测定标准》的评价方法相同，分为五级。凡达不到4分或5分者，应纳入锻炼目标。

7. 营养、心理信息采集

这类信息的采集大多通过问卷的形式获取。

（二）运动健康管理相关信息的分析

对运动健康管理相关信息进行分析有以下四个步骤。

第一步，根据不同人群的情况确定测试项目。

第二步，根据测试项目进行权重设置。

第三步，根据测试项目进行流程设计。

第四步，根据测试的指标进行综合分析。

1. 确定测试项目

测试人群为20～60岁的成人，确定测试项目，如表5-10所示。

表5-10 测试项目一览表

序 号	测 试 项 目	说 明
1	身高	基础指标
2	体重	基础指标
3	安静时心率	基础指标
4	安静时收缩压	基础指标
5	安静时舒张压	基础指标
6	握力	肌肉适能
7	背力	肌肉适能
8	俯卧撑	肌肉适能
9	仰卧起坐	肌肉适能
10	坐位体前屈	柔韧适能
11	背后对指	柔韧适能
12	运动耐量试验	心肺适能
13	身体成分	身体成分

资料来源：王健、何玉秀，《健康体适能》，人民体育出版社，2008年。

2. 设计权重

测试项目权重表，如表5-11所示。

表5-11 测试项目权重表

序 号	测 试 项 目	权 重
1	握力	0.05
2	背力	0.05
3	俯卧撑	0.1
4	仰卧起坐	0.1

(续表)

序　号	测　试　项　目	权　重
5	坐位体前屈	0.1
6	背后对指	0.1
7	运动耐量试验	0.3
8	身体成分	0.2
	合计	1

资料来源：王健、何玉秀，《健康体适能》，人民体育出版社，2008年。

3. 测试流程

测试流程，如图5-1所示。

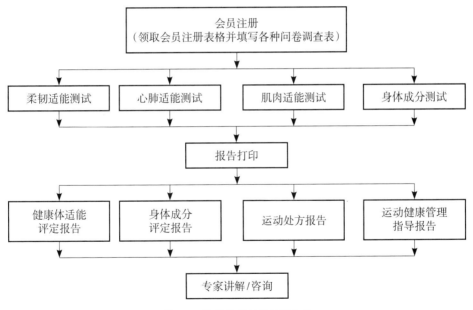

图5-1　健康管理测试流程示意

4. 指标分析

根据获取的数据进行运动健康管理的单项分析、综合分析，为受试者提供个性化的运动处方、运动健康管理方案和指导，也可以导出数据，为课题的研究提供数据支持。

三、运动健康管理相关信息的管理与应用

(一) 运动健康管理相关信息的管理

1. 建立数据档案

运动数据准备即建立运动数据档案。运动数据档案如何建立，对运动数据挖掘、运动数据分析以及运动数据的应用具有重要意义。运动健康信息数据档案的建立应针对不同人群建立相应的运动数据信息档案。

2. 运动数据挖掘

运动数据挖掘根据其任务分为分类或预测模型数据挖掘、运动数据总结、运动数据聚类、关联规则发现、序列模块发现、依赖关系和依赖模型发现、异常和趋势发现等。

运动数据挖掘的方法分为统计方法、机器学习方法、神经网络方法和数据库方法等。

(1) 统计方法。统计方法可分为回归分析(多元回归、自回归等)、判别分析(贝叶斯判别、费歇尔判别、非参数判别等)、聚类分析(系统聚类、动态聚类等)、探索性分析(主元分析法、相关分析法等)，以及模糊集、粗糙集、支持向量集等。

(2) 机器学习方法。机器学习方法可分为归纳学习法(决策树、规则归纳等)、基于范例的推理、遗传算法、贝叶斯信念网络等。

(3) 神经网络方法。神经网络方法可分为前向神经网络(BP算法等)、自组织神经网络(自组织特征映射、竞争学习等)。

(4) 数据库方法。数据库方法主要是基于可视化的多维数据分析或联机分析处理OLAP方法。此外，还有面向属性的归纳方法。

对运动健康管理的数据挖掘，可以根据需要选择以上方法进行处理。

3. 建立不同人群运动评价标准

根据不同人群的特点，确定不同的运动测试项目，即可明确不同的评价指标。通过对指标的测试结果进行综合分析，可以假定一套标准模型；而后可再通过大量的试验确定评价标准，进而推向市场应用。

(二) 运动健康管理相关信息的应用

1. 科学研究

运动健康管理相关的信息为各个体育院校运动医学专业、体育保健、康复

专业、运动人体学专业、运动心理学专业等提供了丰富的数据,有助于相关领域进行科学研究。

2. 支持政府决策

运动健康管理相关的信息是针对改善人们生活质量、提升人们健康水平的数据信息,通过运动健康管理相关信息的统计和分析,能清楚地了解某个地区、某类人群的运动参与情况、运动能力和健康水平状况,为政府决策提供数据支持。

3. 服务业

社会上的健身机构、美容机构、健康管理中心、体检中心等服务机构都在为大众提多种多样的健康服务,运动健康管理相关信息能为他们提供新的服务产品,使这些机构能为大众提供科学的、专业的、个性化的运动处方和运动健康管理方案和指导,既满足了大众的要求,也为他们带来了新的利润增长点。

4. 制造业

人机功效学是近年来兴起的一个新兴学科,从以人为本的角度出发,对仪器设备(汽车的座椅、工具等)和生活用品(沙发、床垫、鞋子等)进行新的造型设计和尺寸设计,将高科技含量注入制造业。运动健康管理相关的数据信息也可以为人机功效学提供基数据,供研究者参考使用。

第六章

身体活动水平和健康体适能训练

随着经济、社会的发展和人民生活水平的提高,身体活动与身心健康和生活质量的关系在全世界受到普遍的关注。科学研究表明,身体活动不足或久坐生活方式已成为举世公认的影响人类身心健康的公共卫生和社会问题。

第一节　身体活动与身体活动水平

缺乏身体活动已成为全球范围死亡的第四位危险因素。许多国家缺乏身体活动的人群比例在不断增加,并对全世界人群的一般健康状况和慢性非传染性疾病的患病率有重要影响。本节主要阐述了身体活动的定义和分类、身体活动水平的定义和判断、身体活动水平测量与评价等内容。

一、身体活动的定义和分类

(一)身体活动的定义

1. 身体活动的定义

身体活动(physical activity, PA)是指通过骨骼肌收缩引起机体能量消耗增加的任何身体运动,包括工作期间的活动、游戏、家务、出行和休闲娱乐活动。进行身体活动时,人体的反应包括心跳、呼吸加快、循环血量增加、代谢加速和产热增多等。美国2008年出版的《身体活动指南》将其定义为:由骨骼运动肌肉产生的,并在基础状态之上增加能量消耗,有助于增进健康的任何身体动作。

运动是一种带有计划性、重复性、目的性与系统性的身体活动,其目的在于改善或维持体适能。

身体活动与运动的区别如下。

(1)运动是身体活动的一种形式。身体活动涵盖范围更广。

(2)运动是事先计划的(如马拉松跑前训练计划)。

(3)运动是重复性的(如深蹲、俯卧撑等动作练习)。

(4)运动是有目的性的(如连续跳绳1 500个)。

(5)运动是有系统性的(如长跑选手除了跑步训练,还要辅以跑前热身、跑后拉伸、爆发力训练、核心稳定性训练等一系列配套练习)。

2. 身体活动与健康

身体活动与人体健康密切相关,是促进公共健康的重要环节。适当的身体活动可以降低冠心病等的发生率,而身体活动不足则可能导致能量代谢失衡,并带来一系列的健康问题。研究表明,身体活动不足是造成多种慢性病增加的重要原因。世界卫生组织在《身体活动指南》中明确指出,缺乏身体活动是全球十大死亡风险因素之一;缺乏身体活动是心血管疾病、癌症和糖尿病等非传染性疾病的一个主要风险因素;身体活动对健康有着显著好处,并有助于预防非传染性疾病。全球四分之一的成年人身体活动不足;全球超过80%的青少年人口"缺乏身体活动"。2013年世界卫生大会商定了一套全球自愿目标,其中包括到2025年将非传染性疾病导致的过早死亡率减少25%,将身体活动不足流行率减少10%。

由于快速的工业化和城市化,我国居民的职业劳动强度明显下降,多数行业都不再以重体力劳动为主,一半以上的职业人群在工作中以坐和站立为主,而行走的时间很短。因此,作为我国居民主要身体活动的职业性活动,强度和总量均已明显下降。公共交通和私家车的发展,降低了人们出行的身体活动水平。与此同时,洗衣机等家电节省了家务劳动;电视和电脑的普及,减少了人们户外活动的时间。2010~2013年中国居民营养与健康状况监测显示:我国76.1%的居民不锻炼,仅有9.2%居民有锻炼习惯;居民闲暇静坐时间为2.9个小时;城市居民中身体活动充足者仅占10.0%;职业人群身体活动充足率从2002年的40.1%下降到28.1%。经常锻炼的主要是老年人,而中青年劳动力人口则很少锻炼。

通过促进身体活动并结合控制其他危险因素,如吸烟、过量饮酒和膳食不合理,能有效地降低个体和人群慢性病的发生、发展和病死率。WHO在2004年发布了《饮食、身体活动与健康全球战略》,呼吁所有成员国将促进身体活动作为重要的国家公共卫生干预政策;2010年又发布了《关于有益健康的身体活动全球建议》。美国在2008年颁布了《美国身体活动指南(2008)》;日本于2006年发布了《运动指南(2006)》,用于指导公众通过身体活动促进健康。一些国家现行的临床指南中,已将身体活动作为治疗2型糖尿病、代谢综合征和肥胖症的必要措施;同时,身体活动也作为抑郁症、骨关节系统疾病、肿瘤等治疗和康复的重要手段。

2009年,我国国务院颁布了《全民健身条例》,以促进全民健身活动的开展,保障公民在全民健身活动中的合法权益,提高公民的身体素质。2011年我国前卫生部疾病预防控制局颁布了《中国成年人身体活动指南(试行)》,其内容主要包括身体活动基本知识、推荐活动量、个体干预、公共政策及老年人和常见慢性病患者的身体活动指导等。

(二) 身体活动的分类

人类的身体活动形式多种多样,研究目的不同,划分方法各异。常用的划分方法有以下三种。

1. 按日常活动分类

根据身体活动的特点和内容,日常生活中的身体活动可分为职业性身体活动、交通往来身体活动、家务性身体活动和运动锻炼身体活动四类。

(1) 工作性身体活动:职业工作中的各种身体活动。职业和工作性质不同,工作中的身体消耗也不相同。

(2) 交通往来身体活动:前往工作、购物、游玩地点等来往途中的身体活动。采用的交通形式不同,身体的消耗也不同,如步行、骑自行车、乘公共汽车或自驾车等。

(3) 家务性身体活动:各种家务劳动的身体消耗。其中做饭、清洁台面等能量消耗较小,手洗衣服、擦地打扫卫生等能量消耗较大。

(4) 休闲时间的身体活动:休闲时间的锻炼和身体活动,其目的更明确,运动内容、强度和时间更有计划。

随着社会的发展和科学技术的进步,人们的生活方式发生了改变,造成了身体活动不足。促进健康的重要目标之一,就是增加人们的身体活动水平,鼓励人们在日常生活中积极参加各种增加体力付出的活动。运动锻炼是指职业、家务活动之余有计划、有目地进行的身体活动,属于休闲时间的身体活动。现代社会生活中,由于人们上述其他形式身体活动量大幅度减少,应大力提倡通过运动锻炼弥补人们身体活动量的不足。

2. 按能量代谢分类

身体活动的本质是肌肉收缩做功,肌肉收缩需要能量供给。人体通过营养物质的摄入为身体活动提供能量。肌肉收缩的直接能量来源是三磷酸腺苷(ATP)。ATP的供应途径主要分为无氧和有氧两种过程。在肌肉剧烈运动时,由于氧供不足,机体利用磷酸肌酸(CP)的无氧分解和糖的无氧酵解产生ATP,

以供应能量代谢的需求。这就是无氧代谢过程。在长时间较缓慢的肌肉运动时，由于氧供充足，机体利用糖、脂肪、蛋白质有氧氧化产生ATP，以供应能量代谢需要。这就是有氧代谢过程。

根据肌肉活动的能量来自无氧代谢还是有氧代谢，身体活动可分为无氧代谢运动和有氧代谢运动，简称无氧运动和有氧运动。

（1）无氧运动：以无氧代谢为主要供能途径的身体活动，一般为肌肉的强力收缩活动，运动中用力肌群的能量主要靠无氧酵解供应。无氧运动也可发生在有氧运动末期，是抗阻力肌肉力量训练的主要形式。无氧运动具有促进骨骼、关节和肌肉的强壮等方面的作用，不仅可以保持或增加去脂体重、延缓身体运动功能丧失，还有助于预防老年人的骨折和跌倒及其造成的伤害，也有助于多种慢性疾病的预防控制。

（2）有氧运动：也叫耐力运动，指强度低、有节律、运动时间较长（约30分钟或以上）、运动强度在中等或中上的程度（最大心率值的60%～80%）、能够维持在一个稳定状态的身体活动（如长跑、步行、骑车、游泳等）。以有氧代谢为主要供能途径，即人体在氧气充分供应的情况下进行的身体活动，在运动过程中人体吸入的氧气与需求相等，达到生理上的平衡状态。它有助于增进心肺功能，降低血压和血糖，增加胰岛素敏感性，改善血脂和内分泌系统的调节功能，提高骨密度，减少体内脂肪蓄积，控制不健康的体重增加。例如，以每小时4 km的中等速度步行、每小时12 km的速度骑自行车等均属于有氧运动。

3. 按身体活动方式分类

根据生理功能和运动方式，身体活动还可以分为以下三类。

（1）关节柔韧性活动：通过躯体或四肢的伸展、屈曲和旋转活动，锻炼关节的柔韧性和灵活性。由于对循环、呼吸和肌肉的负荷小，能量消耗低，可以起到保持或增加关节活动范围和灵活性作用。对预防跌倒和外伤、提高老年人的生活质量有一定的帮助。

（2）抗阻力活动：肌肉在克服外来阻力时进行的主动运动，即肌肉对抗阻力的重复运动，具有保持或增强肌肉力量、体积和力量耐力的作用（如举哑铃、俯卧撑、引体向上等）。抗阻力用力时主要依赖无氧代谢供能。抗阻力活动可以改善肌肉功能，对骨骼系统形成的机械刺激也有益于骨健康，可以延缓老年人肌肉萎缩引起的力量降低，预防跌倒、提高独立生活能力，还有助于保持和促进代谢，改善血糖调节能力。

（3）身体平衡和协调性练习：改善人体平衡和协调性的组合活动（如体操，拳操，舞蹈等），可以改善人体运动能力、预防跌倒和外伤、提高生活质量。

二、身体活动水平的定义和判断

（一）身体活动水平定义

1. 身体活动水平定义

身体活动水平（physical activity level, PAL）是将人的日常身体活动量化的一种表达形式，用于估计人体的总能量消耗。PAL是对个体身体活动评价的指标，目前在国际上普遍使用PAL对每日PA进行量化和分类。PAL的定义是人体24小时总能量消耗（total energy expenditure, TEE）除以人体24小时的基础能量消耗（basal metabolic rate, BMR）。

$$PAL = 总能量消耗(TEE) / 基础代谢能量消耗(BMR)$$

2. 运动量定义

运动量（amount of exercise）也称"运动负荷"，指人体在体育活动中所承受的生理、心理负荷量和消耗的热量，由完成练习的运动强度与持续时间，以及动作的准确性和运动项目特点等因素来决定运动量的大小。

（二）身体活动水平判断

从定义上看，身体活动是指由骨骼肌收缩引起的伴有能量消耗的任何身体动作，而任何类型的身体动作都要消耗能量。因此，身体活动时能耗的多少理所当然地成为判断"身体活动水平"高低最为重要的标准。

1. 身体活动水平分级

FAO/WHO/UNU根据PAL值的不同，将身体活动水平进行了分级，如表6-1所示。

表6-1　身体活动水平分级

生 活 方 式	例　子	PAL
非常不活跃（extremely inactive）	卧床的人	<1.40
久坐（sedentary）	很少运动的办公室工作人员	1.40～1.69
中等活动度（moderately active）	每天跑步一小时的人	1.70～1.99

（续表）

生活方式	例子	PAL
剧烈活动度（vigorously active）	每天游泳2小时的人	2.00～2.40
极量活动度（extremely active）	竞技自行车赛手	＞2.40

资料来源："Human energy requirements: Energy Requirement of Adults". Report of a Joint FAO/WHO/UNU Expert Consultation, 2004。

2. 运动量的判断

运动量和身体活动水平都是反映身体所承受身体负荷的剂量。在实际应用中可以是一次运动的身体负荷量，也可以是一段时间内，各种强度、持续时间和频数身体活动的总和。

（1）强度。身体负荷的大小，可用物理量表示，如单位时间消耗的能量、做功量。也可以用生理量表示，如最大摄氧量%（$VO_2max\%$）、最大心率%（$HR_{max}\%$）或代谢当量（MET），如表6-2所示。

表6-2 身体活动强度分级

强度	相对强度			绝对强度			
	RPE	$VO_2R\%$ HRR%	$HR_{max}\%$	12MET VO_2max	10MET VO_2max	8MET VO_2max	6MET VO_2max
极小	＜9	＜20	＜50	＜3.2	＜2.8	＜2.4	＜2.0
小	9～10	20～39	50～63	3.2～5.3	2.8～4.5	2.4～3.7	2.0～3.0
中等	11～12	40～59	64～76	5.4～7.5	4.6～6.3	3.8～5.1	3.1～4.0
大	13～16	60～84	77～93	7.6～10.2	6.4～8.6	5.2～6.9	4.1～5.2
极大	≥16≥	≥85	≥94	≥10.3	≥8.7	≥7.0	≥5.3
极限	20	100	100	12	10	8	6

注：RPE，自觉运动强度；HRR，储备心率；VO_2R，储备吸氧量。
资料来源：陈君石、黄建始，《健康管理师》中国协和医科大学出版社，2007年。

（2）持续时间。维持一定强度活动持续的时间或以一定节奏重复运动的时间。
（3）频数。在一段日历时间内（1周、1月），重复某类运动的次数。

第二节　健康体适能的生理学

随着经济、社会的发展和人民生活水平的提高,体力活动、体适能和健康日益受到公众和科学研究者的重视,健康体适能与个体的健康满意感和生活满意感等主观健康和心理感受密切相关。

一、健康体适能的概述

（一）健康体适能的概念

体适能一词来自英文的physical fitness,被认为是个人适应能力中的一部分,其内容包括个人特性及运动能力表现的特征,如肌力、耐力、柔软度、动力、敏捷及速度等。目前,体适能被定义为人们所具有的与其完成体力活动能力有关的一组身体要素,即具有低患病风险和具有足够的精力参加各种体力活动的身体完好状态。具有良好体适能的人通常是能够"以旺盛的精力执行每天的事务而没有过度的疲劳;以充足的活力去享受闲暇时间的各种休闲活动并能适应各种突发事件"。

我国学者长期以来一直以更为内涵丰富的"体质"一词来表述与体适能有关的内容,认为体质是人体形态发育、生理功能、心理功能、身体素质的状态及其对环境的适应力和对疾病的抵抗力。显然,体质概念的内涵较体适能更为宽泛,但是,目前国内开展的国民体质检测内容却在性质上与体适能的检测项目较为类似。

（二）体适能的分类

体适能与人体健康状态、劳动和工作能力和竞技运动水平等有着密切的关系,但体适能各个构成要素对健康、劳动和工作能力竞技运动水平的影响并不完全相同,因此有人进一步依据体适能与健康的关系将其区分为竞技体适能和健康体适能。

1. 竞技体适能

竞技体适能主要由灵敏性、协调性、平衡性、速度、爆发力和反应时等与运动竞技能力有关的体适能要素组成。

2. 健康体适能

健康体适能主要由与人体健康水平密切相关的体适能要素组成,通常主要包括心血管适能、体脂含量、肌肉适能和柔韧适能。

（1）心血管适能。心血管适能，也叫心肺适能，反映由心脏、血液、血管和肺组成的血液运输系统向肌肉运送氧气、能量物质，同时维持机体从事体力活动的能力。

（2）体脂百分比。体脂百分比是指人体体内所含脂肪占体重的百分比。

（3）肌肉适能。肌肉适能主要包括肌肉力量和肌肉耐力。肌肉力量是指骨骼肌收缩时依靠肌紧张来克服和对抗阻力的能力，通常以对抗和克服最大阻力的重量、力矩或做功功率表示；肌肉耐力是指骨骼肌维持长时间运动的能力，一般以定量运动负荷的次数、负荷持续时间或者输出功率变化来表示。

（4）柔韧适能。柔韧适能是对机体单个关节或者多关节活动范围的测度，通常由骨关节结构和肌肉、韧带，以及关节囊的长度和伸展性等因素决定。

二、健康体适能的生理学基础

健康体适能是体适能的重要组成部分，它由与人体健康密切相关的要素组成。良好的体适能是人类健康最重要的标志，是人类享受生活、提高工作效率和增强对紧急突发事件应变能力的重要物质基础。

（一）心血管适能的生理学

心血管适能是健康体适能最重要的组成成分之一，它反映由心脏、血液、血管和肺组成的呼吸与血液循环系统向肌肉运送氧气和能量物质、维持机体从事运动的能力。心血管适能与人体健康有着极为密切的关系，经常参加体育锻炼对人体健康有着多方面良好的影响。由于拥有良好心血管适能的人通常也具有较好的运动耐力和有氧运动能力，因此心血管适能有时又被称为心血管耐力或者有氧适能。心血管适能是人体呼吸、血液和循环系统功能的综合表现。

1. 心脏

心脏是良好心血管适能的基本要素。心脏为一中空的肌性器官，分别由左、右心房和心室组成，其主要生理功能是收缩射血，推动全身的血液循环，以适应不同身体活动的需要。在通常情况下，生理学将每分钟左心室收缩所泵出的血量称为每分输出量，简称心输出量（CO），其实质是每搏输出量（SV）和每分钟心率（HR）的乘积。健康成年男性在安静状态下的心输出量约为 $4.5 \sim 6.0$ L/min），女性比同体重男性约低10%。缺乏锻炼的健康人在剧烈运动时心输出量的峰值一般为 $15 \sim 20$ L/min，而有良好训练的耐力运动员在剧烈运动时心输出量的峰值则可高达每分钟20～35 L。

经常性运动能够引起以心腔扩大和心壁增厚为主的运动性心脏增大,这种增大同时伴有心心脏最大射血能力的提高,是心脏泵血功能适应机体活动需要而增强的结果。在血管方面,经常运动有助于保持血管的弹性、维持动脉血压的稳定、增大冠状动脉直径、促进侧枝的形成、改善心肌的血液循环等。此外,积极参加适当的体育锻炼还可以有效地减少中风的危险。

2. 血管

血管是由一系列复杂分支的管道组成,人体除角膜、毛发、指甲、牙质及上皮等处外,血管遍及全身。根据血流方向及其管壁的结构特点,全身血管可分为动脉血管、毛细血管和静脉血管三种,各种类型的血管在构造上各有特点,借此来发挥它特殊的生理功能。

(1) 动脉血管。主动脉等血管的管壁富含弹性纤维,具有明显的可扩张性和弹性,它不但起运输血液的作用,而且可在左心室射血时贮存部分血液,缓冲动脉血压的巨大波动,使间断性的心室射血变为连续的血流;小动脉的末梢和微动脉,管壁富含平滑肌,受神经和体液调节而产生明显的舒缩活动,是造成血流阻力的主要部分。它对调节器官的血流量和动脉血压起着重要作用。

营养心脏的血液来自主动脉根部发出的左、右冠状动脉。它们位于冠状沟内,在沟内反复分支进入心壁形成毛细血管网,经静脉汇合于冠状窦,进入右心房。这个独立的循环称冠状循环。良好的冠状循环是保证心肌氧气、营养物质供应和心脏收缩射血的重要条件,心肌梗死就是指冠状动脉或其分支的血流阻塞。

(2) 毛细血管。其管壁仅由单层内皮细胞构成,通透性很大,故气体和小分子物质可通过管壁,成为血管内外物质交换的场所。

(3) 静脉血管。数量较多、口径径较粗、管壁较薄,故容量较大。安静时约60%～70%的循环血量容纳在静脉中,故静脉起了血液贮存库的作用。

研究表明,血管功能改变对心血管适能的影响主要是通过以下三种机制实现的:其一是运动时外周血管阻力下降,减少了心室射血的后负荷,使得心室射血变得更加顺畅,心输出量增加;其二是运动时骨骼肌小动脉血管反射性舒张,内脏和皮肤小动脉血管反射性收缩,从而使血流分布模式发生改变,使得运动肌获得更多的血液,更好地满足其活动的需要;其三是受长期体育锻炼和运动训练的影响,外周肌组织中毛细血管分布的密度增加,这一变化有助于改善肌肉组织的微循环状态,从而增强肌肉耐力等。

3. 呼吸器官和血液

人体各种生命活动所需要的氧气和新陈代谢产生的二氧化碳离不开肺与组织的呼吸及血液的运输作用。机体完整的呼吸过程包括外呼吸、气体在血液中的运输和内呼吸。

（1）外呼吸。外界空气通过呼吸道和肺与肺部的血液进行的气体交换的过程。

（2）气体在血液中的运输。通过血液循环将肺摄取的氧气和营养物质运送到组织细胞,同时将组织细胞产生的二氧化碳运送到肺的过程。

（3）内呼吸。毛细血管中的血液与组织细胞之间的气体交换。血液氧气的运输与红细胞中的血红蛋白与氧气结合成氧合血红蛋白的数量有关,研究发现 1 g 血红蛋白可与 1.34～1.36 ml 的氧气结合,所以红细胞数量越多或者血红蛋白浓度越高,所能携带的氧气就越多。在正常情况下,成年男性血红蛋白的浓度为 120～160 g/L,成年女性为 110～150 g/L。若血红蛋白浓度低于 90 g/L,且明显影响血液的氧气运输能力称为贫血。

4. 影响心血管适能的因素

（1）遗传。遗传因素是影响心血管适能的重要因素。以最大摄氧量为例,有人通过对单卵双生和双卵双生受试者 VO_2max 的研究发现,单卵双生受试者间的 VO_2max 差异较小,而双卵双生受试者间的差异较大,证明遗传因素对 VO_2max 有较大的决定作用。此外,还有人研究发现,在影响 VO_2max 的各种因素中,遗传因素的影响度也是最大的,为 25%～50%。在长期耐力训练的影响下,机体的 VO_2max 也产生相应变化,但个体差异较大（0～50%）,目前认为造成这一现象的原因也与遗传因素有关。此外,最大通气量、红细胞和血红蛋白、慢肌纤维的百分比等都与遗传有关。

（2）年龄和性别。发育过程中,VO_2max 的绝对值（L/min）随年龄增长而增加,男子约在 16 岁时达到顶峰,女子约在 14 岁时达到顶峰。14 岁时,男女 VO_2max 绝对值的差异约为 25%,16 岁时高达 50%。但如以相对值表示（ml/(kg·min)）,男性在 6～16 岁期间 VO_2max 稳定在 53 ml/(kg·min)水平,而女性则从 52 ml/(kg·min)逐渐下降到 40.5 ml/(kg·min),这一差距可能与女性体内脂肪贮量随年龄增长而增加有关。25 岁以后,VO_2max 以每年约 1% 的速度递减,55 岁时 VO_2max 较 20 岁时平均减少约 27%。有研究还证明,30 岁以后,活动少的人 VO_2max 每 10 年降低 8%～10%,而活动多的人,每 10 年只下降 4%～5%。长期坚持耐力运动者,每10年甚至只降低1%~2%。女子VO$_2$max较男子小,与女子心脏泵血功能不如男子、血红蛋白含量低于男子以及体脂含量多于男子等因素有关。

VO$_2$max的性别差异与VO$_2$max的表示方法有关,以绝对值表示VO$_2$max时,其性别差异为43%,以体重相对值表示时差异为20%,而当以去脂体重相对值表示时,差异只有9%。

(3)训练。心血管适能明显受运动训练的影响。以不同项目运动员的VO$_2$max为例,短距离、爆发力性项目运动员的VO$_2$max较低,而长距离、耐力性项目运动员的VO$_2$max较高。研究表明,有氧训练可使受训者的VO$_2$max增高,其增高的程度与训练前的VO$_2$max水平有关,训练前的VO$_2$max水平低,其增进效果明显。无训练者或心血管适能低下者在刚开始训练时,VO$_2$max的增进明显,其后增进逐渐趋向缓慢。研究认为,造成运动训练早期VO$_2$max增加的主要原因是心肺功能的改善。当VO$_2$max增加到一定水平后,心输出量增加已达极限,VO$_2$max小幅度的改变主要是依靠肌肉对氧利用的改善而实现的。

(4)体脂。VO$_2$max相对值是以kg体重为单位计算的,因此体重增加,心血管适能就会下降。30岁以后心血管适能随年龄增长而降低,有一半是由体脂的增加造成的。所以,保持或改善心血管适能水平的最简易方法就是减少多余的脂肪。

5. 心血管适能与健康

心血管适能与人体健康有着极为密切的关系,经常参加体育锻炼对人体健康有着多方面良好的影响。在心脏方面,经常性运动能够促进心脏最大射血能力的提高,是心脏泵血功能适应机体活动需要而增强的结果。在完成运动强度相同的非最大强度运动时,经常运动的人心输出量增加的程度较久坐者低,表现出良好的能量节省化特征,反映出经常运动可以使人体能量的利用更为经济有效。不经常运动则可以通过减弱心脏的泵血功能而影响机体的健康。

人体死亡危险率和第一次心血管疾病发生率与参加体育锻炼的多少成反比;经常运动可以优化心肌的蛋白质组成,可以校正因高血压等原因引发的心肌蛋白质组成异常。在血管方面,经常运动有助于保持血管壁的弹性、维持动脉血压的稳定、增大冠状动脉直径、促进侧枝的形成、改善心肌的血液循环等。此外,积极参加适当的体育锻炼还可以有效减少中风的危险。但是,过于剧烈的运动和憋气等对心血管的健康不利。

(二)身体组成的生理学

1.身体成分的概念

(1)身体成分。身体成分是指组成人体各组织、器官的总成分,即体内各种成分的含量(如肌肉、骨骼、脂肪、水和矿物质等),常用体内各种物质的组成和比例表示,身体成分是反映人体内部结构比例特征的指标。它在一定的程度上反映身体的化学组成,以及生长发育、营养状况和体育锻炼等多种因素的综合性影响,是影响健康体适能和人体健康水平的重要因素。

(2)脂类。脂类是人体内一大类重要的有机物质,包括脂肪和性质与其相似的类脂。脂肪又称真脂,它是由一分子甘油与三分子的脂肪酸组成;而类脂则包括磷脂、胆固醇、胆固醇脂及糖脂等。脂肪是体内重要的储能和供能物质,主要分布于皮下组织、肠系膜、大网膜和内脏器官周围以及肌间组织中,并随膳食、能量消耗情况而变化较大,所以又被称为"储脂"或者"可变脂"。类脂占全身脂类总量的5%左右,主要位于骨髓和心脏、肺、肝脏、脾脾脏、肾脏、肌肉以及神经系统等组织器官内,参与组成细胞质膜、核膜等膜结构的主要成分,也是机体各器官组织,尤其是大脑神经组织的基本组成成分,称为"基本脂",其含量一般不随机体营养状况变动,因此又称为"固定脂"。

(3)去脂体重。去脂体重是体内去除脂类物质以外的组织重量,主要包括骨骼、肌肉和水分构成,因为精确测量人体体内脂类物质含量非常困难,故常以瘦体重(lean body mass,LBM)代表去脂体重,其间的差别在于前者包含了基本脂的重量。

(4)体脂百分比(%体脂)。体脂百分比(%体脂)是指脂肪重量占体重的百分比

$$体脂百分比(\%体脂)=脂肪重量/身体重量\times 100\%。$$

2.身体成分与健康

脂肪是机体储量最多的能源物质。脂肪除了氧化供能之外,还可提供机体所需的各种必需脂肪酸。必需脂肪酸还是磷脂的重要组成部分,它们具有抗脂肪肝作用,还能降血脂、防止动脉粥样硬化等。脂肪还可以协助脂溶性维生素A、D、E、K和胡萝卜素等的吸收。但是,体内脂肪含量过多,会造成机体超重或者肥胖,从而引起高血压、高血脂、冠心病、糖尿病和某些癌症的发病率增高,造成生活质量下降、预期寿命缩短。

（三）肌肉适能的生理学

骨骼肌是由具有收缩功能的肌细胞构成的人体最大的组织，人体的许多活动（如劳动、运动和日常生活中的各种身体活动）都是通过骨骼肌的收缩和舒张实现的。肌肉力量和肌肉耐力是实现人体运动的动力来源，也是肌肉适能的基本组成成分。

1. 肌肉适能的概念

肌肉适能是指机体依靠肌肉收缩克服和对抗阻力维持身体运动的能力，通常表现为肌肉力量、肌肉耐力和肌肉功率等方面。

（1）肌肉力量。肌肉力量又称最大肌肉力量或绝对肌肉力量，是指骨骼肌收缩时依靠肌紧张来克服和对抗阻力的能力，即肌肉收缩产生最大收缩力的能力，通常以对抗和克服最大阻力的重量、力矩或做功量多少表示。这是健康相关体适能的组成部分。运动生理学通常以等张、等长或者等速运动条件下肌肉收缩克服和对抗阻力与做功功率的大小表示。其中，动力性力量还可以根据收缩形式的不同，进一步划分为向心收缩力量、离心收缩力量、等速收缩力量和超等长肌肉力量等。向心和离心收缩力量分别是指肌肉在进行向心和离心收缩时表现出来的最大抗阻运动能力。等速肌肉力量是指肌肉在其控制的关节活动范围内以恒定的角速度进行最大收缩的能力。超等长肌力是指肌肉在拉长—收缩过程中表现出来的最大力量。

（2）肌肉耐力。肌肉耐力是指骨骼肌维持长时间运动的能力，即肌肉持续收缩对抗疲劳的能力，一般以静态运动负荷持续时间、定量运动负荷的次数、负荷持续时间或者输出功率变化来表示。肌肉耐力也是健康相关体适能的组成部分。

（3）肌肉功率。肌肉功率又称快速力量，是竞技相关体适能的组成部分，特指肌肉在短时间内快速发挥其收缩力量的能力，爆发力是肌肉功率的常见表现形式与评价指标。

（4）肌肉体积或者最大肌肉横断面积。这是影响和决定肌肉力量大小的一个重要生理学因素，它是由构成骨骼肌的肌纤维的数量和粗细来决定的。在一般条件下，骨骼肌的最大横断面积越大，肌肉力量也越大。力量训练可以提高肌肉力量，原因之一就是可以增大肌肉横断面积。

2. 影响肌肉功能（适能）的生理学因素

影响肌肉功能的因素很多，运动生理学通常根据其发挥作用的部位，将其分为肌源性和神经源因素两类。

(1) 肌源性因素。

① 肌肉质量。肌肉质量是指肌肉组织的数量,通常是以机体或者某块肌肉拥有肌肉组织的重量来表示。由于正常情况下直接检测肌肉质量比较困难,因此通常以肌肉横断面积的大小来表征肌肉质量。肌肉横断面积指横切某块肌肉所有肌纤维所获得的横断面面积,它是由肌纤维的数量和粗细来决定的。研究表明,肌肉横断面积与相应的最大肌力大小成正比。

② 肌纤维类型和代谢特点。骨骼肌纤维可依据其收缩特性不同分为快肌和慢肌两大类。快肌纤维较慢肌纤维有更大的肌肉收缩力和更强的无氧供能能力,但具有较差的肌肉耐力和有氧供能能力。因此,肌肉中快肌纤维百分比构成高的人,肌肉收缩力大,慢肌纤维百分比构成高的人,肌肉耐力较好。在一般情况下,人体四肢肌肉的快、慢肌纤维百分比构成大致相等,但受遗传和后天训练因素的影响,耐力性项目要求运动员有较高的慢肌纤维,而短跑和爆发力项目需要有较高的快肌纤维。力量训练通常主要引起快肌纤维面积百分比和肌肉力量的改变,而耐力训练主要引起慢肌纤维的选择性肥大和肌肉耐力的改善,快肌和慢肌纤维的适应具有明显的练习特异效应。

③ 激素作用。雄性激素睾酮是肌肉生长最直接的刺激因素,有男子的睾丸和肾上腺皮质分泌的,女子肾上腺皮质和卵巢也有少量分泌。睾酮可以通过促进肌肉蛋白质的合成,促进肌肉肥大,从而提高肌肉力量。由于睾酮在性别和不同年龄段的分泌数量不同,因此在一定程度上造成不同性别、不同年龄人群肌肉力量大小的不同。

生长激素是影响肌肉蛋白质合成的另外一个重要激素,短期注射生长激素可以引起人体肌细胞氨基酸摄取增加,蛋白质合成加快;长期使用可以使生长激素缺乏症患者肌肉质量和肌肉力量增加。

甲状激素是肌纤维类型强力的调节因子。血中甲状腺素超过正常值时,会造成快肌纤维百分比增加;相反,血中甲状腺素量减少时,慢肌纤维百分比增加。

肌肉生长抑制素又称生长分化因子8,对肌肉生长具有负调控作用,抑制它的表达会导致肌肉肥大。研究证明,血清肌肉生长抑制素随着年龄增长而增高,且与去脂体重成反比。

(2) 神经源性因素。

① 中枢激活。中枢神经系统动员肌纤维参加收缩的能力称为中枢激活,它

具有两个层面的意义。一是肌肉在进行最大用力收缩时,并不是所有的肌纤维都参与收缩,动员参与收缩的肌纤维数量越多,肌肉收缩力越大。研究发现,缺乏训练的人完成最大随意肌肉收缩时只能动员60%左右的肌纤维参与收缩,而训练水平较高的人完成最大随意肌肉收缩可以动员90%以上的肌纤维参与收缩。二是肌肉完成不同强度水平的收缩时,中枢神经系统会选择性地优先募集激活阈值水平不同的运动神经元参与收缩,即低强度水平的收缩优先募集低阈值的小 α 运动神经元,而高强度的收缩则可募集包括大、小 α 运动神经元等更多的运动神经元参与活动。

② 中枢神经系统对肌肉活动的协调和控制能力。人体运动是需要多个运动环节参与的多环节复杂运动,需要由包括主动肌、协同肌和拮抗肌等在内的许多肌肉共同活动来实现。中枢神经系统对肌肉活动的协调和控制:一方面,是指中枢神经系统对主动肌与拮抗肌、协同肌、固定肌之间的协调和调控,使得上述肌肉群在参加工作时能各司其职、协调一致,从而发挥更大的收缩力量;另外一方面,中枢神经系统对肌肉活动的协调和控制也包含中枢神经系统对单块肌肉内部运动单位活动同步化的控制。

③ 中枢神经系统的兴奋状态。中枢神经系统兴奋性提高,即情绪高度兴奋时会导致肾上腺素、乙酰胆碱等其他一些生理活性物质大量释放,这也是影响肌肉力量的重要因素。生理学家认为,这种现象可能是因为情绪在极度兴奋时,肾上腺素分泌大量增加,使肌肉的应激性大大提高,同时更重要的是中枢发出了强而集中的神经冲动,迅速动员"储备力量",从而使运动单位成倍地同步动员并投入工作,发挥超大力量。

3. 肌肉功能(适能)的年龄与性别差异

(1)年龄。

肌肉力量的发展有明显的增龄性变化规律。一般规律是:10岁以前,随着人体发育,无论男性或女性肌肉力量一直缓慢而平稳地增长,而且两者区别不大。女性从11~12岁和男性从13~15岁起,肌肉力量开始分化,男性增长速度加快而女性增长缓慢。青春期过后,肌肉力量仍在增长,但增长速率很低。女性在20岁左右达到最大肌肉力量,男性在20~30岁达到最大肌肉力量。40岁以后人体大部分肌肉的力量开始衰退。50岁以后,每10年肌肉力量下降12%~15%。一般认为,生长发育过程中肌肉力量的增长主要与中枢神经控制能力自然发展和肌肉横断面的增加等因素有关。

(2)性别。

正常成年男子肌肉重量占体重的40%～45%,而女子则约占35%。若以绝对值表示肌肉力量,通常成年女子上肢肌力比男子低约50%,下肢肌力低约30%。以体重和去脂体重相对值表示肌肉力量,男子的去脂体重和肌肉量要高于女子,体脂百分率低于女子。肌肉力量绝对值的性别差异主要由肌肉生理横断面积或者全身肌肉体积的性别差异等因素决定的。

4.肌肉适能与健康

肌肉适能与人体健康和生活质量的关系密不可分。拥有强有力的肌肉和良好的耐力能够提高人体运动系统的工作能力,以适应各种工作、生活以及休闲和娱乐的需要。经常进行发展肌肉适能的身体训练有助于优化身体各组成成分的比例,使身体构成更趋合理;能够增强肌肉,特别是维持身体姿势的肌肉力量和耐力水平,使身体形态更加完美;能够维持老年人的肌肉力量、平衡能力和骨密度,从而提高生活自理能力,以及减少摔跤与相关损伤的发生率。

(四)柔韧适能的生理学

1.柔韧适能的概念

在体育科学中,柔韧适能被定义为在不造成身体伤害的前提下,决定一个关节或一组关节最大活动范围的人体肌肉骨骼系统特征,又称柔韧性,即机体单个关节或者多关节活动范围。

2.柔韧适能的分类

根据其外部运动形式分为动力性柔韧适能和静力性柔韧适能。

(1)动力性柔韧适能。动力性柔韧适能指肌肉、肌腱、韧带根据动力性技术动作需要,拉伸到解剖学允许的最大限度能力。动态柔韧适能被解释为在整个关节活动范围内伸展时的阻抗变化,用反映材料弹性的材料力学变量硬度来度量,通常用负荷—形变曲线的斜率来表示。与静态柔韧适能相反,动态柔韧适能的测量与受试者对关节活动范围的限度的主观感觉无关,被认为是度量柔韧适能的客观方法。但是,动态柔韧适能从本质上是在关节活动范围限度内肌肉被动张力的增加,反映了肌肉的黏弹性特征。因此,动态柔韧适能测量时的肌肉放松情况非常重要。

(2)静力性柔韧适能。静力性柔韧适能是指肌肉、肌腱、韧带根据静力性技术动作的需要,拉伸到动作所需要的位置角度,控制其停留一定时间所表现出现的能力,即一个关节或一组关节的活动范围。对于大多数静态柔韧适能测试,动作的限度取决于受试者对伸展位置的耐受性。此外,静态柔韧适能的测量不仅受到环绕在测量关节周围的肌肉—肌腱单元的伸展性限制(如直腿上举测试是一种被膝旁肌群伸展性限制了动作范围的柔韧适能测试),而且也受到与测量关节相关的关节状态的限制(如直腿上举时,大腿后肌群的长度限制屈髋,如果屈膝时,髋关节就能进一步屈曲)。因此,静态柔韧适能的测量一定程度上与测量时所采用的动作有关。

目前,有关人体肌肉伸展练习对肌肉黏滞性和弹性的短期和长期效应的研究刚刚开始,动态柔韧适能的实际价值、动态柔韧适能与静态柔韧适能的关系仍不清楚,没有足够的证据能证明静态柔韧适能和动态柔韧适能是否是同一柔韧适能成分的两个明显不同的特性,两者之间的关系尚需更多的研究。

从完成柔韧性练习的表现上看,柔韧性又分为主动柔韧适能和被动柔韧适能。

(1)主动柔韧适能。主动柔韧适能是人主动运动中表现出来的柔韧素质水平。

(2)被动柔韧适能。被动柔韧适能是在一定外力协助下完成或在外力作用下表现出来的柔韧水平。

按照身体部位的不同,分为上肢柔韧性、下肢柔韧性、腰腰部柔韧性、肩部柔韧性等。

3. 柔韧适能的特征

柔韧适能具有关节独立性,不同关节间的柔韧适能是独立的肌肉关节特征。通常身体某一部分关节可以有极高的柔韧性,而其他部位的柔韧性却可能很差。这一原则同样适用于训练对柔韧适能的影响,拉伸某一特定肌群的练习对身体其他部位肌群的柔韧适能基本上没有影响。此外,在同一个关节柔韧性还具有解剖学平面特异性,在一个解剖平面内可以有好的柔韧性,在另一个平面内可能是固定的或僵硬的。

4. 柔韧适能的影响因素

柔韧适能受关节的解剖结构特点和韧带、肌肉与肌腱,甚至皮肤的伸张性及关节周围软组织的限制。其中,关节的解剖结构是由先天或遗传决定的,而韧带、肌肉和肌腱的伸张性是可变的。从生物学反应与适应角度,柔韧适能主要受肌肉、肌腱和韧带中结缔组织的特性,以及肌肉和肌腱内的反射活动的影响。

(1)解剖学因素。关节的解剖结构决定了所有关节的活动范围。由于关节结构的限制，关节的活动不能超过其活动范围的限度，否则将造成损伤。在关节的解剖学结构中，决定关节活动范围限制的主要因素是关节面的结构，它是影响柔韧适能诸因素中最不容易改变的因素，由遗传决定。目前已经有研究证明，训练可以使关节软骨增厚，从而在一定程度上改变关节的柔韧适能。

（2）生理因素。正常骨骼肌的伸展性由肌小节伸展性和肌肉内结缔组织伸展性决定。肌腱与韧带的伸展性取决于结缔组织的特性。在一般情况下，肌肉—肌腱单元增长或缩短其长度以适应关节活动范围的需要。通过适当的准备活动提高肌肉温度可降低肌肉内部黏滞性，从而使其柔韧性增加20%。随着年龄增长、受到损伤而出现的结缔组织弹性和可塑性变化，将限制关节活动范围。肌肉体积可在一定程度上限制关节活动，过多的脂肪通过增加运动时阻力和导致相邻身体结构表面间过早地接触降低关节活动范围。

影响肌肉伸展性的另一个重要生理因素是肌肉—肌腱单元的反射活动，肌肉内部长度感受器肌梭和肌腱内部张力感受器高尔基腱器可以反射性地起动或阻止肌肉的收缩。当肌肉拉伸时，关节对侧的肌群会阻止其拉长。

（3）年龄性别。静态柔韧适能与年龄相关。学龄前儿童由于骨钙含量的影响和关节的发展，柔韧适能相当好。随着年龄变化，12岁前柔韧适能保持不变或逐渐降低，之后开始增加，并在15～18岁达到峰值。在成年期，静态柔韧适能随着年龄增加而降低。但是，这种静态柔韧适能随年龄降低的程度相对于柔韧适能的个体差异以及通过伸展练习改善的潜力而言，是相当小的。柔韧适能降低最初主要是由于运动的变化和关节炎症，而不是年龄的特殊作用。

柔韧性也与性别相关，女性高于男性。女性与男性之间的柔韧适能差异可能更多地与两性在人体测量学上的差异有关，其次是日常活动类型及活动范围的差异，而不是性别的特殊作用。

（4）活动的影响。日常运动状况对柔韧适能有一定的影响。活动多的个体柔韧适能更好，久坐少动的生活方式会导致肌肉和韧带缩短而限制关节活动范围。不良姿势、长时间保持坐姿或站姿，或肢体固定也使个体的柔韧适能降低。

有规律的拉伸活动可使肌腱和韧带持久地被延长。随着肌肉伸展性增加，在准备活动和拉伸过程中，肌肉组织出现暂时性长度延长。即使是老年人，通过在整个关节活动范围内拉伸肌肉，也可提高柔韧适能。但是，不当的拉伸练习会降低关节的活动范围。目前认为，最有效的拉伸是在每次进行一般性准备活动时，进行8～12分钟拉伸，在整理活动时，再进行4～5分钟拉伸。

负重训练会影响关节的活动范围,效果与训练技术有关。已经有研究发现,年龄超过62岁的女性进行10周综合性阻抗训练,其间不进行任何柔韧性练习,结果柔韧性增加了13%。在整个关节活动范围内完成负重练习能提高关节活动范围,而在有限的关节活动范围内,进行大量的阻抗练习可能限制关节活动范围。过多地练习一个肌群、忽视拮抗肌群间的练习而导致的不平衡,也将限制柔韧性。此外,通过改变负重训练程序而减少肌肉体积增加,也可对关节活动范围产生影响。

主动和被动牵拉能够增强韧带和关节的伸展性,从而改善关节柔韧适能。

5. 柔韧适能与健康

柔韧适能和改善柔韧适能各种练习方法与人体健康的关系近年来越来越受到人们的关注。增强柔韧适能的作用如下。

(1) 能够缓解腰背和臀部肌肉的痉挛,减少腰背疼痛和不适。

(2) 能够放松长时间处于静止收缩的肌肉,减缓肌肉疲劳的发生和发展。

(3) 能够有效改善运动员全身关节的柔初性,提高比赛的成绩。

(4) 能够保持和改善汽车驾驶员脊柱活动的灵活性,使驾驶更加安全。

(5) 有助于缓解某些类型的女性月经疼痛。

第三节　健康体适能的训练

对于大多数人来说,为了提高和保持健康体适能,从事持续时间较长的中等或稍高强度的运动训练较为适宜。适宜的运动训练是发展和保持健康体适能的重要手段和方法。

一、心血管适能的训练

心血管系统具有良好的适应能力,运动时,在神经、激素和肌肉活动本身的影响下,心血管系统的功能活动加强,以适应运动的需要。

(一) 心血管适能的训练原则

1. 循序渐进原则

循序渐进原则是指开始训练时,训练者应根据自己健康和体适能状态从事适宜的运动,然后逐渐增加运动时间和强度,以达到促进心血管功能的作用。避免运动量过大造成损害和损伤。

2. 超负荷原则

超负荷是指当人体内的某一组织或器官对某一负荷刺激基本适应后,必须适时、适量地增大负荷使之超过原有已适应的负荷,这一组织或器官的功能才能继续增长。

3. 个性化原则

个性化原则指在训练中应充分认识到,每位训练和锻炼者都是一个独特的个体。因此,在制订训练计划时,必须严格按照每位训练者所具有的身体能力、潜质、学习特征和从事的专项等各方面的特点,设计出个性化方案,以获得最佳的效果。

(二)心血管适能训练的手段和方法

心血管适能训练的主要方式是有氧运动。某些球类活动和我国传统的体育运动也有提高心血管适能的作用。近年来,小负荷的力量练习也逐渐被应用到提高心血管适能的训练中来。

1. 有氧运动

有氧运动是指以有氧代谢为主的、有节律的、全身主要肌群参与的、经常进行的耐力运动。它以增加人体吸入、运输和利用氧气的能力为锻炼目的。

有氧运动具有以下特性:① 长时间的运动,有氧运动应该能够持续 20~60 分钟;② 全身性的大肌肉活动,有氧运动应该使用近乎全身(不得少于 1/6)的大肌肉;③ 稳定性,有氧运动应该维持在某一个特定强度;④ 节奏性,有律动的肢体活动。

在有氧运动过程中,机体摄入的氧气量与所消耗的氧气量基本相等,故处于"有氧"的状态。这样的运动能有效地改善心肺与血管的机能,提高肌肉利用氧的能力,对人的健康起到良好的促进作用。这一类运动主要包括走步、跑步、骑自行车、蹬楼梯、游泳等。多种活动形式的存在使训练者在技能和兴趣等方面增加了选择性。

(1) 走步。走步的运动强度较小,容易调节。走步时腿和手臂持续地运动能促使血管弹性增加,特别是腿的持续运动,可促使更多的血液回到心脏,改善血液循环,提高心脏的工作效率。因此,很多人采用走步进行训练以达到增进健康和提高心血管适能的目的。走步训练时要求身体放松,呼吸自然,抬头、挺胸、收腹,重心落在脚掌,两臂自然摆动。走步训练可采用散步、快步走、大步走、踏步走和倒步走的方式。

散步是一种步法轻松、步幅小（50～60 cm）、步速慢（25～30 m/min）、运动量较小的走步方法。这种方法适合老年人、身体虚弱者、慢性病患者。

快步走是一种步幅适中、步速较快、运动量稍大的走步，适合于体质较好的老年人、中年人、少年及儿童。快步走的步频一般要大于每分钟140步。可以采用每分钟186步与70 cm步幅的组合，以达到130 m/min的速度。快步走的运动强度足以使人达到提高心血管适能及中年脑力工作者减重和减肥的目的。

大步走是摆臂配合步伐加大幅度。有人建议采用130 m/min的速度，步数每分钟108步，步幅尽量大一些。

踏步走是原地走步或稍向前移动的特殊走法。

倒步走即反向行进，倒退着走步。研究表明，倒步走比正步走的氧气消耗量高30%，心跳快15%。出现这种生理现象的原因是增加了走步动作的难度，如脚着地的方式、维持平衡等，可使人消耗更多的氧气和热量。

（2）跑步。跑步时人体对氧的需求量很高，肺通气量比安静时增加10～15倍或以上。平时不开放的肺泡得到利用，这样就锻炼了肺通气功能。跑步时心血管系统的活动亦有所加强，促进全身的血液循环，及时供给组织细胞的能量和氧气，及时代谢废物（如CO_2）。因此，通过健身跑运动可有效地提高心血管适能。

走跑交替适合于体弱者、老年人和缺乏锻炼的人。匀速跑适合有锻炼基础者或体质较好者。变速跑是在跑的过程中快跑一段距离后，再慢跑一段距离，快跑和慢跑交替进行，这是适合体质较好的长跑爱好者的锻炼方法。也可以采用原地跑进行。

（3）骑自行车。骑自行车与走步、跑步一样，具有锻炼内脏器官的耐力和提高心肺功能的作用。

匀速骑车。骑车频率控制在每分钟75～100次，一般连续运动30分钟左右，其间注意加深呼吸，以便有效地提高心肺机能。

快慢交替骑车。先慢骑几分钟，再快骑几分钟，然后再慢，再快，如此交替循环锻炼，可以有效地锻炼人的心肺机能。

（4）登楼梯。登楼梯是一种比较激烈的有氧运动形式，受训者应具备较好的健康状态，并具有一定的训练基础。

自由登。以适中强度进行登楼梯，以不感到紧张吃力为度。正常人上一层楼间梯的热量消耗约为0.18 kcal，下一层楼梯的热量消耗约为0.068 kcal。注意保护膝关节。

跑楼梯。如果健康状况良好,或有较好的锻炼基础,体力达到能连续进行6～7分钟登楼梯时,可进行跑楼梯锻炼,或走跑交替进行。

(5) 游泳。游泳时,人体几乎所有的肌肉群和呼吸循环器官都参与了运动,使身体得到全面锻炼。经过长期游泳锻炼,呼吸肌会逐渐强壮起来,呼吸功能将大大提高。

2. 球类活动

一些球类活动,如其强度和持续时间得当,则也有发展有氧工作能力的作用。常用于心血管适能训练的球类项目有非竞赛性的篮球、排球、足球、羽毛球、乒乓球、网球,以及适于老年健身用的地掷球、门球等。球类活动趣味性和娱乐性较强,但运动强度变化较大,受个人身体素质、运动技巧及活动时同伴的表现等因素的影响。作为提高心血管适能的手段,球类活动一般适合于身体素质较好、有一定运动水平的人群。

3. 民族传统体育运动

适宜的保健气功、太极拳、太极剑、舞蹈、扭秧歌等活动都有提高心血管适能的作用。由于活动的强度较小,因此更适合于老年人进行健身锻炼。

理想的训练应由多种运动形式构成,这样既尽可能多地动员了体内的肌群参与工作使其得到锻炼,又减少了单一重复运动对局部造成的过分紧张。

(三) 发展心血管适能的运动负荷

一次运动训练的全部热能消耗是由运动强度和持续时间决定的。随训练目的的不同,运动的强度和持续时间也会有所变化。以增进健康为目的时,其训练可采用低强度长时间的运动方式;然而为了提高心血管适能,其训练则应采用高强度较长时间的运动方式,而且训练者应为健康状况良好、训练动机水平较高的人。对于大多数人来说,从事中等或稍高运动强度持续时间较长(长于20分钟)的运动是较为适宜的。

1. 运动强度

提高或保持心血管适能的运动强度因人而异。对于大多数人来说,60%～80%的心率储备(HRR)或77%～90%的最大心率(HRmax)可被视为提高心血管适能的有效强度。此时再配以适宜的运动持续时间和练习频率,则有望达到训练的最终目的。

(1) 用摄氧量标定运动强度。运动强度的范围,可根据VO_2max的百分数制定。一个人的 VO_2max 为 40 ml/(kg·min)，锻炼的运动强度相对于 VO_2max 的 60% 和 80%，此人运动强度的下限应为 24 ml/(kg·min)，上限应为 32 ml/(kg·min)。

（2）用心率标定运动强度。在设定运动强度时，心率是一个重要的指标。HRmax 随年龄增长有所下降，可以直接测得，也可间接推算，即：HRmax=220-年龄。运动强度可用最大心率百分数标定靶心率范围，运动强度为：HRmax 的 70%～85%。这一强度范围相当于 VO_2max 的 50%～70%，这对临床病人和健康人提高或保持都提供了所需要的生理刺激。

2. 运动持续时间

运动持续时间与运动强度互相结合构成了运动负荷。提高心血管适能的运动通常每次需要持续 20～60 分钟；或每次 10 分钟，日累积时间到达 20～60 分钟。以低强度训练，其运动时间应长于 30 分钟；较高强度进行训练时，其运动时间可为 20 分钟。对于大多数人来说，以 60%～80% 心率储备或以 77%～90% 最大心率的强度，不包括准备活动和整理活动，每次训练 20～30 分钟可达到提高心血管适能的目的。

有研究报道，短时间（12 分钟）高强度运动或间歇训练（6～7 次大于 170% VO_2max 的 20 秒的运动）也有提高 VO_2max 的效果。虽然短时间高强度的训练能提高人的心血管适能，但这种运动方式对健康促进的科学依据还少见报道。

在心血管适能的训练中，运动强度和持续时间应逐渐增加。开始训练时，30 min 的持续时间可分为数次来完成，如每次 4～10 分钟；心血管适能水平较低者每次 2～5 分钟，中间有一定时间的休息。之后，持续时间逐渐延长，直至达到训练目标。

3. 训练频率

训练的强度为 60%～80% 心率储备或 77%～90% 最大心率时，每周训练 3 天可有效地提高或保持 VO_2max，而以较低强度训练时，其训练频率每周应超过 3 天，以便能够达到减重和促进健康之目的所需的热能消耗。不应提倡每周进行 7 天的剧烈运动，但是每天进行 30 分钟（或更长些时间）的中、小强度的运动对增进健康则是有益的。

二、肌肉适能的训练

肌肉适能是人体运动的重要素质，是速度、耐力和柔韧等素质的基础。肌肉适能可以通过训练得到改善和提高。

（一）肌肉适能训练的原则

1. 超负荷原则

超负荷是指力量训练的负荷应不断超过平时采用的负荷，其中包括负荷强度、负荷量和力量训练的频率。超负荷力量训练能够不断对肌肉产生较大的刺激，从而使其产生相应的生理学适应，导致肌肉力量增加。研究指出，力量训练的超负荷是一个持续的过程。

2. 渐增阻力原则

在肌肉力量和耐力训练过程中，由于超负荷而使肌肉力量增强。但在最初的训练负荷达到某个阶段时，随着肌肉适能的改善，原来的超负荷变成了低负荷，应根据练习者肌肉适能的变化及时调整练习负荷。增加练习负荷必须遵守循序渐进的原则，因为肌肉对于运动负荷的适应是一个缓慢的过程。

3. 专门化原则

发展肌肉力量的抗阻练习，应包括直接用来完成某一技术动作的全部肌群，并尽可能使肌肉活动与技术动作的要求相一致。

4. 合理练习顺序原则

力量训练是由多种力量练习组成的，而练习的顺序可以直接影响训练的效果。在一般情况下，大肌群训练在先，小肌群训练在后，原因是小肌群在力量训练中较大肌群容易疲劳，会影响其他肌群和身体整体的工作能力。

（二）肌肉适能的训练方法

1. 等长训练法

肌肉收缩而长度不变的对抗阻力的训练方法叫作等长训练法，又称静力训练法。应用这种肌力训练方法时，可以使肌肉在原来静止长度上做紧张用力，也可以在缩短一定程度上时做紧张用力。等长训练法的优点是肌肉能够承受的运动负荷重量较大，因此是发展最大肌肉力量的常用方法。

此外，等长练习时神经细胞长时间保持兴奋，有助于提高神经细胞的工作能力。等长练习时肌肉对血管的压力增大，影响肌肉的血液和氧气供应，从而对肌肉无氧代谢能力的提高、肌红蛋白含量的增加和肌肉毛细血管的增生等均有良好的影响。但是，等长练习时肌肉缺乏收缩和放松的协调、练习也相对枯燥无味。研究表明，等长力量训练的效果具有明显的"关节角度效应"，即等长力量训练的效果仅局限于受训练的关节角度。因此，等长力量训练根据运动员所从事的运动项目的特点,确定合理的关节训练角度,如此才能确保训练的效果。

2. 向心等张训练法

肌肉进行收缩缩短和放松交替进行的力量练习方法叫作向心等张训练法,常称为动力训练法,负重蹲起、负重提踵、卧推、挺举等均属于此类。向心等张训练法的优点是肌肉运动形式与多数竞技运动项目的运动特点相一致。因此,力量训练能够有效改善运动成绩;此外,在增长力量的同时还可以提高神经肌肉的协调性。向心等张训练法的训练效果主要取决于训练负荷强度、重复次数和动作速度等因素。在一般情况下,如果训练的目的是发展力量耐力,应采用低强度、高重复次数的训练,如 15～20 RM 的负荷强度,每次练习 2～3 组;如果训练的目的是发展最大肌力,应采用高强度、低重复次数的训练,如 1～6 RM 的强度,每次练习 2～3 组。

3. 离心训练法

肌肉收缩产生张力的同时被拉长的训练方法叫作离心训练法,它也属于动态训练方法,肌肉在负重条件下被拉长的动作均属于此类。研究发现,肌肉在进行离心收缩时所产生的最大离心张力比最大向心张力大 30% 左右,因此该训练方法能够对肌肉造成更大的刺激,从而更有利于发展肌肉横断面积和肌肉力量。离心力量训练法的不足之处是训练后引起肌肉疼痛的程度较其他方法明显,原因可能是离心收缩容易引起肌肉结缔组织损伤所致。

4. 等速训练法

等速训练又叫等动训练,它是一种利用专门的等速训练器进行的肌肉力量和耐力训练方法。进行等速力量和耐力训练时,等速力量训练器所产生的阻力是和用力的大小相适应的,只要练习者尽最大的力量运动,肢体的运动速度在整个运动范围内都是恒定的,而在此活动范围内的各个角度上,只要练习者尽全力运动,产生的肌肉张力也是最大的。因此,等速力量和耐力训练法事实上是一种可以使肌肉在整个活动过程中呈"满负荷"工作的力量训练方法。目前研究认为,等速力量和耐力训练法是发展动态肌肉力量最好的训练方法之一。

5. 超等长训练法

肌肉在离心收缩之后紧接着进行向心收缩的力量训练方法称为超等长训练法。运动训练中常用的多级跳和"跳深"等练习都属于此类方法。目前,超等长训练法主要用于爆发力的训练,其生理学依据是肌肉在离心收缩后紧接着进行向心收缩时,可借助肌肉牵张反射机制和肌肉弹性回缩产生更大的力量。

6. 震动训练法

震动训练法是一种近年来发展和建立起来的,通过给人体施加一定频率(25~60 Hz)和强度的机械震动来保持和提高肌肉力量和耐力的训练方法。国内外研究表明,这种肌肉力量训练方法能够有效地改善一般人和瘫痪病人乃至优秀运动员的肌肉力量和肌肉耐力。因此,受到运动训练和康复医学等相关领域的关注。

震动训练法通常是与一般的肌肉训练同步进行的,即作为一种附加训练手段来发挥作用的。研究表明,在进行一般的肌肉力量练习过程中,有60%~90%的运动单位直接参与活动,此时给参与活动的肌肉施加震动可以刺激肌肉本体感受传入,反射性地激活潜在更多的运动单位参与活动,从而提高肌肉抗阻运动的能力。目前,震动训练法的研究尚处于初期阶段,震动对于提高肌肉力量和改善肌肉耐力的生理学效应及其作用机制尚在进一步的探讨当中。

三、运动减肥的训练方法

肥胖的预防和治疗需要采取饮食控制、适量运动、纠正不良生活方式和必要时药物治疗的综合措施。由于人不可能终身依赖药物来管理或控制体重,所以适量运动结合饮食控制是公认的最佳治疗方案。

(一) 运动减肥的训练方法

以减肥为目的的体力活动应当包括以下五个方面。

1. 运动类型

有氧运动,即有节奏的低阻力动力型运动,如步行、慢跑、骑自行车、跳绳、跳舞、游泳、爬山、各种球类活动等。这种大肌肉群参与的动力型节律性运动是目前普遍认为有效的减肥运动。在选择具体运动项目时应根据个人兴趣和健康状况而区别对待。其原则为:根据个人的身体健康情况,选择个人喜欢、有兴趣的项目,而且最好是能够终身都可以坚持下去的运动项目。

2. 运动强度

减肥训练通常采用中低强度,50%~70%VO_2max,3~6METs;相当于最大心率的60%~70%;自觉疲劳程度为有一点累或稍累。美国疾病病预防控制中心(CDC)与美国运动医学学会(ACSM)联合推荐的减肥运动方案:3~6METs,30分钟/次,7次/周,减肥效果较好。目前的研究也支持减肥训练采用中低强度结合高强度训练的运动方案。

3. 运动时间和频率

运动时间为：30～60分钟/天。一天的运动时间可以累加，但每次的运动时间应在15～20分钟或以上，才能达到减少身体脂肪的目的。运动频率为3～5次/周，最好1次/天。运动效益必须累计达到一定量才能发挥减肥作用。

4. 适量的力量训练和伸展运动

力量训练2～3次/周，10～15分钟/次，可根据肥胖者的身体状况安排，每天进行10～15分钟/次的拉伸运动，以增加肌肉重量和机体柔韧性，培养不易肥胖的体质。

5. 腹部运动

在全身有氧运动的基础上，针对腹部肥胖，增加锻炼腹肌的运动，如仰卧起坐、仰身触足、仰卧抬腿、仰身侧触膝、腹部按摩等，1～2次/天，2～3组/次，15次/组。

对于减肥的体力活动，无论选择什么样的运动项目，采取中低强度结合肌力进行运动是关键，因为减肥不仅仅是减体重，更重要的是减体脂；而只有长时间、中低强度的运动，才能最大限度地消耗脂肪。肌力训练可以增加肌肉，提高肌肉的能量消耗。减肥是一个长期过程，需要有目的、有计划地进行。对于一个体力活动水平很低的肥胖者，选择体力活动时应先易后难；先小运动负荷，后大运动负荷；先耐力，后力量；循序渐进，持之以恒。遵守自己的步调，一开始不要做剧烈的运动，立足于个人的能力和目前的活动水平，应考虑可行性和方便的方式，尽量满足个人要求；避免过量运动，预防损伤，减体重速度不宜过快。运动结合饮食限制效果最好，水分的补充要充足。

对于没有时间参加运动的肥胖者，建议增加日常体力活动，尽可能想办法每天都活动，如以骑自行车或步行代替乘车，以站立代替静坐，以爬楼梯代替乘电梯，饭后步行，少看电视等；建立活动的习惯，改变对运动的看法，强化终身运动的观念。

（二）运动减肥的注意事项

由于肥胖者易出现其他并发症，因此进行减肥时应注意以下三点。

（1）运动前应先进行身体检查，尤其是对心血管系统的检查。根据个人的运动、呼吸、循环系统功能状况及其体质情况，选择适宜的运动项目及运动负荷。

（2）注意积极处理并发症，如关节炎、腰痛、哮喘、高血压、糖尿病、心脏病、阻塞性睡眠暂停综合征等。

（3）出现下列症状应停止运动：心跳不正常（心跳不规则、心悸、快脉搏突然变慢）；胸部、上臂或咽喉部突然疼痛或沉重；特别眩晕或轻度头痛、意识紊乱、出冷汗、晕厥；严重气短；身体任何一部分突然疼痛或麻木；上腹部疼痛或"烧心"；一时失明或失语。

总之，肥胖是一常见的慢性疾病。目前，全世界的肥胖患病率成倍增加。由于肥胖造成的各种疾病及死亡率也成倍地增加，严重影响了人类的健康生活质量及寿命，同时增加了国家和个人的医疗开支和生活费用。因此，加强对肥胖的预防及相关知识的传授，对全民保持正常体重、降低肥胖和超重所引发的相关疾病的发生具有重大意义。

四、柔韧适能的训练

（一）柔韧适能训练概述

1. 伸展练习的作用

柔韧适能训练主要通过伸展运动进行。肌肉—肌腱的伸展性是最易通过训练而改变的柔韧适能相关结构成分，伸展练习主要用来改变肌肉—肌腱的伸展性，伸展练习时，肌肉—肌腱作为一个整体被拉长。这种改变有两种类型：一种是弹性改变，容易恢复；另外一种是黏滞性改变，相对持久。研究表明，大力量、短时间伸展可以改变弹性，而小力量、长持续时间的伸展可以改变黏滞性。温度的升高可导致肌肉伸展性发生变化，其中包括弹性和黏滞性变化，而一旦温度回落，这种伸展性改变将消失。另外，在被动伸展与本体感受性肌肉促进术（PNF）中牵拉负荷过大导致的剧烈伸展可能损伤肌肉或使肌肉功能变弱。

2. 伸展练习的对象

柔韧适能应与所从事的活动相适应。大多数形式的身体活动只需要正常水平的静态柔韧适能即可，过高或过低的柔韧适能将导致损伤危险性增加。个体是否要进行柔韧适能训练以及练习类型主要取决于个体的柔韧适能水平和活动类型以及练习目的。安排柔韧适能练习应该建立在对个体柔韧适能正确评价的基础之上。

作为体适能训练的一部分，任何年龄或体适能水平的人都应该进行有规律的柔韧适能训练，从而在自己的一生中保持良好的柔韧性，预防关节僵硬。作为运动员训练的一部分，一些项目的运动员需要特别高的柔韧适能，如体操、跳水、跨栏,应该安排专门的柔韧适能训练。如果作为软组织损伤后的康复训练,则应在疼痛和肿胀开始消退时尽早地进行柔韧适能训练,以加速恢复过程,避免柔韧性降低。

3. 伸展练习与准备活动

作为准备活动的一部分,对应该安排什么样的柔韧适能训练以及柔韧适能训练的效果如何还存在许多争议。研究发现,将静态伸展运动作为准备活动的一部分可能对运动能力有害。对于柔韧适能水平高的个体,运动前可能不需要进行柔韧性练习,建议只对那些对静态柔韧适能水平有高要求的运动项目(如舞蹈、体操、跳水),在一般准备活动中安排一些静态伸展练习。另外,柔韧适能差的个体,运动前应该进行10~15分钟的柔韧性练习。

研究发现,在准备活动中安排动态伸展练习有助于提高运动能力,而且这种练习具有动作专门性和速度专门性的特点。但是,运动前,尤其是比赛前,伸展运动的作用、形式尚须进行更多的研究。

(二) 伸展练习的方法与技术

伸展练习方法与技术可以概括为动态伸展、静态伸展、被动伸展、PNF与振摆伸展。选择哪一种方法进行伸展练习,主要取决于练习目的和安全要求。对于体育运动与正常人的体适能训练而言,应用最多的方法与技术主要是动态伸展与静态伸展。

1. 动态伸展

动态伸展是指在关节活动范围内进行与运动或活动项目相关的专门性伸展动作练习。研究表明,在准备活动后,正式运动前进行相关动作的动态伸展有助于提高运动能力。动态伸展应该包括低节奏动用关节活动范围的伸展练习与高节奏动用关节活动范围的伸展练习。在实际的动态伸展练习中,动态伸展技术要求在接近整个关节活动范围的幅度内分为三个阶段进行肢体的伸展活动:开始时以慢而安全的速度进行,然后以中速进行,最后以实际运动中所能达到的高节奏进行。

动态伸展与振摆伸展的不同之处在于,动态伸展中活动幅度不会达到关节活动范围的极限,产生伤害的可能性较低。

2. 静态伸展

静态伸展是指使肌肉在最大伸展位置上维持一定伸展时间的练习。研究发现,在准备活动中安排静态伸展练习可能削弱肌肉工作能力,从而降低运动能力。静态伸展的另一个主要的缺点是缺乏专门性，不能模拟运动中用到的动作。由于大多数运动是动态的，因此要将动态和静态伸展结合起来进行，而不只是单独使用静态伸展。一些专家建议，在准备活动后应该紧接着安排动态伸展内容，在整理活动阶段安排静态伸展内容。

与动态伸展相似，静态伸展也分为三个伸展阶段：轻柔伸展、感受伸展与最终伸展。在轻柔伸展阶段，通过缓慢的动作进入伸展，伸展时只施加稳定而轻柔的力量。在感受伸展阶段，增加牵拉强度从而进入可感觉到肌肉被拉长的状态。在最终伸展阶段，进一步增加牵拉强度直到开始出现不舒服的感觉，并保持10～30秒。实际练习时，每完成一个伸展动作至少需要30秒的时间。练习时，由起始位置开始，在没有振摆运动的情况下通过缓慢增加拉伸强度，而由轻柔伸展进入感受伸展阶段通常需要10～15秒的时间。在最终伸展阶段至少要持续10秒，这时如果有疼痛的感觉，不应该马上放弃伸展，而应该将拉伸状态调回到感受伸展阶段。

在最终伸展位置上保持多长时间最有效，目前还没有一个完全确定的标准。如果是维持柔韧性，至少要持续10秒；如果要提高柔韧性，至少要持续30秒。研究发现，30秒的静态伸展是最有效的。

3. 被动伸展

被动伸展是在外力（人或器械）帮助下在关节活动范围内进行安全的缓慢伸展。被动伸展时要求被伸展肌群尽量放松。被动伸展通常应用在损伤的康复阶段。

4. 本体感受性神经肌肉促进术

本体感受性神经肌肉促进术（PNF）是一种在被动伸展基础上发展起来的伸展技术。它不但应用了静态伸展中收缩肌因保护性抑制而放松的原理，而且还利用了拮抗肌的交互抑制来放松肌肉。在PNF中，首先是目标肌被动伸展至最大伸展位置，然后目标肌进行等长收缩以产生保护性抑制，从而进一步放松肌肉，或目标肌肉的拮抗肌进行向心收缩以产生交互抑制，从而进一步放松目标肌肉。所以，PNF包括三种类型，即等长PNF、向心PNF和等长—向心PNF。

5. 振摆伸展

振摆伸展是通过反弹力量摆动肢体达到关节活动范围的极限或不适位置的练习。振摆伸展因肌肉伸展幅度太大和伸展速度太快而易引起软组织损伤，而且也可能导致延迟性肌肉疼痛，它被认为是一种较危险的伸展活动。

(三) 设计伸展练习计划应注意的一些问题

1. 练习时机

伸展活动应该成为准备活动和整理活动的一部分。准备活动应该以动态伸展结束,整理活动应该以静态伸展结束。在损伤后的恢复过程中应尽早进行伸展练习。

2. 练习方法

对大多数人而言,动态伸展与静态伸展是最好的选择。被动伸展和PNF通常应用于特殊人群。

可以在伸展练习中将多种方法结合起来进行,如将动态伸展和静态伸展结合起来进行,静态伸展应该紧接在动态伸展之后。

3. 准备活动

伸展练习前应该进行充分的准备活动,通过大肌肉群活动提高体温后再进行伸展练习。在整理活动中进行伸展练习前也应该通过大肌群的活动提高体温。

4. 练习强度

伸展练习的强度应该缓慢增加,没有疼痛或软组织不适。静态伸展时应慢慢地拉伸,并控制在30%~40%最大用力范围内。动态伸展应该由低速、中速逐步过渡到高速。

5. 练习时间

每次伸展练习需要练习多长时间与练习目的、练习方法、重复次数和每次重复的时间有关,如果主要目的是为剧烈的运动做好身体准备,保持主要关节已有的柔韧性,通常安排10~15分钟;而整理活动中的伸展活动只需4~5分钟。如果要提高关节的柔韧性,每次伸展练习的时间可能需要15~30分钟。

每个伸展练习动作的持续时间也与练习目的和练习方法相关。对于准备活动与整理活动以及保持柔韧适能,在静态伸展的最终伸展阶段只需坚持10秒,而为了改善柔韧适能,在最终伸展阶段至少要坚持30秒。最初可从15秒开始,然后逐步过渡到30秒。动态伸展的每个练习动作至少应该进行3组:低速、中速、高速。

6. 伸展频率

伸展练习的频率也与练习目的有关。为保持柔韧适能,每周要进行3~5次伸展练习。要提高柔韧适能,每周要进行5~7次伸展练习。对于一些对柔韧适能有特殊要求的项目,动员每周要进行6~7天,每天要进行2~3次伸展练习。

第七章

运动与健康饮食

健康饮食是维持机体生命活动和健康的物质基础,人体不断从外界摄取食物,经过消化、吸收、代谢和利用食物中身体需要的物质(养分或养料)来维持生命活动的全过程即为营养,它是一种全面的生理过程。

第一节　健康饮食的营养学基础

人类为维持生命必须从外界摄取食物,食物中可给人体提供能量、构成机体和组织修复以及具有生理调节功能的化学成分称为营养素。营养素是维持人类生命活动和健康的最根本的物质,其摄入的不均衡不但会影响人体的健康水平,而且会影响人体的活动能力。人体需要的营养素归纳起来分三大类:由蛋白质、脂类、碳水化合物组成的宏量营养素;由矿物质和维生素组成的微量营养素;以及由水、纤维素等组成的其他营养素。

一、宏量营养素

宏量营养素包括蛋白质、脂类、碳水化合物。

(一) 蛋白质

蛋白质是一类重要的生物大分子,主要由碳、氢、氧、氮等元素构成,有些蛋白质还含有硫、磷、铁等其他元素,这些元素按一定结构组成氨基酸。肝脏是合成蛋白质的重要场所,组成蛋白质的氨基酸有20种,这些氨基酸以不同数目和不同顺序连接构成种类繁多、千差万别的蛋白质,发挥它们各自不同的生理功能。

1. 蛋白质的营养功能

(1) 构成身体成分

蛋白质是细胞的主要组成成分之一,广泛存在于肌肉、神经、血液、骨骼和毛发中。

(2) 调节生理功能

蛋白质调节生理功能的作用主要体现在三个方面:① 保持机体的渗透压和血液的酸碱平衡。② 促进体内各种生理生化反应的进行。例如,酶和激素都是调控机体代谢的重要物质。③ 具有保护和防御功能。蛋白质的营养状况对机体抗病能力具有重要作用。

(3) 提供能量

每克蛋白质在体内氧化可产生 16.7 kJ（4.0 kcal）能量。当机体摄入的碳水化合物和脂肪的数量不足以满足机体的需求时，机体会分解蛋白质获得能量。在长时间大强度运动时，蛋白质参与供能的比例会随之增加。补充支链氨基酸有助于提高机体的运动能力。

2. 氨基酸

氨基酸是指含有氨基和羟基的有机酸，它是组成蛋白质的基本单位。组成蛋白质的氨基酸有20种。在人体内可以合成，能满足人体需要氨基酸称为非必需氨基酸；人体不能合成或合成速度不能满足机体需要，必须由食物供给的氨基酸称为必需氨基酸，必需氨基酸为异亮氨酸、亮氨酸、赖氨酸、蛋氨酸、苯丙氨酸、苏氨酸、色氨酸、缬氨酸，组氨酸也是婴儿的必需氨基酸（表7-1）。

表7-1　必需氨基酸与非必需氨基酸

必需氨基酸	非必需氨基酸
赖氨酸、缬氨酸、色氨酸、亮氨酸、异亮氨酸、蛋氨酸、苯丙氨酸、苏氨酸	丙氨酸、甘氨酸、天冬氨酸、脯氨酸、天冬酰胺、丝氨酸、谷氨酸、半胱氨酸、谷氨酰胺、胱氨酸、精氨酸、组氨酸

3. 蛋白质的分类

根据营养价值，可将蛋白质分为三类：完全蛋白质、半完全蛋白质和不完全蛋白质。

完全蛋白质是指蛋白质中所含的必需氨基酸种类齐全、数量充足、比例恰当，它们在人体中的利用率高。完全蛋白质也称为优质蛋白质。

半完全蛋白是指蛋白质中所含的必需氨基酸虽然种类齐全，但其中某一种或几种必需氨基酸的含量相对较低。此种蛋白质的利用率较低，称为半完全蛋白质。几种食物混食，由于必需氨基酸的种类和数量互相补充，而能更接近人体需要量的比值，使生物价值得到相应的提高，这种现象称为蛋白质的互补作用。如小麦、小米、牛肉、大豆各个单独食用时，其蛋白质生物价值分别为67、57、69、64，而混食的生物价值可高达89。

不完全蛋白质是指蛋白质中所含必需氨基酸的种类不全,不能促进人体生长发育,也不能维持生命的蛋白质。

4. 蛋白质的推荐摄入量及食物来源

2013年中国营养学会公布了中国居民膳食营养素参考摄入量(Chinese DRIs),其中包括推荐营养素摄入量(RNI)。中国居民膳食蛋白质的推荐摄入量(RNI),如表7-2所示。

蛋白质主要来源:畜、禽、鱼肉含蛋白质15%～20%,奶类含1.3%～3.0%,蛋类含11%～14%,干豆类含20%～35%,硬果类(如花生、核桃、莲子)含15%～20%,谷类含8%～10%。常用食品中蛋白质含量,如表7-3所示。

表7-2 中国居民膳食蛋白质推荐摄入量

年龄/岁	蛋白质RNI(g/d)	
	男	女
0～	1.5～3.0 g/kg·d	
1～	35	35
2～	40	40
3～	45	45
4～	50	50
5～	55	55
6～	55	55
7～	60	60
8～	65	65
10～	70	65
11～	75	75
14～	85	80
18～		
轻体力劳动	75	65
中体力劳动	80	70

(续表)

年龄/岁		蛋白质RNI(g/d)	
		男	女
重体力劳动		90	80
孕妇	第一孕期		+5
	第二孕期		+15
	第三孕期		+20
乳母			+20
60～		75	65

注：(1) 成年人(18岁～)蛋白质按1.16 g/kg.d计。
(2) 老年人(60岁～)蛋白质按1.27 g/kg·d或蛋白质占总能量的15%计。
资料来源：中国营养学会，《中国居民膳食营养素参考摄入量》，轻工业出版社，2013年。

表7-3　常用食品中蛋白质含量(g/100 g)

食物名称	蛋白质含量	食物名称	蛋白质含量
猪肉	13.8～18.5	稻米	8.5
牛肉	15.8～21.7	小米	9.7
羊肉	14.3～18.7	面粉	11
鸡	21.5	大豆	39.2
鲤鱼	18.1	红薯	1.3
鸡蛋	13.4	大白菜	1.1
牛奶	3.3	花生	25.8

资料来源：陈吉棣，《运动营养学》，北京医科大学出版社，2002年。

(二) 脂类

脂类包括脂肪和类脂。脂肪又称为中性脂肪或甘油三酯。类脂包括磷脂、糖脂、固醇类、脂蛋白等。脂类是人体需要的重要营养素之一。

1. 脂类的分类

(1) 甘油三酯。

甘油三酯是重要的脂类。食物中的脂类95%是甘油三酯，人体储存的脂类中,甘油三酯高达99%。它是由一个甘油分子和三个脂肪酸分子酯化而成,在人体主要分布于皮下、腹腔和肌肉纤维之间。

（2）脂肪酸。

脂肪酸是由碳、氢、氧三种元素组成的一类化合物,是中性脂肪、磷脂和糖脂的主要成分。根据碳链中碳原子间双键的数目又可将脂肪酸分为单不饱和脂肪酸（含1个双键）、多不饱和脂肪酸（含1个以上双键）和饱和脂肪酸（不含双键）三类。自然界存在的脂肪酸有40多种。有几种脂肪酸人体自身不能合成,必须由食物供给,称为必需脂肪酸。

（3）胆固醇。

胆固醇是类脂的一种。它在人体内的重要生理功能包括：① 细胞膜的组成成分。② 合成胆汁酸和维生素D_3的原料,前者可帮助脂肪消化吸收,后者可预防儿童佝偻病。③ 合成类固醇激素的原料,特别是性激素和肾上腺皮质激素。人体胆固醇来自膳食和体内合成。胆固醇在肝脏内经过分解代谢随粪便排出。

2. 脂肪的营养功能

（1）供给能量。1 g脂肪在体内分解成二氧化碳和水并产生37.6 kJ（9 kcal）的能量。

（2）构成一些重要生理物质。磷脂、糖脂和胆固醇构成细胞膜的类脂层,胆固醇又是合成胆汁酸、维生素D_3和类固醇激素的原料。

（3）维持体温和保护内脏。皮下脂肪可调节体温。内脏周围的脂肪有保护内脏的作用。

（4）促进脂溶性维生素的吸收。

（5）增加机体的饱腹感和食物的美味感。

3. 脂肪的供给量和来源

（1）脂肪的供给量。

我国营养学会建议膳食脂肪供给量不宜超过总能量的20%～30%。

（2）脂肪的来源。

脂肪的主要来源是食用油脂,如橄榄油、玉米油、花生油等和食物本身的油脂。

（三）碳水化合物

1. 碳水化合物的构成和分类

碳水化合物是一类含有碳、氢、氧三种元素组成多羟基的醛或酮的有机化合物。几乎存在于所有的生命机体中,主要的生物学作用是作为机体的能源物质,部分碳水化合物分子参与细胞结构的组成。

根据分子结构的大小和在水中溶解度的不同可以分成为简单碳水化合物和复杂碳水化合物两类。碳水化合物的分类,如表7-4所示。

表7-4 碳水化合物的分类

简单碳水化合物	糖类	单糖(单分子碳水化合物)	葡萄糖、果糖(水果糖)、半乳糖	一些糖类或简单碳水化合物容易引起血糖快速升高,因此刺激过量的胰岛素生成并导致血糖快速下降。葡萄糖与麦芽糖对血糖的影响最大
		双糖(两分子碳水化合物)	蔗糖、乳糖、麦芽糖	
复杂碳水化合物	部分可消化多糖	低聚糖(3~20分子碳水化合物)	低聚果糖、棉子糖、水苏糖、毛蕊花糖	部分可消化多糖通常存在于豆类,虽然它们容易产生气体与胀气,但仍被认为是健康的碳水化合物
	多糖	可消化多糖(20以上分子碳水化合物)	淀粉糖、支链淀粉、葡萄糖聚合物	这些复杂碳水化合物应当是碳水化合物能量的主要来源。葡萄糖聚合物是由淀粉水解成的,通常用于运动饮料
		不可消化多糖(20以上分子非淀粉性碳水化合物)	纤维素、半纤维素、果胶、树胶、黏胶、海藻多糖、β-葡聚糖、果聚糖	这些复杂碳水化合物提供纤维素,而纤维素对促进肠道健康与抗病能力是非常重要的
其他		其他碳水化合物	甘露醇、山梨糖醇、木糖醇、糖原、核糖(一种含有5个碳元素的糖类)	甘露醇、山梨糖醇与木糖醇(糖醇)是不会引起蛀牙的营养性甜味料。由于其保湿性与食物稳定性,通常用于产品加工中,但是它们的消化速度缓慢,如果大量服用,会引起胃肠道不适。糖原是动物体内碳水化合物的主要储存形式,而核糖是遗传密码的组成成分(脱氧核糖核酸,或称DNA)

资料来源:[美]丹·贝纳多特,《高级运动营养学》,安江红译,人民体育出版社,2011年。

人类能够储存大约350 g(1 400 kcal)肌糖原,90 g(360 kcal)肝糖原,5 g左右(20 kcal)血糖。肌肉体积越大,潜在的糖原储存与潜在的需求就越大。

2. 碳水化合物的营养功能

（1）供给能量。

碳水化合物是供给人体能量的最主要的来源。它在体内可迅速氧化，提供能量。1 g碳水化合物可产生16.7 kJ（4 kcal）的能量。

（2）构成机体一些重要生理物质

碳水化合物是细胞膜的糖蛋白、神经组织的糖脂以及传递遗传信息的脱氧核糖核酸（DNA）的重要组成成分。

（3）节约蛋白质。

碳水化合物的摄入充足时，人体首先使用碳水化合物作为能量来源，从而避免将蛋白质用来提供能量。

（4）抗生酮作用。

脂肪代谢过程中必须有碳水化合物存在才能完全氧化而不产生酮体。酮体是酸性物质，血液中酮体浓度过高会发生酸中毒。

（5）糖原有保肝解毒作用。

肝糖原储备充足时，肝细胞对某些有毒的化学物质和各种致病微生物产生的毒素有较强的解毒能力。

（6）增强肠道功能。

非淀粉性多糖如膳食纤维素、功能性低聚糖等不能被机体消化的碳水化合物，虽然不能在小肠消化吸收，但可刺激肠道蠕动，增加肠道菌群增殖，有助于正常消化和增加排便量。

3. 碳水化合物的供给量和食物来源

（1）碳水化合物的供给量。

2013年中国营养学会推荐碳水化合物适宜摄入量（10～49岁成年人）为占总能量的50%～65%。长时间运动时可至65%。若是大强度耐力运动时的碳水化合物供给量应为总能量的60%～70%，中等强度时50%～60%，无氧运动时为60%～65%。其中添加糖＜10%。

（2）碳水化合物的来源。

谷类、薯类、豆类富含淀粉，是碳水化合物的主要来源。食糖（白糖、红糖、砂糖）几乎100%是碳水化合物。

表7-5给出了摄入碳水化合物的建议。

表7-5 关于摄入碳水化合物的建议

摄入的糖类种类	摄入碳水化合物类物质的具体建议
食用复合糖	膳食指导：每天食用5～9份的蔬菜和水果。每天吃6～11份的面包、谷类和豆类可提高多糖的摄入量。每天摄入量300 g或总热量的60%。 2010年健康人群标准：增加水果和蔬菜包括豆类的摄入量，每天至少5份；增加谷类产品的摄入量，每天至少6份。 世界卫生组织：最低限度是摄入多糖量占总热量的50%；最高限度是摄入多糖量占总热量的75%
食用食糖	膳食指导：适量食用食糖。 世界卫生组织：最低限度是摄入食糖量占总热量的0；最高限度是摄入食糖量占总热量的10%
食用膳食纤维素	膳食指导：通过食用许多不同的天然含纤维的食物提高纤维的摄入量。每天摄入量：25 g膳食纤维/天或11.5 g膳食纤维/4 170 kJ。 世界卫生组织：最低限度是每天27 g膳食纤维；最高限度是每天40 g膳食纤维

注：(1) 每天摄入量定义为每餐摄入8 360 kJ热量。
(2) 份的含义是指食物的数量。目前没有统一的标准。我们可以通过食品说明的成分表判断。
资料来源：[美]Frances Sienkiewicz Sizer，《营养学——概念与争论(第8版)》，王希成译，清华大学出版社，2001年。

二、微量营养素

维生素和矿物盐对于机体物质代谢、组织构建、细胞内外环境的体液平衡，以及物质运送都是必不可少的。此外，维生素与矿物质还有助于降低人体的氧化应激。

(一) 维生素

维生素是一组维持身体生长与正常生命活动所必需的有机化合物，分为脂溶性和水溶性两大类。维生素在身体中既不是构成身体组织的原材料，也不是能量的来源，而是一类调节物质，在体内代谢中起重要作用。维生素无法在体内合成，必须通过食物的途径予以补充。尽管需求量不是很大，但也是一类重要的营养素。

机体造成维生素缺乏的主要原因有：① 膳食中含量不足；② 体内吸收障碍；③ 排出增多；④ 因药物等作用使维生素在体内加速破坏；⑤ 生理和病理需

要量增多;⑥ 食物加工烹调不合理使维生素大量破坏或丢失。

预防维生素缺乏的措施:① 提供平衡膳食;② 根据人体的生理、病理情况及时调整维生素供给量;③ 及时治疗影响维生素吸收的肠道疾病;④ 食物加工烹调要合理,尽量减少维生素的损失。

维生素种类很多,根据其溶解性可分为两大类,即脂溶性维生素和水溶性维生素。脂溶性维生素包括A、D、E、K四种。水溶性维生素包括B族维生素(B1、B2、B6、B12、PP等)、维生素C。表7-6为脂溶性维生素的分布、生理功能、缺乏症和日需要量。

表7-6 脂溶性维生素的分布、生理功能、缺乏症和日需要量一览表

名称	别名	分布	生理功能	缺乏症	普通人和运动员需要量	备注
维生素A	视黄醇	存在于动物性食物,如动物肝脏、蛋类、奶类中;在有色蔬菜中,如菠菜、胡萝卜、油菜中含有胡萝卜素,被机体吸收后可转变成维生素A	维护夜视功能;促进生长发育,如有助于细胞的增殖和生长,有助于骨骼、牙齿、头发的生长;维持健康的上皮组织;增强免疫力,预防皮肤癌的发生等	夜盲症;皮肤干燥;骨骼发育受阻;免疫和生殖功能下降	男: 800 μg/d 女: 700 μg/d 运动员: 1 500 μg/d	射击、射箭、乒乓球运动员的补充量可再增加一些(1 800 μg/d)。饮食中含有适量脂肪有助于胡萝卜素的吸收。在高温条件下,与氧接触会遭破坏。对紫外线敏感,阳光可破坏维生素A,如晒干的蔬菜,置于阳光下的鱼肝油都会令其营养价值下降
维生素D	抗佝偻病维生素	存在于动物的脑、肾、肝、皮肤,以及牛奶和蛋黄中,鱼肝油中维生素D含量最丰富,植物体内不含维生素D	促进骨与软骨的正常生长;促进牙齿的正常发育;抗疲劳;调节钙磷代谢等	佝偻病;骨质疏松;免疫力下降。	成人: 5 μg/d 老人: 10 μg/d	维生素D在所有维生素中潜在的毒性是最大的。如果长期过量地摄入会引起食欲减弱、恶心和呕吐。每天在户外运动2小时即可预防维生素D缺乏症的发生。老年人尤其需要注意

(续表)

名称	别名	分布	生理功能	缺乏症	普通人和运动员需要量	备注
维生素E	生育酚	在各种食物中,以麦胚和麦胚油的含量最丰富,其次是植物油,如棉籽油、玉米油、花生油、芝麻油等	抗氧化与延缓衰老;影响脂代谢,抗动脉粥样硬化;提高机体免疫能力;保护红细胞的完整性	生殖障碍、肌肉营养不良;神经系统功能异常和循环系统损伤	成人:10 mg/d	人类维生素E缺乏很少见;口服维生素E的量可增加至100～800 mg/d;大强度练习、高原训练或低氧环境下运动可适量补充维生素E;一般强度下训练不鼓励额外补充维生素E
维生素K	凝血维生素	存在于动物性和植物性食物中。存量最丰富的是暗绿叶植物,如萝卜缨、绿茶、莴苣、甘蓝、菠菜;次之是牛油、火腿、蛋类等;微量的是香蕉、苹果、玉米等	参与人体内凝血酶原的合成,促进凝血因子Ⅰ转变成纤维蛋白;是呼吸链的组成成分,参与氧化磷酸化过程;增加肌肉组织的弹性	原发性维生素K缺乏情况很少见。如果缺乏会引起出血不止的情况	青少年:50～100 μg/d 成人:70～140 μg/d	人体内维生素K的来源主要有两个途径:一是通过食物途径获得;二是由肠道内细菌合成。维生素K对热稳定,加热不会使它破坏,故在一般的加工烹调中损失较少。但是,在碱、酸、氧化剂和光,特别是紫外线的作用下不稳定,容易被破坏而失效

资料来源:张钧,《运动营养学(第二版)》,高等教育出版社,2010年。

表7-7为水溶性维生素的分布、生理功能、缺乏症和日需要量。

(二) 矿物质

人体内除去碳、氢、氧、氮以外的元素统称为矿物质。根据在人体的含量和日需要量分为常量元素和微量元素。区分两者的标准是总量大于体重的0.01%以上,或每日需要量在100 mg以上的元素称为常量元素,含量低于上述标准的被称为微量元素(表7-8)。

在机体中的矿物质主要是作为构成机体组织的重要材料。例如,钙、磷、镁是骨骼和牙齿的主要组成成分;铁是血红蛋白不可或缺的成分;而磷是核酸分子的主要结构成分。同时,矿物质对维持机体的酸碱平衡、渗透压的稳定和组织的正常兴奋性有着十分重要的作用。矿物质还是许多酶的辅助因子或激活剂,会直接影响到酶的催化活力和代谢的进行。

表 7-7 水溶性维生素的分布、生理功能、缺乏症和日需要量一览表

名称	别名	分布	生理功能	缺乏症	普通人与运动员需要量	备注
维生素 B_1	硫胺素	谷类、豆类、坚果等，以及用这些原料制成的食品，如馒头、面条、动物心、肝及猪肉的瘦肉皮蛋类较多	糖代谢的关键酶；缺乏会造成糖代谢紊乱，葡萄糖无法彻底分解，如会造成乳酸堆积，食欲的增进剂；因维生素 B_1 可抑制乙酰胆碱的分解，而因刺激胃肠蠕动，改善了食欲，参与维持神经系统功能	脚气病；疲乏、恶心、食欲差、忧郁、急躁、沮丧、麻木、心电图异常等	男：1.4 mg/d 女：1.3 mg/d 健身教练：1.5～3 mg/d 每消耗 1 000 大卡需要补充 0.5 mg。	对氧稳定，比较耐热，特别是在酸性条件下极其稳定。但在碱性条件下受热极易被破坏，如蒸馒头、煮稀饭不宜放碱
维生素 B_2	核黄素	动物性食物中含量高，其中以肝、肾和心脏内含为最多；奶类及制品、蛋类含量高；植物性食物中，绿叶蔬菜和豆类也不少	许多重要辅酶的组成成分；参与能量代谢、蛋白质代谢，维持皮肤健康和眼睛健康；与生长发育关系密切；如缺乏维生素 B_2，损伤不易恢复；参与铁的代谢；在防治缺铁性贫血中有重要作用	可影响机体对铁的利用；肌肉无力、耐久力受损、容易疲劳等；口角炎、皮炎等；影响其他维生素的吸收	男：1.4 mg/d 女：1.2 mg/d 健身教练：2.5 mg/d。 每消耗 1 000 大卡需要补充 1.1 mg。	如果是以素食为主的健身教练应重视 B_2 产生维生素 B_2 缺乏的可能性。在碱性环境中较易被破坏。以日光照射会破坏牛奶中的维生素 B_2
维生素 B_6	吡哆素	肉类（特别是肝脏）中的含量最多；酵母、麦麸和麦秆含量较高；其他含有维生素 B_6 的食物有麦芽、糙米、全谷物与蔬菜、鱼、家禽、豆类、香蕉和水果（除香蕉外）、各种蔬菜含量较低；干酪、脂肪、糖、牛奶含量极少	促进氨基酸吸收，参与糖代谢分解、调节糖原代谢；参与不饱和脂肪酸转化以及胆固醇的合成和转运；调节神经系统的兴奋性；因许多涉及磷酸吡哆醛的反应可使 5-羟色胺等神经递质水平升高，而由此改变神经的兴奋性，激素调节作用；形成血红蛋白；影响烟酸的形成等	导致贫血；DNA 合成受损，减少体内烟酸的合成、恶心、抑郁、抽搐、肌肉无力、疲劳降低	国外 男：2.0 mg/d 女：1.6 mg/d 中国 18 岁以上：1.2 mg/d；50 岁以上：1.5 mg/d。 健身教练：1.5～2.0 mg/d	维生素 B_6 长期不足会导致周围神经炎、抑郁与抽搐。过量摄入维生素 B_6（特别是从补剂中摄取）同样会导致人的中毒症状，这些症状与维生素 B_6 缺乏症相似

（续表）

名称	别名	分布	生理功能	缺乏症	普通人与运动员需要量	备注
维生素 B_3 (PP)	烟酸	含有烟酸的食物有肉类、全谷类或者强化谷类、种子、坚果与豆类。机体细胞具有从色氨酸合成烟酸的能力（60 mg 色氨酸合成 1 mg 烟酸），含色氨酸高的食物也是烟酸的重要来源	烟酸是辅酶 I 和辅酶 II 的组成成分；参与碳水化合物、脂肪和蛋白质的能量生成过程，参与糖原的合成以及细胞的功用是预防和治疗癞皮病	癞皮病。初期表现为疲劳、乏力，记忆力减弱；皮肤呈对称性，分布在身体暴露和易摩擦的部位等；有急躁、忧虑等情况	14～19 mg/d 中国运动员：25 mg/d	过量摄入烟酸可能会导致中毒症状，包括胃肠不适与感冒灼热（脸色发红、发热），还可能引起脖子、脸、手指周围的刺痛感。这些症状一般在大剂量服用烟酸以降低血脂的人群中发生
维生素 B_5	泛酸	在肉类、全麦食品、豆类、蘑菇、鸡蛋、花茎甘蓝等某些酵母中含量高。蜂王浆和金枪鱼、鳕鱼的鱼子酱含量含量丰富。牛奶的泛酸含量类似于人乳	以辅酶 A 和脂酰基载体蛋白的形式参与人体的多种生化反应，在碳水化合物、脂肪和蛋白质的代谢中起着十分重要的作用	缺乏的可能性比较小。食物单调引起泛酸短缺的人群。主要症状有：烦躁不安、食欲缺乏、消化不良等	4～7 mg/d	补充泛酸对运动能力影响的研究结果认识模棱两可的
维生素 B_9	叶酸	存在于所有的绿色蔬菜中。最丰富的食物来源是动物肝脏；次之为绿叶蔬菜、酵母、大豆类食物	红细胞形成过程中 DNA 合成的辅酶；核苷酸（蛋氨酸）代谢中的氨基酸；胎儿的正常发育	巨幼红细胞贫血；胎儿畸形出现神经管畸形，耐力降低，虚弱,神经紊乱	成人男女：400 μg/d；孕妇：600 μg/d；乳母：500 μg/d	由于过量摄入叶酸引起的毒性，目前尚没有报道，最好的摄入叶酸的办法是通过进食新鲜的蔬菜和水果来获取

（续表）

名称	别名	分布	生理功能	缺乏症	普通人与运动员需要量	备注
维生素 B_{12}	钴胺素	存在于动物性食物中，如肝、肾、海鱼和虾等；发酵的豆制品，如酱豆腐、臭豆腐、黄酱等。肠源性细菌也会合成少量可吸收的维生素 B_{12}	促进生长，维持神经组织正常功能及红细胞生成；参与蛋白质、脂肪和糖的代谢；参与神经递质的形成；参与糖酵解	缺乏严重时可引起恶性贫血；一般性缺乏可表现出周身无力、体重下降、协调性降低、背痛等	成人：2.4 μg/d 健身教练建议：2.4~2.5 μg/d	植物性食物中不含维生素 B_{12}，长时间以素食为主的人群更容易出现维生素 B_{12} 缺乏
维生素 B_7 (H)	生物素	存在于天然食物中。如蛋黄、沙丁鱼、奶类、酵母、肝脏、肾、山核桃和花生等	生物素与三磷酸腺苷共同作用于二氧化碳代谢，糖代谢平衡，脂肪酸与氨基酸的合成；对细胞生长有重要作用	缺乏严重时会出现皮肤病、食欲丧失、呕吐、消瘦、神经过敏等	青少年：11岁：20 μg/d 14岁：25 μg/d 成人：40 μg/d	大量摄入生鸡蛋蛋清可能会导致生物素缺乏，因为生蛋清中含有抗生物素蛋白
维生素 C	抗坏血酸	存在于新鲜水果、蔬菜中，含量较高的蔬菜：辣椒、菜花、苦瓜、雪里蕻、油菜等；含量较高的水果：鲜枣、山楂、猕猴桃等；豆子发芽时维生素 C 含量也较高	参与结缔组织中胶原蛋白的合成；治疗贫血；促进伤口愈合；具有抗氧化剂的作用	坏血症，如牙龈红肿出血，皮化脓感染，关节痛，疲倦，烦躁，肌肉肌腱萎缩等	成年人：100 mg/d 运动员：一般训练140 mg/d；比赛期 200 mg/d；安全上限：2 000 mg/d	稍高水平的维生素 C 摄入可能对从事对抗性项目的运动者（会有肌肉酸痛或损伤发生，从而需要形成更多的胶原蛋白，缓解肌肉酸痛）有益。但并没有见到大剂量补充维生素 C 显著提高运动能力的证据

资料来源：张钧，《运动营养学（第二版）》，高等教育出版社，2010年。

表 7-8　人体部分无机元素

必需常量元素	人体必需微量元素	人体可能必需的微量元素	具有潜在毒性,但低剂量时,人体可能必需的微量元素
钠、钾、钙、镁、氯、磷、硫	铁、碘、锌、铜、铬、钴、硒、钼、	镍、钒、硅、锰、硼	锡、氟、铅、镉、汞、砷、铝

资料来源：陈吉棣，《运动营养学》，北京医科大学出版社，2002年。

1. 钙

钙是人体内含量最为丰富的矿物质，总量1 000～1 200 g，为体重的1.5%～2%，其中99%的钙储存在骨骼中。其主要功能：一是构成骨骼的核心部分；二是充当"钙库"。当血液中钙离子的浓度下降时，骨骼中的钙就会释放到体液中以维持平衡，因而骨骼中的钙离子并不是一成不变的，而是处在一种不断地沉积，又不断地溶解的动态平衡中。

（1）钙的营养功能。

① 钙是牙齿和骨骼的主要成分，两者合计约占体内总钙量的99%。

② 钙与镁、钾、钠等离子在血液中的浓度保持一定比例才能维持神经、肌肉的正常兴奋性。

③ 钙离子是血液保持一定凝固性的必要因子之一，也是体内许多重要酶的激活剂。

（2）钙的吸收和利用。

钙在肠道内吸收很不完全，食物中的钙70%～80%随粪便排出。这主要是由于膳食中的植酸和草酸与钙结合成为不溶解难吸收的钙盐。膳食中的维生素D和维生素C，牛奶中的乳糖以及膳食中钙/磷比例适宜（1∶1）等因素均可促进钙的吸收。此外，体育锻炼也可促进钙的吸收和储备。

（3）钙的供给量。

考虑到我国人民以植物性膳食为主，钙的吸收率比较低，中国营养学会推荐的钙供给量为成年人不分男女都是800 mg，青少年、孕妇和乳母应适当增多。

（4）钙的食物来源。

奶和奶制品中钙含量最为丰富且吸收率也高；小虾皮中含钙高；芝麻酱、大豆及其制品也是钙的良好来源；深绿色蔬菜，如小萝卜缨、芹菜叶等含钙量也较多(表7-9)。

表7-9 食物含钙量排序表

(mg/100 g)

食　物	钙含量	食　物	钙含量
牛乳粉(强化)	1 796.8	芥末	656.2
芝麻酱	1 170.4	酱油(味精)	588.2
豆腐干(小香)	1 019.2	海米	555.2
牛乳粉(婴儿)	998.4	茶叶(铁观音)	416.2
虾皮	991.2	海带	348.0
发菜	875.2	素鸡	319.2
奶酪	799.2	桂林腐乳	302.4
卤豆干	731.2	雪里蕻(腌)	294.4
臭豆干	720.0	黑木耳	247.2
牛乳粉(速溶)	659.2	炼乳	242.4

资料来源：李清亚、张松，《营养师手册》，人民军医出版社，2009年。

2. 铁

人体内铁的含量居微量元素之首。成人体内总铁含量为4～5 g，主要以两种形式存在：其一是功能性铁，包括血红蛋白、肌红蛋白和一些含铁的酶类，这些铁大多数存在于血液中，主要功能是参与氧的运输；其二是储存铁，包括铁蛋白等，存在于肝、脾、骨髓和血液中。血清铁蛋白和组织中的铁蛋白可互相交换呈动态平衡。

(1) 铁的营养功能。

铁是合成血红蛋白的主要原料之一。铁缺乏时不能合成足够的血红蛋白，造成缺铁性贫血。铁还是体内参与氧化还原反应的一些酶和电子传递体的组成部分，如过氧化氢酶和细胞色素都含有铁。

(2) 铁的吸收和利用。

食物中的铁有两种形式：一种是非血红素铁；另一种是血红素铁。非血红素铁主要存在于植物性食物中,这种铁需要在胃酸作用下还原成亚铁离子才能被吸收,其吸收率很低,一般只有1%～5%被吸收。血红素铁存在于动物的血液、肌肉和内脏中,其吸收率可达20%以上,且不受膳食中其他成分的影响。此外,铁的吸收还与身体的铁营养状况有关。

(3) 铁的供给量。

成年男子12 mg,妇女20 mg,孕妇和乳母28 mg。

(4) 铁的来源。

动物内脏(特别是肝脏)、血液、鱼、肉类都是富含血红素铁的食品。

3. 锌

正常成年男子体内的锌含量约为2.5 g,成年女子约为1.5 g,其中约有50%存在于肌肉中,20%存在于骨骼内。此外,皮肤、头发和指甲中也含有20%左右的锌,其余锌储存在于肝、肾、脑、肺及心脏等组织中。血液锌量不到全身总锌量的0.5%。

(1) 锌的主要营养功能。

① 促进生长发育,参与核酸和蛋白质的合成,可促进细胞生长、分裂和分化,也是性器官发育不可缺少的微量元素。② 改善味觉,增进食欲。③ 增强对疾病的抵抗力。

(2) 锌的吸收。

在十二指肠被吸收,吸收率较低,只有20%～30%。膳食中植酸、钙和锌结合成络合物而降低锌的吸收率。发酵会破坏谷类食物中的植酸,提高锌的吸收率。

(3) 锌的供给量。

成人男性为每天12.5 mg,女性为7.5 mg。

(4) 锌的来源。

动物性食物是锌的可靠来源。海牡蛎含锌最丰富。每100 g海牡蛎肉含锌超过100 mg,畜、禽肉及肝脏、蛋类含锌2～5 mg,鱼及一般海产品含锌1.5 mg,奶和奶制品含锌0.3～1.5 mg,谷类和豆类含锌1.5～2.0 mg。

4. 其他矿物质

除钙、铁、锌外,其他矿物质对机体来讲也是十分重要的。主要的矿物质列表介绍,如表7-10所示。

表7-10 其他矿物质概要

名称	主要功能	缺乏症	中毒症	主要来源/供给量
磷	细胞遗传物质的组成部分,形成细胞膜磷脂,参与能量的转换及缓冲液系统	食欲不振,骨骼疼痛,肌无力,发育缺陷,婴儿软骨病	磷过量可导致钙流失	所有动物组织 供给量:720 mg/d
镁	参与骨骼矿物化,蛋白质合成,酶反应,正常的肌肉收缩,神经信号转导及牙齿的维护	虚弱,肌肉痉挛,食欲不振,神志不清,胰腺激素分泌受到抑制,严重时会引发惊厥、肌肉扭曲、幻觉、吞咽困难,儿童会停止生长	由于滥用轻泻剂及其他用于老年患者或肾病的药物而带来过量的镁会引起神志不清、肌肉协调能力丧失、昏迷甚至死亡	坚果,豆科植物,粗谷物,暗绿色蔬菜,海产品,巧克力,可可 供给量:330 mg/d
钠	钠、氯化物和钾(电解质)能维持体内细胞正常的液体平衡及酸碱平衡。钠在神经信号传导中起重要作用	肌肉抽筋,精神冷淡,食欲不振	高血压	食盐、酱油、经过加工的食物 供给量:1 500 mg/d
钾	钾能促使蛋白质合成,体液电解质平衡,细胞完整性的保持,神经信号的传导及肌肉(包括心肌)的收缩	脱水,肌无力,瘫痪及神志不清,甚至死亡	肌肉无力,呕吐,静脉注射时会使心脏停止跳动	所有食物:肉类、奶类、水果、蔬菜、谷类和豆科植物 供给量:2 000 mg/d
硫	某些氨基酸的成分,维生素H和硫胺素以及胰岛素的成分,与有毒物质结合形成无毒化合物;形成二硫键帮助蛋白质形成一定三维结构	尚未发现缺乏症,可能会首先发生蛋白质缺乏	仅当摄入过量含硫氨基酸时才可能发生,抑制动物生长	含蛋白质食物
碘	甲状腺素的成分,能帮助调节生长,发育及代谢的速度	甲状腺肿,呆小病	抑制甲状腺活性,甲状腺肿	碘盐、海产品、面包、全国大部分地区所生长的植物及用这些植物饲养的动物 供给量:120 μg/d

(续表)

名称	主要功能	缺乏症	中毒症	主要来源/供给量
硒	能降解损害细胞的活性化学物质的一种酶中含有硒,配合维生素E起作用	肌肉退化及疼痛,白内障,精子减少,红细胞变脆,胰脏受损,心脏损伤,儿童停止生长	恶心,腹痛,指甲及头发病变,神经及肌肉损伤	含蛋白质的食物:鱼、肉、家禽、贝壳类动物、谷物和蔬菜 供给量: 60 μg/d
氟	帮助骨骼和牙齿的形成,防止牙齿腐蚀	牙齿容易腐蚀	牙齿氟中毒,恶心、呕吐、腹泻、胸痛、瘙痒	氟化的饮用水、茶、海产品 供给量: 1.5 mg/d
铬	帮助胰岛素促进葡萄糖进入细胞内的效率,血糖的调节剂	葡萄糖代谢失常	可能与肌肉退化有关	肉、未经加工的谷类、植物油 供给量: 30 μg/d
铜	帮助合成血红蛋白,几种酶的成分	贫血,伤口愈合缓慢	呕吐、腹泻	肉、饮用水 供给量: 0.8 mg/d

资料来源: 张钧,《运动营养学(第二版)》,高等教育出版社,2010年。

三、其他膳食成分

(一) 水

水是人体最重要的营养素。水是人体含量最多的成分,占体重的50%～60%。人体新陈代谢的一切生物化学反应都必须在水的介质中进行。

水的生理作用概括起来有以下四个方面。

(1) 水是体内各种生理活动和生化反应必不可少的介质。

(2) 水是体内吸收、运输营养物质,排泄代谢废物最重要的载体。

(3) 维持正常体温。汗液的蒸发可散发大量热量,从而避免体温过高。

(4) 润滑功能。泪液、唾液、关节液、胸腔腹腔的浆液等起着润滑组织的作用。

许多因素(如年龄、环境温度、劳动强度和持续时间)会影响人体对水的需要量。在一般情况下,正常成人每日约需水2 500 ml,人体主要通过饮水和进食食物获得水分。碳水化合物、脂肪和蛋白质代谢过程中也产生一部分水,称为代谢水,但数量较少。

(二) 膳食纤维

膳食纤维指的是人体不能消化的多糖类,包括纤维素、半纤维素、果胶、树胶等食物成分。近来发现很多慢性疾病（如便秘、高脂血症、冠心病、肥胖等）与膳食中膳食纤维的多寡有关。

1. 膳食纤维的主要生理功能

（1）预防便秘。

其可在肠道内吸收水分，增加粪便体积并使之变软利于排出，预防便秘。

（2）控制体重，防止肥胖。

由于富含膳食纤维的食物体积较大，有利于减少能量摄入量。

（3）降低血液中胆固醇浓度。

膳食纤维可抑制胆固醇的吸收，加速其排出。

膳食纤维虽然有上述有益作用，但过多的膳食纤维会妨碍矿物质和维生素的吸收。中国营养学会建议每人每日摄入 30 g 膳食纤维。粗粮（如玉米、高粱、糙米、全麦粉）、干豆类及各种蔬菜水果都富含膳食纤维。

四、营养素之间的关系

人体每天从食物摄取的各种营养素在体内必须互相配合才能发挥生理功能。例如，脂肪、碳水化合物和蛋白质的代谢过程需要维生素和矿物质（包括微量元素）的参与。营养素之间互相影响的方式是多种多样的。

（一）宏量营养素之间的关系

蛋白质、脂肪和碳水化合物三大营养素除了各自有其独特生理功能之外，都是产生能量的营养素，在能量代谢中既互相配合又互相制约。脂肪必须有碳水化合物的存在才能彻底氧化而不致因产生酮体而导致酸中毒。碳水化合物和脂肪在体内可以互相转化，而蛋白质是不能由脂肪或碳水化合物替代的，但充裕的脂肪和碳水化合物供给可避免蛋白质被当作能量消耗。因此，在膳食中必须合理搭配宏量营养素，保持三者平衡才能使能量供给处于最佳状态。

（二）宏量营养素与维生素之间的关系

（1）宏量营养素的能量代谢过程需要维生素 B_1、维生素 B_2 和维生素 B_3 的参与，因而这三种维生素的需要量随能量代谢的增加而增大。

（2）膳食中多不饱和脂肪酸越多，体内越容易产生过氧化物，需要增加维生素 E 的摄入量以对抗氧化损伤。

（3）膳食中如果蛋白质过少则维生素 B_2 不能在体内存留而经尿排出。

(三)矿物质之间及其与其他营养素之间的关系

矿物质(包括微量元素)之间及与其他营养素之间的关系错综复杂、十分微妙,在特定条件下既有协调关系又有制约关系,甚至还有拮抗关系。

钙和磷共同构成牙齿和骨骼,但钙磷比例必须适当(1:1),如果磷过多,会妨碍钙的吸收。血液内钙、镁、钾、钠等离子的浓度必须保持适当比例才能维持神经肌肉的正常兴奋性。膳食钙过高会妨碍铁和锌的吸收,锌摄入过多又会抑制铁的利用。硒对氟有拮抗作用,大剂量硒会降低氟骨症病人骨骼中的氟含量。

硒和维生素E互相配合可抑制脂质过氧化物的产生。蛋白质对微量元素在体内的运输有很大作用,铜的运输靠铜蓝蛋白,铁的运输靠运铁蛋白。锌参与蛋白质合成,锌缺乏影响儿童生长发育。碘是甲状腺素的成分,而甲状腺素是调节人体能量代谢的重要激素,对蛋白质、脂肪和碳水化合物的代谢有促进作用。

五、人体的能量需要

(一)能量

能量指的是人体维持生命活动所需要的热能。人体所需要的热能来自蛋白质、脂肪和碳水化合物。国际上通常以"焦耳(J)"为热能的计量单位,同时也使用"卡"为计量单位。1焦耳=0.239卡,1卡=4.184焦耳。在实际应用中,通常使用千焦耳和千卡。人体必须从食物获得能量,用于各种生命活动,如内脏的活动、肌肉的收缩、维持体温以及生长发育等。

(二)人体的能量消耗

人体在正常情况下消耗的能量主要包括基础代谢、体力活动和食物的生热效应所消耗的能量。对于生长发育中的儿童,还包括生长发育和身体各种组织增长和更新所需要的能量。

1. 基础代谢

基础代谢是维持生命最基本活动的代谢状态,基础代谢消耗(RMR)的能量是维持生命活动最基本的能量需要。基础代谢消耗能量的数量受许多因素的影响,体型、性别、年龄和生理状态都对基础代谢的高低有影响。一般来说,男性比女性高,儿童和青少年比成年人高,寒冷气候下比温热气候下高。

2. 身体活动

人体能量消耗的主要部分是身体活动的消耗。身体活动消耗能量的数量与身体活动的强度、时间、姿势及熟练程度有关。身体活动消耗的能量可分为职业活动、社会活动、家务活动和休闲活动等,其中以职业活动消耗的能量差别最大。2000年中国营养学会将体力活动定为轻、中、重三级,中国成年活动水平分级,如表7-11所示。

表7-11 建议中国成人活动水平分级

活动强度	职业工作时间分配	工作内容举例	体力活动水平	
			男	女
轻	75%时间坐或站立,25%时间站着活动	办公室工作、修理电器钟表、售货员、酒店服务员化学实验操作、讲课等	1.55	1.56
中	25%时间坐或站立,75%时间特殊职业活动	学生日常活动、机动车驾驶员、电工安装、车床操作、金工切割等	1.78	1.64
重	40%时间坐或站立,60%时间特殊职业活动	非机械化农业劳动、炼钢、舞蹈、体育活动、装卸、采矿等	2.10	1.82

资料来源:中国营养学会编著.中国居民膳食营养素参考摄入量.第33页,2000年。

3. 食物的生热效应(TEF)

食物的生热效应指进食后数小时内发生的超过RMR的能量消耗,以前称为食物的特殊动力作用,这是由于摄入蛋白质、脂肪和糖三种能量物质引起的生热效应,也即食物在消化、转运、代谢和储存过程中消耗能量的结果。TEF约占总能耗的10%。

4. 生长发育

儿童和青少年的生长发育需要能量来建立新的组织。每增加1 g新组织约需要消耗20 kJ能量。同样,孕妇体内胎儿的生长发育也需要消耗相应的能量。

(三) 能量的来源

食物中的碳水化合物、脂肪和蛋白质是人体的能量来源。这三种营养素每克供给人体的能量分别为16.7 kJ、37.6 kJ和16.7 kJ。动物性食物含有较多的脂肪和蛋白质;植物性食物中的油料作物的籽仁含有丰富的脂肪;谷类中则以碳水化合物为主;大豆除含脂肪外还含有丰富的蛋白质;坚果,如花生、核桃等与大豆近似;蔬菜水果中含能量很少。

碳水化合物、脂肪和蛋白质在膳食中应保持恰当的比例。根据我国人民膳食习惯,在摄入的总能量中碳水化合物提供的能量应占55%～65%,脂肪提供的能量应占20%～30%,蛋白质提供的能量应占10%～15%。

(四)人体能量需要的确定

确定人体每日所需能量,对制订合理的膳食计划、维持能量平衡、防止肥胖和消瘦、预防疾病、保证健康是非常必要的。机体能量消耗测定方法有直接测热法、间接测热法、生活观察法和能量平衡观察法。常用的有以下方法。

1. 计算法

(1)计算每日能量消耗,确定能量需要。

计算某人的一日能量需要,需详细地记录其一天的各项活动,或根据工作性质,确定其活动强度,即可计算出一天的能量消耗,也即能量的需要量。根据表7-12可以查出各种强度体力活动的能量消耗。

表7-12 各种强度的体力活动及能量消耗

活动强度	能量消耗
休息	RMR×1.0
很轻	RMR×1.5
轻	RMR×2.5
中等	RMR×5
重	RMR×7

注:RMR为静息代谢率,WHO于1985年提出用RMR代替BMR,RMR的测定相对简单,禁食仅需4个小时,RMR的数值略高于BMR。
男性:RMR=[10×体重(kg)]+[6.25×身高(cm)]−[5×年龄(岁)]+5
女性:RMR=[10×体重(kg)]+[6.25×身高(cm)]−[5×年龄(岁)]−161

(2)膳食调查。

健康人在食物供应充足、体重相对稳定的情况下,从每日膳食回顾,可间接估算出其能量需要。应详细记录摄入食物的数量和种类,一般至少要调查3天,然后计算出平均每人每天的总能量供给。此法简单易行,已被广泛应用。

2. 测量法

(1)直接测热法。

经典的方法是被测对象在特制的小室内,在一定时间进行特定的活动,测定循环进入和流出的空气温差,由气温差即可求得人体整个代谢过程中所散发的热量。因小室的造价昂贵,影响因素多,故目前很少采用。

(2) 间接测热法。

这是一种测定被测对象在一定时间内消耗氧气量和产生二氧化碳的量,来计算特定活动的能量消耗的方法。每消耗 1 L 氧可产热 20.3 kJ(4.9 kcal)。其他还有心率检测法、用稳定同位素测产水量法等测定人体能量消耗的方法。

第二节　体育运动的膳食营养

人体在进行体育运动时,新陈代谢旺盛,单位时间内的能量消耗增加,体内的糖、脂肪被大量分解供能,蛋白质代谢更新加快,大量的维生素、无机盐参与分解代谢而加大了损失过程。这些运动消耗的营养物质要在运动结束后通过合理的膳食营养加以补充。如果缺乏合理膳食营养保证,消耗的物质得不到补充,机体就处于一种营养缺乏状态。以合理的膳食营养为物质基础,以科学体育运动为手段,才能有效地增进健康。因此,合理营养与体育运动是维持和促进健康的两个重要条件。

一、合理膳食营养

合理营养膳食是指对人体提供符合卫生要求的平衡膳食,是膳食的质和量都能适应人体的生理、生活、劳动和一切活动的需要。膳食结构平衡是影响人类健康的主要因素,没有任何一种食物可以满足人体所需的能量及全部营养素。因此,只有多种食物组成的膳食才能满足人体对能量和各种营养素的需要。只有一日三餐食物多样化,才有可能达到平衡膳食。合理膳食营养应该包括三方面的内容:① 合理的膳食调配,达到平衡膳食,使膳食包含人体所需的所有营养素的种类和数量,且各营养素之间比例适宜。② 合理的膳食安排,每天以三餐为宜,能量分配比例合理。③ 合理烹调,使食物具有适当的色、香、味和多样化,以利于消化、吸收和利用,充分考虑个人的饮食习惯,并尽可能减少烹调对食物营养素的破坏。

中国的平衡膳食模式,是中国营养学会膳食指南专家委员会根据中国居民膳食营养素参考摄入量、营养与健康状况、食物资源和饮食特点所设计的理想膳食模式。2016年出版的《中国居民膳食指南(2016)》,其核心内容如下。

(一) 食物多样,谷类为主

每天的膳食应包括谷薯类、蔬菜水果类、畜禽鱼蛋奶类、大豆坚果类等食物。建议平均每天摄入12种以上食物,每周25种以上。谷类为主是平衡膳食模式的重要特征,每天摄入谷薯类食物250～400克,其中全谷物和杂豆类50～150克,薯类50～100克;膳食中碳水化合物提供的能量应占总能量的50%以上。

谷类为主,也是中国人平衡膳食模式的重要特征。谷类食物含有丰富的碳水化合物,它是提供人体所需能量的最经济、最重要的食物来源,也是提供B族维生素、矿物质、膳食纤维和蛋白质的重要食物来源,在保障儿童青少年生长发育、维持人体健康方面发挥着重要作用。

(二) 吃动平衡,健康体重

体重是评价人体营养和健康状况的重要指标,吃和动是保持健康体重的关键。各个年龄段人群都应该坚持天天运动、维持能量平衡、保持健康体重。体重过低和过高均易增加疾病的发生风险。推荐每周应至少进行5天中等强度身体活动,累计150分钟以上;坚持日常身体活动,平均每天主动身体活动6 000步;尽量减少久坐时间,每小时起来动一动,动则有益。

(三) 多吃蔬果、奶类、大豆

蔬菜、水果、奶类和大豆及制品是平衡膳食的重要组成部分,坚果是膳食的有益补充。蔬菜和水果是维生素、矿物质、膳食纤维和植物化学物的重要来源,奶类和大豆类富含钙、优质蛋白质和B族维生素,对降低慢性病的发病风险具有重要作用。提倡餐餐有蔬菜,推荐每天摄入300～500克,深色蔬菜应占1/2。天天吃水果,推荐每天摄入200～350克的新鲜水果,果汁不能代替鲜果。吃各种奶制品,摄入量相当于每天液态奶300克。经常吃豆制品,每天相当于大豆25克以上,适量吃坚果。

(四) 适量吃鱼、禽、蛋、瘦肉

鱼、禽、蛋和瘦肉可提供人体所需要的优质蛋白质、维生素A、B族维生素等,有些也含有较高的脂肪和胆固醇。动物性食物优选鱼和禽类,鱼和禽类脂肪含量相对较低,鱼类含有较多的不饱和脂肪酸;蛋类各种营养成分齐全;吃畜肉应选择瘦肉,瘦肉脂肪含量较低。过多食用烟熏和腌制肉类会增加肿瘤的发生风险,应当少吃。推荐每周吃鱼280～525克,畜禽肉280～525克,蛋类280～350克,平均每天摄入鱼、禽、蛋和瘦肉总量120～200克。

(五) 少盐少油，控糖限酒

我国多数居民目前食盐、烹调油和脂肪摄入过多，这是造成高血压、肥胖和心脑血管疾病等慢性病发病率居高不下的重要因素，因此应当培养清淡的饮食习惯，成人每天食盐不超过6克，每天摄入烹调油25～30克。过多摄入添加糖会增加龋齿和超重发生的风险，推荐每天摄入糖不超过50克，最好控制在25克以下。水在生命活动中发挥重要作用，应当足量饮水。建议成年人每天7～8杯(1 500～1 700毫升)，提倡饮用白开水和茶水，不喝或少喝含糖饮料。儿童少年、孕妇、乳母不应饮酒，成人如饮酒，一天饮酒的酒精量男性不超过25克，女性不超过15克。

(六) 杜绝浪费，兴新食尚

勤俭节约，珍惜食物，杜绝浪费是中华民族的美德。按需选购食物、按需备餐，提倡分餐不浪费。选择新鲜卫生的食物和适宜的烹调方式，保障饮食卫生。学会阅读食品标签，合理选择食品。创造和支持文明饮食新风的社会环境和条件，应该从每个人做起，回家吃饭，享受食物和亲情，传承优良饮食文化，树健康饮食新风。

二、体育运动合理膳食营养的基本原则

(1) 保证三大宏量营养素的合理比例，即碳水化合物占总能量的60%～70%、蛋白质占10%～15%、脂肪占20%～25%。

(2) 碳水化合物主要由谷类、薯类和淀粉食品构成，控制食糖及其制品。

(3) 脂肪要以植物油为主，减少动物脂肪。脂肪中饱和脂肪酸、单不饱和脂肪酸和多不饱和脂肪酸之间的比例一般为1∶1∶1。

(4) 蛋白质中应有三分之一以上的优质蛋白(动物蛋白和大豆蛋白)，若以氨基酸为基础计算，成年人每日供给的蛋白质中，20%需要由必需氨基酸来供给，以维持氮平衡，10～12岁儿童需要有33%，婴儿需要有39%，以保证生长发育的需要。

(5) 维生素要按供给量标准配膳，有特殊需要者另外增加，一般维生素B_1、维生素B_2、维生素B_3三者之间的比例为1∶1∶10较为合理。

(6) 膳食中钙磷比例也要适当，膳食中钙磷比例在1∶1之间基本符合机体的吸收及发育，若维生素D营养状况正常时，不必严格控制钙磷比例。

(7) 膳食中搭配的食物种类越多越好：一日三餐都要提倡食物多样化，这样

不仅能提高食欲,促进食物在体内的消化吸收,而且食物中的氨基酸种类齐全,也能充分发挥蛋白质的互补作用。

(8) 食物的种属越远越好:最好包括鱼、肉、蛋、禽、奶、米、豆、菜、果、花,还有菌藻类食物,组合搭配、混合食用。将动物性食物与植物性食物搭配在一起,比单纯植物性食物之间搭配组合,更有利于提高蛋白质的营养价值。

三、体育运动膳食营养需求

良好的运动能力受运动水平、遗传、营养、心理素质等多方面的影响,其中膳食营养对健康及运动能力的影响,越来越引起人们的重视。体育运动者吃什么、吃多少、什么时间吃,对其锻炼效果和健康起着举足轻重的作用。

(一)对热源营养素有特殊需求

碳水化合物的分解反应简单,容易氧化燃烧;脂肪和蛋白质的分解反应复杂,不易氧化;蛋白质的代谢产物硫化物可使体液变成酸性,加速疲劳的产生。因此,作为运动者的能源,应以碳水化合物类食物为主,其供给热量的效率最高。一般来说,碳水化合物的来源是谷类、水果、蚕豆、小扁豆、坚果和植物种子。

(二)蛋白质的补充

运动后是否需增加蛋白质营养,意见尚不一致。但体育运动者在加大运动量期、生长发育期和减体重期,如出现热能及其他营养水平下降等情况时,应增加蛋白质的补充量,且应补充优质蛋白。在补充蛋白质的同时,也必须补充适量的蔬菜、水果等碱性食物,防止蛋白质代谢产物使血液变为酸性而产生疲劳感。

(三)无机盐的需要量

体育运动者的无机盐需要量与正常健康人无显著差别,但在大运动量和高温下锻炼时,应当注意无机盐不足引起的无力和运动能力下降等表现。一般健身者每天每人食盐需要量为 6～10 g,钙为 1 000～1 200 mg,铁为 20～25 mg。

(四)维生素的补充

运动过程中,人体需要的能量、氧的摄入量和消耗量均增加,进而导致体内自由基成倍增多,最多时可达到平时的千倍。身体因此不得不消耗大量的抗氧化物质维生素C、维生素B和维生素E来消除多出来的自由基。因此,食品营养专家提示:体育运动者在大强度运动后最好服用适量的维生素C、维生素E补充剂和富含维生素C、维生素E的食品。此外,这类食品还有减轻肌肉酸痛、消除疲劳、恢复体力的作用。

(五)水分的补充

人在剧烈运动时,由于消耗能量而发热,使体温上升,出汗成为调节体热平衡主要或唯一的途径。运动中的排汗率和排汗量与很多因素有关,运动强度、密度和持续时间是主要因素,运动强度越大,排汗率越高。此外,外界气温、湿度、运动者的训练水平和对热适应等情况都会影响排汗量。如足球健身者,踢球1小时,体内水分约减少10%,而这些水分主要来自血浆细胞间液和细胞内液体。因此,如不及时补充液体,不仅会发生脱水现象还会增加心血管负担,引起循环功能障碍,甚至导致肾脏的损害。

四、体育运动合理膳食营养的总体安排

(一)食物的数量和质量应满足体育运动的需要

食物的数量应满足体育运动能量消耗的需要,使体育运动者能保持适宜的体重和体脂;在质量方面应保证全面营养需要适合的配比。食物中能源物质:蛋白质、脂肪和碳水化合物的比例应适应于不同体育运动的需要,一般情况下蛋白质能量占总能量的12%~15%,脂肪能量占总能量的25%~30%,碳水化合物的能量占总能量的55%~65%。

(二)食物应当营养平衡且多样化

人体必需的营养素有40多种,这些营养素均需要从食物中获得。人类需要的基本食物一般可分为谷薯类、蔬菜水果类、畜禽鱼蛋奶类、大豆坚果类和油脂类五大类,不同食物中的营养素及有益膳食成分的种类和含量不同。只有多种食物组成的膳食才能满足人体对能量和各种营养素的需要。只有一日三餐食物多样化,才有可能达到平衡膳食。

(三)一日三餐的能量分配应根据体育运动的量和强度安排

体育运动者的早餐应有较高的能量,并含有丰富的蛋白质、无机盐和维生素等。午餐应适当增加能量,但应注意避免肠胃负担过重。晚餐的能量一般不宜过多,以免影响睡眠。早、午、晚三餐的能量大致为30%、40%和30%。运动量较大、能量消耗增多时,可考虑加餐措施。

(四)运动锻炼的进食时间应考虑消化机能和体育运动者的饮食习惯

较大运动量运动前的一餐一般应当在3小时以前完成。因为,在正常情况

下胃中食物的排空时间为3～4小时,不容易消化的食物(如牛肉)可在胃内停留5～6小时。体育运动时,内脏缺血,进食和运动的时间间隔过近,既不利于消化,又影响体育运动的效果。运动结束后,血液主要分布在肢体皮肤血管内,内脏仍处于一时性缺血状态。因此,运动结束后,不宜立即进食,至少需要休息40分钟以上再进食。

(五)合理补水

体育运动者的水分摄取量应以满足失水量、保持水分平衡为原则,不能单凭口渴来判断。运动者在日常锻炼无明显出汗的情况下,每日水分的需要量为2 000～3 000 ml。大量出汗时,应采取少量多次补给,长时间大量出汗时,应每隔半小时补液150～250 ml。运动前也应补液400～700 ml。

在运动过程中,应及时补充水分,如果运动时间不超过1小时,每15分钟应饮水150～300 ml;如果运动时间在1～3小时,应及时给身体补充糖水,以免出现低血糖。但切记运动时一定不要饮用冰水,因为剧烈运动时,饮用冰水会引起人体消化系统的不良反应。

(六)合理地选择运动营养品

运动营养品是专为从事运动的人群而设计的一类特殊营养品,为保证锻炼的有效性,运动者在合理膳食的基础上,还应科学合理地选用运动营养品。

五、体育运动常见项目的膳食营养需求

在体育运动中,因各个项目代谢特点不同而对合理营养有着不同的需求特点。运动者应安排适合于该锻炼项目的平衡膳食,因为良好的营养对运动者的机能状态、体力适应过程、运动后的恢复及防治运动性疾病有重要作用。

(一)跑步运动的膳食营养需求

短跑是以力量素质为基础的无氧代谢供能为特点,工作时间短、强度大,要求有较好的爆发力。在膳食中要有丰富的动物性蛋白质,以增大肌肉体积、提高肌肉质量,蛋白质的摄入量每日每千克体重可达2.0克。另外,要求在膳食中增加磷和糖的含量,为脑组织提供营养,改善神经控制和增强神经传递,动员更多的运动单位参加收缩。还要求在膳食中增加矿物质,如钙、镁、铁及维生素B_1的含量,以改善肌肉收缩质量。

长跑是以耐力素质为基础,以有氧代谢供能为特点,要求有较高的心肺功

能及全身的抗疲劳工作能力。虽强度较小但时间较长,体力消耗较大。要求膳食中应提供较全面的营养成分,增加机体碳水化合物等能源物质的贮备,在丰富的维生素、矿物质成分中,突出铁、钙、磷、钠、维生素 C、维生素 B_1 和维生素 E 的含量,有利于提高有氧耐力。

(二) 操类运动的膳食营养需求

健美操、广播操、团体操、艺术体操和技巧,动作复杂而多样,要求有较强的力量与速度素质以及良好的灵巧与协调性,对神经系统有较高的要求。因此,要求参加操类项目的运动者有相对均衡的膳食营养,其营养需求是:高蛋白质、高热量、低脂肪。维生素、矿物质应突出铁、钙、磷的含量及维生素 B_1、维生素 C 的含量。

运动后,运动者宜多食用些富含维生素 C 的食物,如水果、蔬菜和豆类、豆制品等,另外,建议运动者运动后不要忘记食用一些碱性食物,以维持体内酸碱平衡,促进有害的代谢产物排出体外,尽快消除运动带来的疲劳。

(三) 大球类运动的膳食营养需求

篮球、排球、足球等球类运动项目运动者需具备力量、灵敏、速度、技巧等多方面的素质。此类项目具有运动强度较大、能量消耗高、能量转换率高且运动时间长等特点。

此类项目运动者在运动时能量消耗大,如一场篮球赛消耗能量约 4 200 kcal,一场足球赛消耗能量可高达 5 000 kcal,其膳食供给量应根据运动量的大小,保证充足的能量。膳食能量成分一般碳水化合物 60%～65%,蛋白质 10%～15%,脂肪 20%～30%,应保证以高碳水化合物为中心,尤其在运动前的 3～4 小时采用高碳水化合物饮食。这类运动项目属于集体性运动,个体差异也较大,应根据运动者个体的运动强度和持续时间的长短来确定能量的消耗。

由于球类运动大多数是在神经高度紧张的情况下运动的,应注意蛋白质的营养需要。建议球类运动者蛋白质的需要量应为每千克体重 1.5～2.0 克,应选择含优质蛋白质食物,注意必需氨基酸所占的比例,个别氨基酸如蛋氨酸及赖氨酸有助于条件反射的建立。另外,对于足球、橄榄球等有身体接触的运动项目,往往易造成肌肉损伤,运动后迅速地补充蛋白质有助于修复受伤的肌肉和组织。同时,补液对球类项目也有良好的作用,可减轻自觉的疲劳感,提高运动者耐力。一场比赛可失水 2 L 左右,运动者应注意运动前、中、后及时补液。宜选用低糖、等渗的运动饮料。不要选用含咖啡因和乙醇的饮料。运动中不要使用含糖浓度高的饮料,以免引起胃不适和胃排空后延。

(四)小球类运动的膳食营养需求

小球类项目是指乒乓球、羽毛球和网球等,这些项目对力量、速度、耐力、灵敏、柔韧等素质有较高的要求。食物中要含丰富的蛋白质、碳水化合物以及维生素 B_1、维生素C、维生素E和维生素A。球的体积越小,食物中维生素A的量应更高些。小球类项目运动时体内物质代谢变化很大,大量出汗使能耗增加,并使钙、钠、钾及维生素大量消耗和丢失。所以,及时合理地补充水与电解质及维生素比补充蛋白质、碳水化合物、脂肪更加重要。增加补充维生素包括 B_1、B_2、C、B_6、胆碱、泛酸、叶酸等的摄入。

(五)水上运动的膳食营养需求

经常进行游泳类项目的运动者其营养摄入应注意以下七条。

(1) 摄入复合碳水化合物,占每天总能量供给的55%～65%。

(2) 尽量少吃简单的糖(葡萄糖、果糖等),如果需要请在正餐时摄入。

(3) 蛋白质的摄入量占一天总热能摄入的15%～20%。

(4) 脂肪摄入的供能比例应为25%～30%。

(5) 喝足够的水,补充运动中丢失的液体。

(6) 摄入的能量应该能够维持理想的体重。游泳锻炼要求一定的力量与耐力素质,要求在膳食中含有丰富的蛋白质、碳水化合物和适量脂肪。

(7) 多样化的平衡膳食。游泳项目在水中进行,使机体散热较多、较快,冬泳更是如此。老年人及在水温较低时出于抗寒冷需要,可再增多脂肪摄入。维生素以 B_1、C、E为主。矿物质中要增加碘的含量,以适应低温环境甲状腺素分泌增多的需要。

(六)冰雪类运动的膳食营养需求

由于长时间在冰雪上活动,加之周围环境温度较低,机体产热过程增强以维持体温,所以蛋白质和脂肪消耗较多。膳食中必须给予补充,同时增加碳水化合物以协调蛋白质和脂肪的代谢,维生素的补充应以B族为主并增加维生素A的摄入,保护眼睛,适应冰雪场地的白色环境。另外,冬季户外活动少,接受日光直接照射的机会、时间较少,还应在膳食中补充维生素D和钙、磷、铁、碘的含量。

从事这类项目的运动者也要注意水分的补充。补液的温度以8～14度为宜。在此温度下，补液的效果最好，通过胃的时间较快。如果补液的温度过低（尤其不宜饮用冰冻饮料）会使胃肠血管骤然收缩，胃肠供血量会突然减少而引起胃肠疾病。

第三节　常见的运动营养补剂

随着社会的发展，运动人群越来越多。为了适应大运动量和高强度的专业化训练，仅靠平衡膳食是无法满足专业运动所消耗的大量物质，必须使用功能性的运动营养补剂来帮助运动者提高耐力以及恢复体力和运动能力，以帮助运动者承受更大的训练压力和适应更大的额外训练应激。

一、增加肌肉合成代谢和肌力的运动营养补剂

肌肉体积的增大和肌力的增加需要有合成肌肉的蛋白质原料和促进蛋白质合成的最佳激素环境。

（一）增加肌肉蛋白质合成的运动营养补剂

近年来，体育界应用高生物活性的蛋白质和氨基酸作为促进运动者蛋白质合成的营养，主要包括乳清蛋白、酪蛋白、大豆蛋白、卵白蛋白，以及这些蛋白质的分类制剂和水解产物——寡肽和游离氨基酸等。

1. 乳清蛋白

乳清蛋白主要由 α-乳球蛋白、β-乳白蛋白、牛血清蛋白和免疫球蛋白等组成，此外还含有一些具有生物活性的微量成分，包括乳铁蛋白、乳过氧化物酶、溶菌酶、酪蛋白和生长因子。

（1）生物学功能。促进机体蛋白质的合成、提高机体免疫功能、延缓中枢疲劳的发生和发展、提高机体的抗氧化能力并可为有机体提供能量。另外，乳清蛋白对维持运动员高原训练的效果具有重要作用。

（2）摄入量。在大负荷运动训练期间，乳清蛋白的摄入量可以提高到总蛋白摄入量的50%以上，而在一般训练期乳清蛋白补充量维持在每天20 g左右。

为了尽快地壮大肌肉，使得肌肉具有良好的形态和体积，可以适量补充乳清蛋白。但是，如果过量摄入乳清蛋白对壮大肌肉和提高肌肉的质量并没有好处，反而容易造成血氨的升高，对机体产生不利的影响。

2. 大豆蛋白

大豆蛋白的补充对降低血浆甘油三酯和低密度脂蛋白水平、缓解机体钙流失、防治骨质疏松都具有积极意义。研究表明,大量摄入大豆蛋白无明显副作用。但应注意在高原训练期间,不宜大量补充大豆蛋白粉,因为大豆蛋白摄入增加可能会引起胃肠胀气和腹部不适。

3. 氨基酸

目前在体育界常用的氨基酸主要有以下三种。

(1) 支链氨基酸。支链氨基酸包括亮氨酸、异亮氨酸和缬氨酸,它们都是人体的必需氨基酸。补充支链氨基酸可持续提高运动中耐力、改善中枢的抗疲劳能力和促肌肉力量增长。

(2) 牛磺酸。牛磺酸是一种含硫的氨基酸,广泛分布于动物的组织细胞内。牛磺酸与运动能力关系密切。牛磺酸有抗脂质过氧化的作用,有利于运动能力的提高;牛磺酸参与机体糖代谢的调节,提高运动能力;牛磺酸能明显提高运动大鼠血浆支链氨基酸的浓度,延缓运动疲劳和减轻疲劳的程度,增强机体的运动能力。

(3) 谷氨酰胺。谷氨酰胺是肌肉和血浆中含量丰富的游离氨基酸,是蛋白质、核酸、谷胱甘肽以及其他重要生物大分子合成的必需营养素,并且是合成免疫细胞嘌呤和嘧啶核苷酸重要氨基酸的来源。

谷氨酰胺对运动能力的影响主要表现三个方面:一是谷氨酰胺可提高机体生长激素和胰岛素生长因子的分泌,促进机体运动后的恢复;二是促进运动后免疫机能的提高;三是提高机体的抗氧化能力。

大量补充谷氨酰胺也有一定的副作用,会导致血氨的升高,从而对运动能力产生一定的影响。

4. 氨基葡萄糖

氨基葡萄糖是一种生理状态的氨基单糖,选择性地作用于关节软骨,改善骨关节损伤的病变进程,并可保护韧带、肌腱等结缔组织,维护关节健康,故也称为软骨保护剂。氨基葡萄糖安全性好,无明显的副作用,可以长期服用,一般停药后能维持疗效数月。

5. β-羟基-β-甲基丁酸盐

补充β-羟基-β-甲基丁酸盐(HMβ)具有抗蛋白质分解的作用,可以有效地增加肌肉的体积,提高力量;可以促进脂肪分解代谢,有利于脂肪的燃烧,增加去脂体重。因此,目前 HMβ 已经成为运动者广泛使用的运动营养补剂之一。

(二)创造肌肉合成最佳激素环境的运动营养补剂

肌肉蛋白质的合成除了需要提供外源性的优质蛋白质外,还需要提供能够促进蛋白质合成的最佳激素环境。人体内与合成代谢有关的主要激素有睾酮、生长激素和胰岛素。

1. 促进睾酮分泌的运动营养补剂

睾酮是一类含19个碳原子的类固醇激素,与运动能力的关系主要表现在三个方面:① 雄性激素具有促进骨骼肌蛋白质合成和增强肌力的作用;② 促进促红细胞生成素的产生和直接促进骨髓造血;③ 促进磷酸肌酸的合成等。

目前运动界用于提高睾酮的特殊运动营养补剂主要有:蒺藜皂甙及蒺藜提取物、锌、硼和传统的补肾中药。蒺藜皂甙和蒺藜提取物中含皂甙及植物甾醇等,可促进睾酮水平升高。

2. 促进生长激素分泌的运动营养补剂

生长激素是由脑垂体分泌的调节人体生长发育的一种重要物质,能够促进蛋白质合成和机体的快速恢复,从而促进运动能力的提高。

目前运动界出现了通过改善睡眠和补充氨基酸合剂——鸟氨酸和 α-酮戊二酸(OKG)来促进自身垂体生长激素的分泌,取得了良好的效果。

(1) α-酮戊二酸的作用。OKG具有促进机体内胰岛素及生长激素释放的作用,促进增长肌肉和加速机体恢复,是运动员和健身爱好者理想的营养补剂。

(2) 其他促进生长激素分泌的措施。目前运动界也通过补充卵磷脂、泛酸、维生素C、钾等来促进自身垂体分泌生长激素。同时,改善和提高睡眠质量、适当延长睡眠时间可以促进自身生长激素的分泌。

3. 促进胰岛素分泌的运动营养补剂

胰岛素是促进合成代谢的激素,是维持血糖正常的主要激素之一。铬是胰岛素发挥生物学作用所必需的微量元素,促进葡萄糖的摄取,促进糖原合成;谷氨酰胺是强有力的胰岛素分泌刺激剂;OKG也是促进胰岛素分泌的氨基酸合剂。

二、促进能量代谢的运动营养补剂

能量代谢的紊乱是导致运动性疲劳发生和发展的主要原因。运动训练过程中应用营养补剂促进运动者能量代谢是当前延缓运动性疲劳的发生、提高运动训练效果的重要手段。

(一) 肌酸

肌酸在体内可快速再合成ATP,组成肌酸能量穿梭系统。

肌酸的填充可以快速提升能量,增加肌肉的爆发力和耐久力,提高身体素质和运动成绩。补充肌酸时应注意:① 补充肌酸应与含糖(除果糖外)饮料同服有利于肌酸的吸收;② 不能用热开水冲饮肌酸,以防止肌酸水合物的结构改变;③ 不能和橘子汁或含咖啡因的饮料一起服用。

(二) 磷酸果糖

近年来发现,磷酸果糖(FDP)对运动能力的提高具有十分积极的意义。糖是运动时的主要能量来源,补充FDP可增强运动时的有氧代谢,改善骨骼肌和心血管系统利用氧气的能力,改善细胞在缺氧后的生理机能和应激适应水平。因此,FDP是国际上公认的细胞强壮剂。

三、促进疲劳消除和体能恢复的运动营养补剂

(一) 抗氧化补充剂

补充抗氧化剂可对抗运动中生成的大量自由基,是延缓运动性疲劳的发生、促进运动后疲劳的消除和身体机能恢复的重要手段之一。目前体育界比较常用而且有效的抗氧化剂有维生素E、维生素C、谷氨酰胺和谷氨酰胺肽、类胡萝卜素、辅酶Q、番茄红素、螺旋藻系列产品、牛磺酸、N-乙酰半胱氨酸、硒,以及某些中药成分(如人参、黄芪等)等。

(二) 免疫增强补充剂

运动者在大负荷训练期间易出现免疫机能低下,目前运动中使用的免疫增强剂种类很多,根据其来源和化学成分不同可划分为蛋白质类、氨基酸和短肽类、天然物质及提取物、中药制品以及化学合成物质等。

1. 蛋白质类

蛋白质是临床医学中最早研究的免疫增强剂。研究证明,牛初乳、乳清蛋白、牛乳分离蛋白、α-白蛋白等蛋白质补充可以促进运动者免疫机能的提高。

2. 氨基酸和短肽类

促进机体免疫机能提高的氨基酸是当前运动者应用较多的免疫增强剂,其中谷氨酰胺、谷氨酰胺肽、谷胱甘肽是最为普遍的。谷氨酰胺是运动者维持身体

机能水平、促进恢复、提高机体免疫机能的重要营养补充剂。

3. 天然物质及提取物类

目前运动界应用较多的这类免疫增强剂有番茄红素、大蒜素、螺旋藻、胡萝卜素、壳聚糖、多种真菌多糖、维生素C和维生素E等。

4. 中药制品

对中药的研究发现,许多中药复方具有促进机体免疫机能提高的作用,能够提高自身抵抗疾病的能力。这类复方中药的主要成分为人参、黄芪、茯苓、白术、刺五加、山药、山楂和龙眼等。

5. 化学合成物质

目前国际上还有许多化学合成物质具有提高机体免疫机能的作用,这类物质有:28烷醇、维生素C、维生素E及维生素EC合剂等。

28烷醇生物活性极强,且应用极微量就能显示出其活性,具有提高机体免疫机能的作用。

(三) 中药的应用

在应用中药时应注意有些中药中含有国际奥委会规定的违禁成分,故运动界服用的中药一定要通过兴奋剂检测后,证实其不含违禁成分才可以服用。体育界应用的中药主要有补肾益气类,补脾理气类,以及补血、活血类。

(四) 其他抗疲劳营养品

1. 咖啡因

咖啡因可加强脂肪代谢并促进肌糖原的节省,能够提高肌纤维兴奋性,影响从大脑到运动神经元的信号传导。

大量服用咖啡因会出现胃肠不适、头痛、心动过速、心神不宁、易怒、肌肉震颤、血压升高和左心室期前收缩等副作用。因此,在使用咖啡因时应该慎重。

2. 甘油

甘油在热环境下能够促进运动员在运动前机体的水合,从而使心率和体温降低,缓解在热条件下运动的机体负担。

一般来讲,运动员按照1 g/kg体重的比例溶于1～2 L水饮用后,能够有利于机体承受热负荷,促进运动能力的发挥。

服用甘油也存在明显的副作用,如反胃、头疼、头晕、胃肠紊乱以及视力障碍等。因此,对于甘油的服用应该慎重。

3. 碳酸氢盐

当产生的乳酸引起肌肉内的酸度增高，导致疲劳产生时，服用碳酸氢盐被认为是降低肌肉酸度和提高缓冲能力、提高成绩的一种方法。

4. 柠檬酸钠

柠檬酸钠的作用机制类似于碳酸氢盐。柠檬酸钠可以抑制血液pH值的降低且提高2～4分钟大强度运动时的运动能力。

5. 天门冬氨酸钾镁盐

天门冬氨酸钾镁盐是一种氨基酸盐类，其生理功能主要有：加强脂肪酸氧化，节约糖原；加速氨转变为尿素，减少血清中氨的堆积，延缓疲劳的发生；在缺氧情况下，改善心肌收缩能力，对心肌有保护作用。但是，大剂量长期使用的副作用情况尚不清楚。

四、减轻和控制体重的特殊营养补剂

（一）丙酮酸的补充

目前丙酮酸被广泛作为运动营养品使用，并且在应用时加入二羟丙酮。丙酮酸对机体的作用主要表现为：服用丙酮酸和二羟丙酮可以加速脂肪酸的代谢，改善机体成分；长期服用丙酮酸有利于有氧代谢能力的提高；服用丙酮酸对改善心血管机能具有一定的作用。目前尚未见到服用丙酮酸副作用的报道，因此丙酮酸可能是一个安全有效的运动营养物质。

丙酮酸主要适用于耐力性运动项目和对体重要求严格的运动项目。目前研究显示，丙酮酸的服用量为25 g/天、二羟丙酮为75 g/天，同时结合高糖膳食效果更好。

（二）左旋肉碱的补充

左旋肉碱（L-肉碱）是一种类似维生素的重要营养物质，是目前运动界常用的一种运动营养品。L-肉碱在体内的作用主要有以下四点。

（1）L-肉碱可以促进长链脂肪酸进入线粒体基质被高活性的 β-氧化酶系统所氧化，有利于节省肌糖原。

（2）加速丙酮酸的氧化利用，减少乳酸的堆积。

（3）促进支链氨基酸的氧化利用，维持运动时的能量平衡。

（4）促进乳酸和氨的消除，有利于疲劳的恢复等。

L-肉碱常作为控制体重、减少体脂含量的营养品。有研究表明，L-肉碱服用有利于有氧和无氧代谢能力的提高。

运动实践中一般采用口服肉碱 $2\sim6\,g$，分两次服用，便可显著提高血浆和肌肉中肉碱的浓度。由于肉碱是肌肉的天然成分，小剂量补充未发现任何副作用，但大剂量补充会引起腹泻等不良反应。

（三）膳食纤维的补充

膳食纤维可分为可溶性膳食纤维和不可溶性膳食纤维。可溶性膳食纤维包括果胶等亲水胶体物质和部分半纤维素，如树胶、果胶、藻胶、豆胶、琼脂、羧甲基纤维素等；不可溶性膳食纤维包括纤维素、木质素和部分半纤维素。

为使运动员和健身者达到理想的减控体重目标、减轻饥饿感造成心理和身体的不良影响，并尽可能减少减控体重给机体健康和体能带来的不利影响，膳食纤维是一种良好的既具有减轻饥饿感、缓解不良心理压力，又能减控体重的营养素。目前运动者应用减控体重的营养品中除了含有丰富的膳食纤维，还应含有维持运动员身体健康所必需的维生素、矿物质、优质蛋白质等营养素。

第八章

运动与健康心理

改革开放以来,经济快速发展、社会巨大变化对国民心理产生了重要影响,而国民心理健康状况又深刻影响经济发展和社会和谐。心理健康是健康的重要组成部分,在我国工业化、现代化快速推进过程中,一些人在应对多样化的社会价值观念、复杂的社会关系变化等方面明显心理准备不足,心理健康问题日益凸显,极端情绪引发的突发事件时有发生,对经济发展和社会和谐产生了负面影响。习近平同志在全国卫生与健康大会上指出,要加大心理健康问题基础性研究,做好心理健康知识和心理疾病科普工作,规范发展心理治疗、心理咨询等心理健康服务。《中华人民共和国国民经济和社会发展第十三个五年规划纲要》《"健康中国2030"规划纲要》都对加强心理健康服务提出了明确要求。

第一节 心理健康概述

我们生活在客观世界之中,无时无刻不与周围的事物发生联系,在劳动、生活和学习的过程中,有许多事物直接作用于我们的感官,这些感官将接收到的信息传送到大脑,经过大脑的加工处理产生了对该事物的认识及由此认识所决定的对该事物的态度、情绪、情感、意志和行为,这一带有个体特点的信息接收、处理和反应过程就是心理活动的过程。

一、心理概述

(一)心理概念

1. 心理的概念

心理是指人内在符号活动梳理的过程和结果,具体是指生物对客观物质世界的主观反映。概括地说,心理是大脑的机能,是客观事物在人脑中的反映,是感觉、知觉、思维、情感、性格和能力等功能的总称。心理的表现形式叫作心理现象,包括心理过程和心理特性,人的心理活动都有一个发生、发展、消失的过程。人们在活动的时候,通过各种感官认识外部世界,通过头脑的活动思考着事物的因果关系,并伴随着喜、怒、哀、惧等情感体验,这种折射着一系列心理现象的整个过程就是心理过程。按其性质可分为三个方面,即认识过程、情感过程和意志过程,简称知、情、意。人的心理是目前所知宇宙中最复杂的现象之一,是心理发展的最高层次。当然,清醒的意识状态是心理活动的必要条件。

2. 心理的本质

心理是物质的产物,是脑的机能。心理现象是随着神经系统的产生而出现的,有神经系统的动物就有了心理活动,但心理发展的层次是由神经系统的复杂性决定的。神经系统越简单,心理发展的层次就越低;反之亦然。人的心理是在社会条件和语言环境的影响下发展起来的,是在认识客观世界、改造客观世界的社会实践中逐步丰富起来的。人不但能够认识事物的外部整体,还能认识事物的本质和事物之间的内部联系,即能进行有意识的思维活动,这是人类所特有的。

一切物质都具有反映的属性,人的心理是客观事物在大脑中的反映,这种反映不是简单的、机械的、表面的,而是能动的,即通过这种反映可以认识事物的本质和事物之间的内部联系。这种能动的反映是人类心理的特点。人的心理是对客观事物的主观反映。虽然它反映的是外界事物,但是总是受个体的经验和个性心理特征的制约,并且是通过个体的活动来实现。如对外界同一事物的反映,不同的个体之间存在差异。因此,人的心理是主观的。

外界事物是人的心理产生的源泉,没有外界事物的心理是不存在的。心理通过行为活动表现出来,因此可以通过观察人的行为来分析人的心理,但是外显的行为活动并不能反映人的全部心理,在特殊的环境下根据个体的需要其行为活动反映的可能不是其真正心理。

(二)心理现象的表现形式

心理现象是非常复杂的,其表现形式也是多种多样的,但可将其分为两大方面:心理过程和个性心理特征。

1. 心理过程

心理过程包括感觉、知觉、思维、记忆、言语、想象、情感、意志、行为等。

(1)感觉。感觉是大脑对直接作用于感官的事物个别属性的反映,是最初级的心理活动过程。

(2)知觉。知觉是大脑对直接作用于感官的事物的整体的反映。感觉的材料越丰富,知觉也就越完整、越正确。

(3)思维。思维是对客观事物概括的间接反映,是高级的心理活动过程。它能认识事物的本质和事物之间的内在联系。

（4）记忆。记忆是个体对其过去经验的识记、保持、再认或回忆，是人的心理发展的基础。

（5）言语。言语是人们运用语言交流思想和进行交际的过程。语言是以语音或文字为载体，以词为基本单位，以语法为规则的符号系统，是思维和交际的工具。前者是心理过程，后者是社会现象。

（6）想象。想象是对已有的表象加工改造并形成新形象的过程，属于思维的范畴。

（7）情感。情感是人对客观事物的态度的体验，反映的是客观事物与个体需要之间的关系。对个体的机体需要是否得到满足而产生的体验称为情绪，情绪是人和动物所共有的。

（8）意志。意志是为了达到既定的目的而采取的制订和执行计划、克服困难、完成任务的心理活动。此外，注意是各种心理过程共有的特性，总是伴随着认识过程，是认识事物的必要条件。

（9）行为。行为指受思想支配而表现出来的外表活动。

2. 个性心理特征

个性心理特征是通过能力、气质和性格表现出来的。

（1）能力。能力是完成某种活动所必需的而且直接影响活动效果的心理条件。

（2）气质。气质是心理活动表现在强度、速度、稳定性和灵活性等方面动力性质的心理特征。

（3）性格。性格是人对客观事物的稳定的态度以及与之相适应的一贯的行为方式的心理特征。

心理过程和个性心理特征是人统一的心理活动的两个方面，两者既有区别又有联系，相互制约，密不可分。

（三）心理活动的生理基础

1. 神经系统

大脑是心理的物质基础，没有大脑就没有心理现象的产生。脑是神经系统中的最高级部分，是心理活动的器官。神经系统由外周神经系统和中枢神经系统组成。外周神经系统的功能是感觉输入和运动输出，其组成包括颅神经、脊神经和自主神经；中枢神经系统的功能最为复杂，如传送、联络、调节、加工处理、分析综合等，其组成包括脊髓、脑干、间脑、小脑和大脑皮层。

2. 内分泌系统

内分泌系统与心理活动也密切相关,各种原因引起的内分泌腺功能障碍均可导致该腺体分泌的激素增多或减少,从而影响人的智力、记忆、情绪等心理过程。

内分泌系统受神经系统的调节,称为神经—体液调节,如人在激动时交感神经兴奋,刺激肾上腺髓质分泌肾上腺素和去甲肾上腺素,影响人的心理活动。

3. 反射

心理现象产生的方式是反射。反射分为条件反射和非条件反射,反射活动需经过完整的反射弧来实现。

二、心理健康概述

(一) 心理健康的含义

1. 心理健康的概念

心理健康指以积极有益的教育和措施,维护和改进人们的心理状态,去适应当前和发展的社会环境。这是指一种持续且积极发展的心理状态,在这种状态下,主体能作出良好的适应,并且充分发挥其身心潜能。

心理健康的基本含义是指心理的各个方面及活动过程处于一种良好或正常的状态。心理健康的理想状态是保持性格完美、智力正常、认知正确、情感适当、意志合理、态度积极、行为恰当、适应良好的状态。

心理健康反映的是一种心理状态,是健全人格的前提下一种持续的,相对稳定的,知、情、意协调并与周围环境相适应的社会功能良好的心理状态。这种状态是通过个人感受和社会评价而综合得出的,是可变的,是发展的,存在明显的个体差异。

2. 心理健康的特征

由于心理状态的评价标准具有很大的模糊性,因而心理健康的标准就很难把握,但心理健康有以下五个特征。

(1) 心理状态与环境的同一性。一个人的心理状态与他所处的环境是密切相关的,如在观看激烈的体育竞技比赛,人的情绪会很激动且可能有很大的变化,这是正常的心理反应。

(2) 心理健康与行为的统一性。判断一个人心理是否健康,一般是以整个行为的适应情况为基准,以经常性的行为作为依据来评价判断,而不过分重视个别症状的有无。

(3) 人格的稳定性。不同人的人格是有差异的,这种差异必然要反映到每个人的言行中,只要其人格能够保证自身与社会相适应,并有稳定的自我特点,就是心理健康的表现。

(4) 心理健康标准的宽泛性。心理健康是依据人们能良好适应社会生活应达到的一般心理标志而提出的。它是一个大多数人能够达到的质的标准,因此具有相当的宽泛性。

(5) 心理健康的第三状态。心理健康是一个相对的概念。人的心理健康是一个连续过程,极端的健康是精神完美状态,极端的障碍是精神病状态,而绝大多数人的心理处于健康与病态之间的第三状态。

(二) 心理理健康的标准

判断心理是否健康的标准很多,但其内容大同小异。

1. 马斯洛(A. H. Maslow)和麦特曼(Mittelman)提出的心理健康标准

(1) 充分的适应力。

(2) 能充分地了解自己并能对自己的能力作恰当估价。

(3) 生活目标切合实际。

(4) 不脱离周围现实环境。

(5) 能保持人格的完整与和谐。

(6) 善于从经验中学习。

(7) 能保持良好的人际关系。

(8) 能适度地宣泄和控制情绪。

(9) 在不违背集体利益的前提下,能有限度地发挥个性。

(10) 在不违背社会规范的前提下,能适当地满足个人的基本需求。

2. 黄坚厚认为的心理健康标准

(1) 心理健康的人是有工作的,且能将本身的智慧和能力从其工作中发挥出来以取得成绩,同时能经常从工作中得到满足感,因此通常是愿意工作的。

(2) 心理健康的人是有朋友的,乐于与人交往,且常能与他人建立良好的关系,在与人相处时正面的态度常多于反面的态度。

(3) 心理健康的人对于自身应有适度的了解并有悦纳自己的态度,愿意努力发展自身的潜能,对于无法补救的缺陷也能安然接受,而不作无谓的怨尤。

(4) 心理健康的人应能与现实环境保持良好的接触,对环境能作出正确的、客观的观察,并能作出健全的、有效的适应,对生活中的各种问题能以切实的方法解决,而不是企图逃避。

3. 许又新心理健康的三条标准

(1) 体验标准。以个人的主观体验和内心世界为准,主要包括良好的心情和恰当的自我评价。

(2) 操作标准。通过观察、实验和测验等方法考察心理活动的过程和效率,核心是效率,主要是心理活动的效率、社会效率或社会功能。

(3) 发展标准。有向较高水平发展的可能性,并有使可能性变成现实的行动措施。

心理活动作为世界上最复杂的现象,决定了其难以检测的特性,而个体之间的巨大差异又使这一特性更加明显。因此,心理健康的评价很难有统一的标准,学者们只好从人们的生理方面、心理活动和社会方面以绝大多数人趋于认同的评价来衡量,以此建立起来的标准就是以所谓的"常模"为参考的,而这种常模是相对的,不是绝对的。各国学者提出的心理健康的标准应该说是一种理想的状态,人们很难达到这种状态,所以更确切地说它是人们在心理健康方面努力的方向。在现实中人们的心理状态是动态的,不是一成不变的,心理健康是一个过程,而不是一种结果,在健康与不健康之间没有十分明确的分界线,而只是程度的不同而已,不能说心理健康的人一点心理困扰也没有,关键要看的是怎样去面对和解决,如果不考虑这些现实特点,心理健康的标准也就变成了僵硬的教条。

(三) 心理健康的维护

维护与促进心理健康的目的是保持并增进个体的健康状态,培养个体良好的心理素质,增强对各种应激的抵抗力和免疫力,防止不良适应的出现,预防心理疾病的产生,从而使个体能够与周围环境保持和谐的关系,适应不断变化的社会,使自己的潜能得到最大的发挥,最终达到自我实现。人是社会的人,除具有生物属性外还有社会属性,而这种社会属性是由人类特有的心理活动特征决定的,所以心理健康的维护就要从生理、心理和社会三个方面着手。

1. 生理维护

身体健康是心理健康的基础。因此,从孕妇产前的保健开始,个体应进行终生的身体保健,主要内容包括孕妇产前的保健、优生优育、计划免疫、各种疾病的预防（尤其是遗传性疾病和传染性疾病）、提供保证身体健康发育的营养、定期健康体检、早期发现身体异常现象、锻炼身体、增强体质等。

2. 心理维护

首先要培养健全的人格，关键是要使个体在所处的环境中获得温暖和照顾，受到程度适当的锻炼，得到及时的指导和帮助。其中，婴幼儿期和儿童期的母爱、少年期温暖和谐的家庭环境和逆反期心理的处理在人格的形成过程中起重要作用。此外，锻炼克服困难的能力、增强对生活危机的适应能力、富有爱心、树立正确的人生观、掌握良好的情绪及控制能力、给予情感自由表达的足够机会、培养健全的人际关系处理能力等亦不可或缺。

3. 社会维护

良好的生活环境和公共设施、可选择的工作机会、良好的社会支持系统、较低的可致心理危机的社会压力、和谐稳定的社会秩序、安全的生存空间和诚信友爱的人际关系等有益于心理健康的维护。

第二节 情绪、压力与健康

一、情绪与健康

（一）情绪的概念

情绪是人对客观世界的一种特殊的反映形式，是人对客观事物是否符合自己需要的态度的体验，反映的是客观外界事物与个体需要之间的关系。通常包括肯定的情绪体验（如快乐、喜悦、放松、自信等）和否定的情绪体验（如悲伤、沮丧、紧张、焦虑、恐惧、憎恨和嫉妒等）。生理心理学的研究表明，情绪体验常伴有特定的生理学反应。愉快的情绪有利于体内组织与器官功能的正常发挥，对人体的健康状况起到维持和促进的作用；而不良情绪对机体的健康状况有损害作用。心脏病、高血压、癌症、胃病、十二指肠溃疡、肺结核、支气管哮喘、月经失调、神经性皮炎、精神病等发病机制都与情绪失调有关。如果不良情绪长时间得不到缓解，则可能导致或加重病情。这是由于消极情绪所导致的心理反应会使人感到疲乏无力、心悸、气促、口干、食欲下降，并伴有头痛、失眠、腹痛、便秘或腹泻、尿频、女性月经紊乱、哺乳期妇女乳汁分泌减少、男性阳痿等表现。

(二)情绪的特征和功能

1. 情绪的特征

情绪作为一种心理过程具有其自身的特点,主要表现为以下四点。

(1)倾向性。情绪指向什么,是由什么引起的,如一件好事使人心情愉悦。

(2)稳定性。情绪活动的稳定程度,如情感较情绪的稳定性强。

(3)深刻性。情绪活动在人的思想和行为中的影响范围和深入程度。

(4)效能性。情绪对人的行为具有促进作用,是行动的动力,如心情愉快的人工作效率更高,而心情不佳的人工作效率下降。

2. 情绪的功能

(1)适应功能。情绪可以使人的身体产生一系列生理反应,从而使人能够以最佳的躯体状态来适应环境或处境的需要。如准备搏斗时,人表现得紧张,呼吸心跳加快、血压升高等,这些生理的改变使躯体处于适宜搏斗的状态。

(2)动机功能。机体行动的动力是由内驱力激活的,内驱力是由机体的需要而产生的,情绪作为行动的动力,具有增强内驱力的作用。如当机体感到饥饿时则产生摄食的动机,并在条件许可时采取摄食行为,而当意识到饥饿对机体的危害时就会立即采取行动,并克服困难以取得食物,这时的情绪就成了摄食行为的动机。

(3)组织功能。情绪影响人的行为,对心理活动的其他方面具有组织协调作用。正性情绪对活动起促进作用;而负性情绪则作用相反。

(4)信号功能。情绪具有传递信息的功能。这种功能是通过表情来实现的,如哭泣表示悲伤、微笑表示友好、怒目表示愤怒等。

(三)情绪的控制

人类情绪的特点之一就是可以根据个体的需要加以控制。因此,表情表达的未必是真实的情感。情绪控制的目的是生存和需要,是为了更好地适应环境,科学地控制情绪有益于健康。情绪控制的基本方法主要包括以下五个方面。

1. 修身养性

修身养性主要通过提高个人的心理素质来增强控制情绪的能力。要心胸开阔、宠辱不惊、谦虚礼让、博爱坚韧、具有健全的人格,这是控制情绪的核心方法。

2. 转移注意

这是主动回避的情绪控制方法,在可能引起强烈情绪反应的情况下,先转移注意力，缓慢接受刺激，防止大喜大悲。这可以概括为：回避锋芒避其害，事过境迁心气平。

3. 自我调控

采取放松疗法平稳情绪是自我调控情绪的常用方法。例如，在兴奋、激动、愤怒的时候，可以深吸一口气，然后屏住，再缓慢呼出，如此反复进行至情绪平稳。此外，还有自我松弛法、肌肉松弛法等。

4. 异位思考

这是控制因人际关系而产生的负性情绪的方法，核心是异位思考，力求理解。俗话说"拿自心比人心大同小异"，理解了，情绪自然就平和了。

5. 登高望远

登高望远就是提高自身的思想境界，站在更高的层面来看问题，视大为小，主动化解不良情绪。

二、压力与健康

（一）压力的概念和分类

1. 压力的概念

从物理学意义上讲，压力指物体所承受的负荷，通常以受力和压强等表示。心理学引用压力解释人类行为，是指机体在受到外部或内部环境刺激时所发生的心理变化，即压力指人类对环境消极思维所产生的情绪体验。

2. 压力的分类

这种体验通常依据其对人体健康影响的性质分为良性压力和不良压力；按照压力来源分为生物、心理和社会压力；按照发生时间分为突发性压力和长期慢性压力等。

（二）压力来源

1. 家庭

父母离异；家庭成员关系恶化，如亲子关系、婆媳关系、翁婿关系、夫妻关系、兄弟姊妹关系等；亲人亡故，如配偶丧亡、其他家庭成员丧亡等；面临重大经济困难；面临重大不幸事件等。

2. 工作

（1）工作过分清闲。工作量过少、过分单调、过分闭塞、工作不重要等。

（2）缺乏成就感。久不提拔、不被重用、得不到培养、久无成果、工作关系紧张等。

(3) 关系不睦。上下级关系不睦、同事关系欠佳等。

(4) 对现岗位不满意。兴趣爱好与现岗位不统一、专业与现岗位不统一等。

(5) 工作负担过重。工作量过大、任务过重、角色过多、困难过多、能力不足等。

3. 学习

专业学习的压力、学历压力、功课负担过重、学习与工作冲突、缺少继续教育的机会、年龄与学习的矛盾等。

4. 社会

自然灾害造成的巨大损失,如水灾、火灾、台风、地震、泥石流、海啸等;战争、事故、恐怖活动等;居住环境不良,如污染、噪声、饮水问题、交通问题等;邻里关系恶化;生活节奏加快导致的紧张等;竞争加剧导致的压力等。

5. 身体

残疾、各种严重的急性疾病、各种慢性疾病和各种不治之症等。

(三) 压力的预防与缓解

1. 压力的预防

(1) 树立应激的社会观。在历史的长河中,人类是在不断克服应激、战胜应激中得到发展的。对应激有无思想准备其结果大不一样,如有准备可处惊不乱,能采取合理的应对措施。因此,要有随时处理应激的思想准备,主动参加社会实践,才能不断提高适应和应付应激的能力。

(2) 提高认识水平。充分认识压力的客观性和不可回避性,认识生活的意义,笑对各种压力,做好心理上的准备,增强免疫力。

(3) 注意自我修养,造就良好的人格基础。人格因素与压力因素成反比,所以平时要修身养性,要豁达、宽容、坚强、乐观。建立正确价值观,正确处理个人与集体的关系,提倡顾全大局,凡事严以律己,宽以待人。

(4) 充分发挥家庭社会支持系统的作用。应及时正确处理家庭社会支持系统与个人关系具有重要意义,必要时进行医疗干预。

2. 压力缓解

(1) 自我调节。善于自我调节,凡事有张有弛,避免过分自我加压,及时调节情绪状态,保持乐观的心境。

(2) 行为调节。建立良好的人际关系,有利于适应环境和减少学习、工作、生活中的矛盾,减轻心理压力。

（3）回避。依据三个原理而采取回避行为：① 趋—避原理,即趋利避害的行为模式。② 行为趋利避害归一化原理。人的一切行为都是趋利避害这一根本本能逐次外化的结果。③ 趋利避害最大化原理。主体不仅从定性上看都有趋利避害的本能,而且从定量上看,还要有趋利避害最大化这一本能。这是由人的竞争性和环境的弃留选择决定的,对满足个体需要、减轻心理压力具有重要意义。

（4）宣泄。适时宣泄,引导压力外溢,减轻心理承载量。娱乐、锻炼、大喊、踢打等,这些是常用而有效的宣泄手段。

（5）疏导。及时疏导,引导压力转移目标或对压力理解吸纳,从而达到保护自己的目的。讲明缘由、消除疑虑、加强交流、增进了解、建立感情、吸纳压力等,是常用的疏导方法。

（6）升华和转化。变压力为动力,达到新的境界,取得新的成果。

（7）心理干预。当空难、海难、火灾、地震、袭击、疾病等灾难导致亲人亡故、造成骨肉分离等巨大的心理压力和痛苦时,单靠自我的心理调整难以缓解压力,因此及时的心理干预对减轻心理压力、防止心理疾病发生具有重要作用。此外,在其他各种因素导致的心理压力不能自行舒缓时均需要及时地进行心理干预。

第三节　运动与心理健康

运动是保持或增进心理健康、消除心理疾病的一个重要方法。就目前而言,尽管一些心理疾病的起因以及运动如何有助于心理疾病的消除的基本机制尚不完全清楚,但运动作为一种心理治疗手段在国外已十分流行。

一、运动对心理健康的积极影响

1. 运动对心理健康的积极影响

运动有益于心理健康,有助于增强积极反应(如自我效能、精力充沛和身体健康等)。运动的心理健康效益简要归纳如下：通过运动和运动锻炼能使参加者成绩提高、工作缺勤率降低；做事和决定果断；过度饮酒减少；信心提高；怒气减少；情绪稳定,焦虑减少；独立性提高；抑郁减少；心理控制源内控倾向增加；敌意态度减少；记忆力增强；恐惧感减少；心境良好,神经质表现减少；知觉能力提高,应激反应减少;交往可接受性增加,紧张感减低;身体自我评价良好;性生活满意感提高;工作错误减少;自我良好感(健康幸福感)增加,慌乱减少;提高工作效率;艾滋病毒在体内的发展减慢等。

2. 运动对心理活动的影响

运动对心理健康的积极影响主要涉及焦虑、抑郁、心境和情感、自尊、认知功能等心理活动。有规律的运动有助于心理健康,即有助于减少消极反应(如焦虑和抑郁)。在焦虑方面:运动可以在一定程度上降低焦虑的产生;可以减轻个体的特质焦虑程度,一次运动可以在一定程度上减轻个体的状态焦虑。在抑郁方面:运动可以减轻个体的抑郁程度,在一定程度上降低临床抑郁产生的风险。在心境和情感方面:运动和积极的心境与情感之间相关较高;有氧锻炼对精力、紧张、抑郁、疲劳、混乱等有较小到中等程度的影响,对愤怒有较小的影响。在自尊方面:运动可以作为一种中介因素提高个体的身体自我价值感和其他重要的身体自我感觉,如身体意象。在认知功能方面:经常进行运动的健康人比不经常进行运动的人有更好的认知能力。

3. 运动的心理效应

并非任何形式的运动都能产生相同的心理效应,只有科学的运动才与一定的心理效应相联系。为不同的个体制订适当的活动计划,或者为心理疾病患者开具适当的活动处方,才能使运动产生最大的心理效益。运动的心理效应主要表现在:运动能够使个体产生良好的情绪状态,能够改善个体的自我知觉和提高自信心,有助于个体智力的发展,有助于人格的完善,能够改善睡眠和提高睡眠质量,有助于发展个体的交往技能,增强归属感,运动还有助于人们的审美体验,有助于磨炼人的意志,有助于个体获得冒险体验,有助于个体产生高峰体验等。

二、运动对心理健康的负面作用

只有根据自己身体、心理等方面的具体情况参加适宜的运动才能促进心理健康;相反,如果所采用的活动方法和手段不科学,不仅会损害身体健康,而且还会给心理健康带来负面的影响,其主要表现在心理耗竭和活动的依赖性。

1. 心理耗竭

心理耗竭是指活动者在活动中因长期无法克服的运动应激而产生的一种

耗竭性心理生理反应,是一种活动心理症状。心理耗竭不仅会损害活动者的心理健康,还可能直接导致其退出活动。

2. 活动的依赖性

活动的依赖性是指活动者对有规律的活动生活方式的一种心理生理依赖。活动的依赖性可分为积极和消极两种:有积极活动依赖性的人能够控制活动行为,在运动后有积极的情感体验;有消极活动依赖性的人在活动后往往会产生更多应激、抑郁、焦虑和愤怒等情绪体验。

第九章

老年人的运动健康管理

随着我国社会发展和人民生活水平提高,老龄人口日渐增加,老龄化已成为我国社会的重要问题。老年人作为特殊的人口群体,如何延长老年人的健康期望寿命、维护老年人的生命质量成为老年工作的重点课题和重要任务之一。转变老年人的生活观念,在老年群体中倡导积极的体育健身运动,并将其纳入科学的轨道,借以提高生命质量,这是运动人体科学研究的重要问题。本章主要介绍人口老龄化的趋势和特点,老龄化对生命质量的影响,老年人的健康评价,衰老的理论,运动健康管理对老年人心肺适能、身体组成、肌肉适能、柔韧适能和心理健康的影响,老年人体育锻炼的方法和常见老年病的运动健康管理等内容。

第一节 老年人生命质量与健康评价

人口老龄化是经济发展、社会进步的重要标志。寿命延长与社会稳定、经济发展有明显的关系,同时也向社会提出一系列挑战。老年人作为特殊的人口群体,如何延长老年人的健康期望寿命、维护老年人的生命质量成为老年工作的重点课题和重要任务之一。

一、人口老龄化趋势与特点

按照国际规定,65周岁以上的人确定为老年人;在中国,60周岁以上的公民为老年人。一般来讲,进入老年期后的人生理上会表现出新陈代谢放缓、抵抗力下降、生理机能下降、记忆力减退等特征。

(一)我国老龄化状况

随着我国经济社会的迅速发展、科学技术进步、医疗卫生条件的改善,人均期望寿命逐渐增长,我国老年人正以每年3%的速度增长。中国是高龄老年人最多的国家。1998年,中国80岁以上高龄老年人数达1 050万,占世界高龄老年人数的16%。根据2000年人口普查资料,以60岁以上老年人占全部人口10%为标准,我国已进入老龄化社会。人口老龄化对我国经济的发展有着重要的影响。

(二) 疾病谱和死因谱的变化

寿命的延长并非意味着健康老龄化。20世纪中叶以前,影响人类健康的主要疾病是各种传染病和营养不良症。之后由于社会经济状况的改善,以及特异性抗生素、疫苗的成功应用,传染病和营养不良症在疾病谱和死因谱上的地位逐渐下降,而心脑血管病、恶性肿瘤、糖尿病等占据了主要位置。心脑血管病和恶性肿瘤是20世纪90年代中国死因谱的前三位死因,约占总死亡原因的2/3。1997年全国死因顺位统计,恶性肿瘤和心脑血管病死亡率占总死因的62.11%。全国每天约有1.3万人死于慢性病,而老年人口是慢性病的高发人群。资料显示,我国慢性病患病率为17%,其中60岁以上人群是一般人群患病率的2.5~3倍,达42.5%~55%,同时其年均患病天数是一般人群的2.2倍。慢性病病程长、预后差,并多伴有严重的并发症,甚至残疾的发生。老年人的伤残问题尤为突出,我国60岁以上人口的现残率高达27.4%,即4个老年人中就有1个是残疾,带病老年人、伤残老年人增加而导致的医疗问题、卫生问题已摆在我们面前。

二、老龄化对生命质量的影响

(一) 生命质量

世界卫生组织对生命质量的定义是指"不同文化背景和价值体系中的个体,对他们的目标、期望、标准以及所关心事情有关的生存状态的体验"。"它与个体的身体(心理)健康,心理状态,自立(不依赖)水平,社会关系,个人信仰和周围环境相关",即生命质量是指人类个体在生理、心理、精神和社会各方面的主观感觉和总的满意度,是适应生物、社会、心理医学模式和现代健康观需要的新一代健康指标。

(二) 老龄化对生命质量的影响

进入老龄阶段以后,除了生理状况及需求都有很大的改变外,在心理、社会上也会发生一系列变化。在生理功能方面,老年人各种器官,包括感觉器官、脑、心血管、肺、肾、胃肠、骨关节、内分泌、免疫等系统出现程度不同的退化,整体调节能力减弱,不少老年人生理性退化使行为能力减退,日常生活中的自我服务活动及社会交往活动出现某些障碍,导致身心疾患增多。在社会地位方面,大部分老年人退休后不再担任社会和家庭的中心角色。因子女离家或丧偶,家庭结构发生某种变化,其中相当多的老年人自己不能适应这种角色转换,出现对现状的不满、失落、孤独、恐惧、偏执、暴躁、猜疑、妄想、焦虑和抑郁,甚至痴呆等。种种变化使老年人的生命质量逐步下降。

三、老年人的健康评价

(一) 健康评价的发展方向

随着健康观和医学模式的转变、疾病谱的改变和人们对健康需求的提高，长期以来，对疾病防治措施的有效评价(如发病率、病死率、生存率等)，以及对患病个体的评价指标(如痊愈、显效、好转、无效等)，已不能表达健康的全部内涵。目前所采用的生存时间、生存率等生存分析方法虽然重要，但只是数量指标的分析。Torrance认为，人的生命有两个维度，即数量和质量，数量即生存时间的长短，质量指在生命过程中的健康状况如何。因此，用生命质量评价老年人的健康无疑是一个重要的发展方向。

(二) 老年人健康评价内容

老年人健康评价包括日常生活能力、躯体健康、心理健康、社会健康及经济状况五项基本内容。

1. 日常生活能力

老年人独立生活能力不仅与心理、躯体健康有关，而且还决定于老年人的社会功能。了解日常生活功能是确定老年人独立生活能力的简单而实用的方法，是评估老年人健康最重要的指标。日常生活功能测定包括两个方面：① 日常体力活动，如穿衣、进食、上厕所、洗澡及走路等基本功能，是老年人日常生活自理能力的主要反映，主要是确定老年人是否需要长期护理；② 日常功能活动，如购物、打电话、烹调、服药等方面，是反映老年人操作家务的能力，这是参与社会活动的基础，决定老年人能否独立生活。

2. 躯体健康

老年人躯体健康通常根据以下三个方面来判断。

(1) 形体健康。具有标准体格指数，躯体无显著驼背或其他畸形。

(2) 功能正常。具有一定的体力，肢体灵活，步态平衡；具有一定的视听能力；心、脑、肺、肝、肾、内分泌与神经系统等功能正常。

(3) 没有疾病。经物理检查、实验室检查、仪器测定等未发现病理性改变，没有被确诊的重要器质性疾病。

3. 心理健康

心理健康是指人们的心理行为能适应社会环境的变化，能按社会要求的标准来实现个人的欲念,获得生活的满足。对心理健康的评价远不够标准化,当前提出的心理健康标准有十项:① 有充分的安全感;② 有自知之明,能对自己的能力作出恰如其分的评价;③ 生活目标切合实际,能现实地对待和处理周围所发生的问题;④ 能与周围环境保持良好的接触,并能经常保持兴趣;⑤ 能保持自己人格的完整与和谐;⑥ 具有从经验中学习的能力;⑦ 情绪豁达与控制适度;⑧ 能保持良好的和适当的人际交往关系;⑨ 能在集体允许范围内作出适度的个性发挥;⑩ 能在社会规范之内恰当地满足个人的基本需求。

4. 社会健康

社会健康是指个体人际关系的数量和质量及参与社会的程度。测定社会健康的方法有三类。

(1) 测定承担各种社会角色的总能力。

(2) 测定承担一种或两种特殊社会角色的能力。

(3) 测定社会支持的程度(人际关系)。

老年人应着重测定个体参与社会的能力、家庭及居住情况(婚姻状况与亲属的关系)、朋友关系与社区组织的关系、职业与工作等方面。具体包含以下内容:第一,有一定的社会适应能力;第二,能应付一定的紧张压力;第三,有一定的社会交往能力,与周围环境保持接触,并能保持一定兴趣;第四,有和谐的人际关系;第五,生活目标切合实际,能现实地处理周围发生的问题;第六,能在社会规范之内恰当地满足个人的基本需求。

5. 经济状况

老年人的经济状况对其物质生活和精神生活有着广泛的影响。绝对和相对贫困对健康都有明显的负面影响。经济状况的评定是通过个人收入是否能满足老年人的个人需要、是否需要他人的支援等来衡量。

第二节 体力活动与衰老

一、衰老的科学理论

衰老是生物界的普遍现象,指随年龄的增长到成熟期以后所出现的生理性退化,即人体在体质方面的年龄变化,这是一切生物的普遍规律。多细胞生物机体由受精卵开始,通过分裂分化形成具有不同功能的细胞,这些细胞从产生时开始,经过一定的生长发育过程,就必然走向衰老,直至死亡。目前对衰老机理的解释多种多样,形成了各种学说。

(一)自由基学说

衰老的自由基学说认为,衰老是自由基(主要是氧自由基)对细胞成分的有害攻击所造成的。维持体内适当水平的抗氧化剂和自由基清除剂水平可以延缓衰老。随着年龄的增长,体内自由基逐渐增多。自由基在体内可直接或间接发挥强氧化剂作用而与机体内的核酸、核蛋白和脂肪酸相结合,转变成过氧化物,使之丧失活性或变性,从而导致细胞功能障碍,机体逐渐衰老。一旦氧自由基产生过多或抗氧化酶活性下降、修复体系受损时,氧自由基就能对细胞造成损伤,如生物膜脂质过氧化及DNA损伤、生物分子交联、脂褐素堆积等,最终导致机体衰老和死亡。

(二)细胞凋亡学说

细胞凋亡是多细胞生物体为保持自身组织稳定、调控自身细胞的增殖和死亡之间的平衡,由基因控制的细胞主动性死亡的过程。细胞凋亡是多细胞生物体在个体发育、生长、衰老等生命过程中清除了那些受损伤而不能修复的细胞,由基因调控的正常生理过程。

细胞凋亡参与机体的许多重要生理、病理过程。目前人们对细胞凋亡与衰老的关系仍不十分清楚,但通常认为,细胞凋亡通过破坏重要的不可替代的细胞而对衰老发生影响,并提出细胞凋亡以两种形式对衰老起作用:第一,清除已经受损的和发生功能障碍的细胞(如肝细胞、成纤维细胞),并代之以纤维组织,继续保持内环境稳定;第二,清除不能再生的细胞(如神经元、心肌细胞),它们不能被替代,最终导致病理改变,如老年痴呆、"帕金森综合征"、肌营养不良性侧索硬化症、视网膜色素沉着、肌营养不良和各种形式的小脑变性等。通过以上机制,细胞凋亡的结果使体细胞,特别是具有重要功能的细胞(如脑细胞)数量减少,造成它们所组成的重要器官组织(如脑皮质等)发生萎缩而引发老年性进行性病理过程。

(三)端粒假说

端粒又称端区,是真核生物染色体3-末端的特殊结构,由一连串重复的富含G(鸟嘌呤碱基)的DNA序列(TTAGGG)及相关蛋白质组成,具有高度的保守性。端粒的主要功能是维持染色体结构的完整性和稳定性,保护染色体末端免于被化学修饰或被核酶降解,防止染色体在复制过程中发生丢失、重排或两条染色体的端区融合。不同种类、不同组织细胞中端粒DNA的脱氧核苷酸的组成及重复序列的数目各不相同。同一种细胞不同生长时期的端粒长度也不同,随着连续的细胞分裂,端粒逐步缩短,甚至完全丢失,细胞随之发生老化并丧失分裂能力而死亡。

随着年龄增长,端粒逐步变短,老年人端粒长度明显短于年轻人。研究发现,胚性细胞可以重建与延长端粒DNA,这是因为在胚性细胞中存在着一种端粒酶,它能自主地对端粒DNA富含G的链进行延长,并修复断裂的染色体末端;而正常的体细胞无端粒酶活性,细胞分裂一次端粒有50~200 bp缺失。不同的细胞类型,端粒DNA的丢失率不同。曾有人对出生2天、9岁、75岁及患早老性痴呆症病人的成纤维细胞进行测定,发现年龄越大,端粒越短,而患早老性痴呆症者端粒最短,这说明端粒的完整性对维持细胞染色体的稳定性是必需的。与年龄相关的染色体端粒缩短,将导致染色体稳定性失衡,进一步引起遗传的不稳定性,从而引起细胞衰老及细胞转化。因此,有人提出,当端粒缩短至一定程度,细胞即停止分裂,表现出衰老状态,即端粒可作为细胞的分裂钟(mitotic clock)。

(四) DNA损伤累积学说

一些学者认为,细胞衰老是由物种的遗传因素所决定的。细胞在合成结构蛋白的过程中可能发生随机性错误,包括氨基酸种类或排列顺序的错误。如果这些错误的蛋白质是DNA聚合酶或RNA聚合酶,就会产生错误的DNA或RNA,导致新的合成错误。如果这一过程得到重复,那么错误的发生将按指数规律增加,使细胞乃至整个个体衰老和死亡。此外,细胞中的DNA在内环境(如自由基)和外环境(如自然环境中的紫外线、化学物质等)损伤因素的作用下,会受损而导致DNA链断裂,使亲代和子代间遗传信息的传递发生错误。但是,细胞借助于一整套DNA修复系统,不断地纠正错误,修补断裂的DNA链,使遗传信息能准确地从亲代传至子代。然而,这种修复能力随着分裂次数的增多而降低,从而导致损伤积累,引起基因变异和表达异常,最终使生物衰老。同时,修复系统本身的编码也可能发生错误,甚至还可能产生有害的修复,其表达产物加速了细胞的衰老过程。DNA损伤的修复能力负责对机体进行DNA水平的监管。因此,增强DNA损伤的修复能力,不仅关系到延缓衰老,而且将成为许多疾病的防治手段。

线粒体DNA(mtDNA)是细胞核外遗传物质,其含量约占整个细胞DNA的0.5%,在细胞能量代谢中有十分重要的作用。但是,线粒体也是体内产生氧自由基的重要场所,在线粒体氧化磷酸化生成ATP的过程中,有1%~4%的摄入氧转化为氧自由基。与染色体DNA不同,线粒体DNA是裸露的,而且缺乏自我修复能力,因此更易受到损伤,从而产生线粒体DNA片段的缺失。动物实验证实,线粒体DNA碱基丢失频率有随年龄增加而升高的现象。线粒体DNA的损伤可能影响细胞能量代谢,导致所在器官功能减退。老年期多种退行性疾病与线粒体DNA损伤有关。线粒体DNA异常会引起呼吸功能减退,使心、脑细胞遭受损害。临床上许多老龄性疾病,都与线粒体DNA不同程度的缺失有关。

(五) 基因程序衰老学说

基因程序衰老学说认为,每种生物的基因中都存在着一个程序,生物体的生长、发育、老化和死亡都由这一程序控制;一个活细胞在其发育、形成过程中,还可能对细胞内外信号产生响应而导致程序衰老。

1996年,Lakowski和Hekimi通过线虫研究认为生物体内存在着"衰老基因"。"衰老基因"的突变基因可使物种的寿命延长。20世纪90年代以来,国外纷纷报道人类1号、4号、7号染色体与X染色体上都各自存在与衰老相关的基因。

(六) 免疫衰退学说

近年来大量实验与临床资料表明,机体的免疫系统与衰老密切相关,并逐步形成免疫衰退学说。此学说认为,随着年龄的增加,机体免疫系统功能下降(如T淋巴细胞功能下降),导致机体对疾病的抵抗力减弱。而且免疫系统的可靠性也下降。在正常情况下,机体的免疫系统不会与自身的组织成分发生免疫反应,但机体在许多因素影响下,免疫系统把自身的某些组织当作抗原而发生免疫性反应。这种现象对正常机体的细胞、组织和器官产生许多有害的影响,使机体产生自身免疫性疾病,从而加速机体的衰老与死亡。老年人多患的神经性疾病、关节炎被认为是免疫系统自身攻击的结果。

总之,衰老是一个涉及内外因素的复杂分子事件,衰老过程中细胞形态和功能的变化受基因和环境多种因素的影响,至今对其发生机理仍未彻底阐述清楚,在衰老及与之并行的诸多现象中,究竟何者为因、何者为果,何者为主、何者为次,还须进行进一步的研究。

二、体力活动对老年人健康体适能的影响

(一) 体力活动对老年人心血管适能的影响

1. 老年人心功能特点

心脏的代谢细胞一般从30岁以后随增龄而逐渐减少,从这时起,心脏慢慢

走向老化。这种老化过程因个体而异,受着机体内外环境各种因素的影响,其进展也各不相同,且多数是一个漫长的过程,60岁以后矛盾逐渐暴露,进而呈现下列老年心脏结构的改变。

(1) 心脏起搏细胞及传导系统的老化改变。

老年心脏窦房结的起搏细胞的数量逐年退化或减少,结间束与房室束的正常组织亦明显减少,并有纤维化及脂肪浸润。房室束及周围组织发生纤维化或钙化,常使其受压。同时,左束支或右束支及其远端的浦氏纤维也出现纤维化或脂质浸润。由于上述变化,老年人窦性心律随增龄而下降,异常节律或心律失常,包括传导阻滞的发生率随增龄而增加。

(2) 心肌的老化改变和老年人的心功能。

脂褐质在心肌纤维中聚积而造成褐色萎缩是老年人心肌细胞老化的典型表现。同时,心肌肌原纤维的肌节老化,肌原纤维缩短,功能降低,使心肌收缩与舒张功能下降。加之室壁肌肉老化,导致心脏顺应性差。随着主动脉和周围血管老化,心脏储备能力下降,线粒体供应ATP减少,进一步造成心功能降低。

衡量心功能的重要指标是心输出量。据文献报道,60岁以上的老年人安静平均心输出量比青壮年约减少了25%,70岁以上者心输出量约为青壮年的50%,且随增龄而降低。Bender等认为,65岁后心输出量每年平均下降0.75%。心脏指数、血容量及循环时间等均随增龄而呈逐渐下降趋势。

衡量心功能的另一重要指标即心脏指数——每分钟心输出量除以每平方米体表面积,其正常值应大于2.85 L/(min·m^2);若老年人心脏指数小于2.34 L/(min·m^2),左室射血分数小于35%,即可出现轻度心衰症状;心脏指数小于2.07 L/(min·m^2),左室射血分数小于25%,则出现重度心衰。

2. 老年人肺功能特点

老年人随着呼吸系统解剖结构的老化,其生理功能必然也有所减退,并且随增龄而加重。

(1) 肺容量及通气功能。

肺容量随增龄出现以下变化:补吸气量(IRV)、补呼气量(ERV)和肺活量(VC)下降,余气量(RV)、功能余气量(FRC)和余气量/肺总容量百分比(%)增加。正常老年人60岁以后,余气量/肺总容量百分比可达40%,潮气量(TV)和肺总容量(TLC)则基本保持不变。这些改变与呼吸系统结构退行性改变,特别是与肺组织弹性纤维的减少、断裂和变性带来的肺弹性回缩力减弱有关。

最大通气量(MVV)随增龄而显著降低,65岁以后更呈直线下降趋势。其原因为老年人呼吸肌力下降、胸廓顺应性减低和肺弹性回缩力降低等。同样,上述变化可引起用力肺活量(FVC)和时间肺活量的第1秒用力呼气量(FEV1)的降低,老年人鼻甲黏膜及气道管壁各层萎缩,使解剖无效腔增大;而肺毛细血管的数量减少和肺泡数减少又使肺泡无效腔增大,故老年人无效腔量/潮气量(VD/TV)可达40%,生理无效腔的增大造成老年人肺泡通气量减少。

(2)肺换气功能和动脉血气。

老年人肺换气功能的改变主要是弥散功能的降低,其发生原因与肺泡表面积和肺毛细血管床减少、肺通气灌注单位的破坏和心输出量降低所致的肺毛细血管床有效血供减少有关。老年人的吸入气体和血流分布亦有所改变。老年人肺下部通气较年轻人差,致使下部通气量减少,由此造成老年人的通气/血流比失调,而且通气/血流比的离散度亦随增龄而增大。由于弥散功能的降低和通气/血流比失调,老年人的动脉血氧分压(PaO_2)随增龄而降低,氧饱和度也略有下降。与动脉血氧分压不同,动脉血二氧化碳分压($PaCO_2$)不随增龄而变化,血的pH值也不随增龄改变。

(3)通气负荷及动力。

由于肺弹性回缩力减低,老年人的压力—容积(p-v)曲线向左偏移,但静态肺顺应性斜率基本不变或轻微升高。同时,老年人胸壁顺应性减低。老年人用力呼气时小气道阻力增加。老年人呼吸肌力减弱,最大吸气压(MIP)、最大呼气压(MEP)和最大跨膈压(Pdi max)随增龄而减低,易发生呼吸肌疲劳。老年人呼吸中枢对低氧和高碳酸的通气反应较迟钝,两者刺激通气的协同能力也随增龄而减弱。这些改变提示高龄患者容易发生呼吸衰竭。

3. 体力活动对老年人心血管适能的影响。

研究证明,老年人参加体力活动具有多方面效益,如提高最大运动耐量。根据心率—血压乘积推测的亚极量运动心肌做功水平降低,标准功量强度下的心率减慢,因此有可能承受心肌耗氧量更高水平的工作。长期参加体力活动的老年人其安静心率与不进行体力活动的老年人没有差异,但左心室舒张末期容积、每搏输出量、心脏指数和射血分数、左心能量有效利用率都较高,表明体力活动可以使老年人心率储备增加,提高心脏泵血功能。在完成定量负荷运动时出现节省化现象,即心耗氧量、心耗氧指数、动脉血压、三乘积(心率、左心室射血时间和收缩压)、左心室收缩末期内径和左心室收缩末期容积低于不进行体力活动者,反映了体力活动对老年人心功能的改善和提高的作用,而且运动后恢复较快。

长期有规律的运动可以防止心肌纤维化和变性,心脏和血管的顺应性改善,对血压产生有利的影响,动脉血压和心肌耗氧量降低,减缓由于衰老导致的心功能下降。因此,有锻炼习惯的老年人心血管疾病的发病率也较低,其健康状态、行走步态等也都有所改善。因此,许多学者主张把体力活动列为一种防治老年人心血管病的重要措施。

老年人肺功能对运动的适应能力是评价其健康状态的一项重要指标,经常参加体力活动可以使老年人呼吸机能加强,改善肺通气功能,从而相对推迟其老化过程。不运动的人其呼吸机能的衰老速度要比经常做体力活动的人增快1倍。研究表明,经常进行有氧运动的老年人,其VO_2max是不参加运动的老年人(对照组)的1.5~2倍,肺余气量低于对照组10%,1分钟快速呼气量和最大通气量分别高于对照组9%和25%,即使是坚持进行长走练习,也有助于肺活量的提高。

(二)体力活动对老年人身体组成的影响

1. 老年人身体成分的特点

(1)水分减少。

老年人身体中的总水量比青年人减少,从20岁至80岁,机体总水量减少17%。细胞外液几乎与青年人相等,即体内的细胞外液不随增龄而减少。细胞内液随年龄增长而递减,无论男性或女性老年人,均减少30%~40%。因为实质细胞原生质中的水分含量在一生中几乎是不变的,所以伴随着衰老,细胞内液的减少表示机体的细胞数目减少。

(2)脂肪量增加。

随着机体生理性衰老过程的发展,体密度持续降低,去脂体重逐渐下降,身体的脂肪量随增龄而逐渐增加。在青少年期,脂肪大量用作生命活动过程的能源;到老年期,脂肪在体内堆积,不被机体所利用,有人把这种脂肪称为不可变脂。老年人不可变脂增多,是衰老的重要特征,临床表现为男性下腹壁出现脂肪垫,女性腰腹脂肪增多。据Bemben(1995)研究,从30岁至70岁,去脂体重将下降30%,体密度随年龄的增加而逐渐增加,40岁以后,体脂肪量显著增加,其结果使得身体成分发生明显改变。

2. 体力活动对老年人身体成分的影响

老年人通过体力活动,可以降低1%~4%的体脂肪(甚至是在体重没有改变的情况下)。有实验表明,老年人从事体力活动后,在体重只减轻2.5 kg的情况下,却减少了25%的腹部脂肪。这个发现对老年人来说是十分重要的,因为腹部是老年人随着年龄增加最容易堆积脂肪的部位,而这些腹部脂肪又和许多心血管疾病有关系。

大量实验结果表明,老年人长期坚持有氧锻炼可有效地消耗脂肪,使体脂%和体脂重下降,改善身体成分和体型。

(三) 体力活动对老年人肌肉适能的影响

1. 老年人肌肉的特点

研究表明,老年人的肌肉量随增龄规律性地减少,肌肉截面积也随着年龄的增大而减少,从50岁至80岁减少幅度达30%。同时,研究人员还对肌纤维与整个肌肉面积的关系作了比较,发现肌纤维大小在60岁以前改变很小,这段时间内肌肉量的减少可能主要与肌纤维数目的减少有关;60岁以后肌纤维横截面积的变小比较明显,加之肌纤维数目的减少,因此肌肉量的减少加快。

造成肌肉量减少的因素综合起来可能有三个方面。第一,肌肉活动减少。由于对肌肉刺激的强度和频率的减少,直接影响到肌肉收缩蛋白的合成,同时也间接改变了运动反应中的激素分泌。第二,运动神经元数目减少。对脊髓前根的解剖分析发现,大α运动神经元数目从30岁开始减少,到80岁时大约减少30%;电生理学研究也证实了这种减少现象。第三,激素活动的改变。三种有利于蛋白质合成代谢的激素——性激素(主要是雄激素)、生长激素和胰岛素可能参与其中的影响活动。随着年龄的老化,性激素分泌减少,生长激素对运动的反应下降以及胰岛素敏感性的减退等都可造成肌肉量的减少。

肌肉萎缩可能是由于肌纤维的逐渐流失造成的,研究发现,老年男性(70~73岁)的肌纤维数显著低于年轻男性(19~37岁),且Ⅱ型肌纤维尤其显著;不常运动的男性80岁时,其Ⅱ型肌纤维从60%降至30%,并直接造成肌力的减退。研究发现,50~70岁其肌力大约减少30%,肌力减退大约是由于Ⅱ型肌纤维的萎缩,且在年过70岁以后其肌力减退情形更显著。Framingham的研究指出,55～64岁的女性中有40%、65～74岁的女性中有45%、75～84岁的女性中则有65%无法举起4.5 kg的重量。

因此,不论是横向或纵向的资料均指出,在60～70岁时其肌力的衰退大约是每10年下降15%,而年过70岁以后则是30%。显然,肌肉功能随着年龄增加而降低,主要是由肌肉质量随着年龄的增加而衰退造成的。

2. 体力活动对老年人肌肉适能的作用

研究证明,经常从事力量训练的人肌肉质量和数量优于普通人。研究人员对70岁左右的老年男女进行12周的力量训练(70%～80%1-RM),其结果显示,最大动力性力量平均增加100%,其肌肉截面积增加10%,并且观察到所有类型的肌纤维截面积都有所增加。有研究对一组平均年龄69岁的男性和一组平均年龄68岁的女性进行了9周一侧膝关节伸肌力量训练,以另一侧作为对照。结果显示,男女两组最大力量分别增加25%和30%;训练侧伸肌体积分别增加11%和12%,而且肌肉比肌力也分别增加13%和14%,这表明肌肉质量也有所提高。令人感兴趣的是对侧未训练伸肌的比肌力也分别增加7%和8%,这种现象可能与运动过程中神经系统活动的改善有关。

肌力训练是指肌肉在抗阻训练下,经过一段时间产生的力量逐渐增加的一种训练方式。有研究显示,在60%～100%1-RM的阻力训练下,其肌力会增强,肌力增强的效果主要是因肌肉体积变大,而肌肉体积变大又主要是因收缩性蛋白质增加之故。许多研究指出,通过抗阻力训练给予相同足够的刺激,老年男性或女性肌力的提高将与年轻人相同甚至更好。在老年时期,经由抗阻力训练可在短期内(3～4个月)使其肌力增加2～3倍。渐进性的肌力训练可以促进氮平衡,可增进摄取蛋白质时氮的保存。对于一个刚开始接受肌力训练计划的人来说,饮食摄取或营养素的选择都可能会影响肌肉增大。

总之,有规律的运动对老年人有许多益处,特别是减缓因增龄而导致的肌肉量减少和肌力不足,这是所有老年人共同的特征。因此,建议老年人进行一定的肌肉力量训练,增强肌力,提高身体活动水平。

(四) 体力活动对老年人柔韧适能的影响

1. 老年人柔韧适能的特点

人体柔韧适能的好坏取决于关节的灵活性、肌肉的弹性和神经系统对肌肉的协调能力。老年人由于关节软骨萎缩,会发生纤维退行性变化,又由于关节附近常出现不同程度的骨质增生或肌肉附着部位出现固化，以及关节囊僵硬、韧带弹性减弱等原因，造成了老年性骨关节的退行性变化或出现畸形，因而限制了关节的活动，柔韧性明显降低。同时，衰老还导致胶原纤维结晶和纤维直径的增加，从而降低了纤维的伸展性。此外，退行性改变使软骨失去软骨细胞、蛋白质黏多糖及水分，使软骨钙化和纤维化而失去弹性，其边缘还会出现骨质增生，形成骨刺，导致不可逆关节老化改变、活动严重障碍。随着年龄的增加，全身关节的灵活性、肌肉和韧带的伸展性发生功能性减退。如果老年人平时缺乏柔韧素质锻炼，会更加速这一过程，其结果是引起老年人关节活动幅度的明显下降，关节结构老化，出现行走障碍、肩周炎等症状。

2. 体力活动对老年人柔韧适能的作用

（1）体力活动可以提高老年人的柔韧适能。

主要是肌肉或结缔组织获得改善、关节疼痛降低和肌肉募集形式改变等。一个有计划的柔韧适能训练可以逐渐提高单关节或多关节的活动度。柔韧适能训练的成效可以通过对关节活动范围及机动性的测验来评定。早期及近期的研究都指出，从事规律性运动的老年人有许多关节（颈、肩、肘、腕、臀、膝、踝）的活动范围都增大了；在动作技术方面，也因为运动而有显著改善（包括步行技巧、本体感受、平衡技巧）。调查结果表明，经常进行柔韧适能锻炼的老年人不仅能保持较好的柔韧适能，而且在生活中动作灵活，很少患有运动系统的疾病，肩、膝、腰等关节扭伤也很少发生。

（2）老年人进行柔韧适能锻炼的益处。

① 扩大关节韧带的活动范围，有利于提高身体活动的灵活性和协调性，特别在意外事故发生时还能有效地避免和减轻对身体的伤害。

② 降低肌肉的紧张度，使僵硬的肌肉得到放松，可防止肌肉痉挛，减轻肌肉的疲劳。

③ 增加肌肉韧带的弹性，增加肌肉韧带的营养供应，延缓肌肉韧带的衰老，还能延缓血管壁弹性的衰老和皮肤松弛。

（3）老年人进行柔韧适能锻炼的注意事项。

为了使柔韧适能锻炼更科学有效，应注意以下四点。

① 要循序渐进，牵拉肌肉不要过分用力，以被牵拉肌肉、韧带有轻微不适感即可。

② 遵循主动性练习与被动性练习相结合、动力性练习与静力性练习相结

合的原则。

③ 伸展肌肉韧带时不要屏住呼吸,动作要缓慢,可采用伸展—放松—再伸展的方法。

④ 柔韧性练习可在健身活动前或后进行,健身前做有助于热身,防止受伤;健身后做有助于放松肌肉,消除疲劳。

三、体力活动对老年人心理健康的影响

(一) 老年人的心理特点

由于年龄的增长,老年人的躯体结构和生理功能都将发生改变,尤其是脑的改变,再加上社会、政治、经济地位和家庭环境的变化,以及各种因素的冲击、动荡又加剧心理矛盾,必然又会引起一系列心理方面的变化,包括情绪、思维、智力和行为的改变等。

1. 老年人的情绪

老年人由于神经系统的生物性退化及所处的特定社会环境,会引起情绪的改变,表现出老年人情绪上的凝固性、刻板性和持久性。

2. 老年人的思维

进入老年期后,思维过程减慢,形成概念所需要的时间和形成概念时出现的错误次数明显增加。这些变化与记忆力减弱有关系。

3. 老年人的智力

智力随着年龄的增长而有不同程度的变化,60岁以后智力下降较快。

4. 老年人的行为

人的行为与神经系统有密切的关系。人到老年后神经系统发生衰退,对周围刺激反应迟钝,引起行为反应速度变慢,一旦遇到紧急情况时,不能作出敏捷反应。另外,老年人对解决复杂问题所作出的行为反应也较缓慢。

老年期常见的心理问题主要表现有五个方面:① 自卑心理。老年人由于退休后经济收入减少、社会地位下降,感到不受人尊敬和重视,因而产生深深的失落感和自卑心理。② 不安全感。有些老年人对外界反感,有偏见,从而封闭自己,少与人交往,从而产生了孤独无助感和对外面世界的恐惧感。③ 黄昏心理。因为丧偶、子女离家工作、自身年老体弱或罹患疾病,感到生活失去乐趣,对未来失去信心,甚至对生活前景感到悲观失望;对任何人和事怀有一种消极、否定的灰色心理。④ 无价值感。对退休后的无所事事不能适应,认为自己

成了家庭和社会的累赘,失去存在价值,对自己评价过低。⑤ 老年性精神病。近年来,老年性情感性精神病发病率有增高趋势,常见的有老年性情感性精神病、老年性痴呆、老年性精神分裂症、因某种慢性疾病引起的大脑衰退和心理变态等。

(二)体力活动对老年人心理健康的影响

体力活动对老年人的心理健康影响主要表现在以下四个方面。

1. 体力活动可以使老年人保持良好的心理状态

体力活动可以增强老年人对健康和生活的信心,使老年人变得乐观、开朗和豁达,注意力容易集中,记忆力增强,情绪更加稳定,变得更为自信而坚强;可以补偿情绪上的孤独感和自卑感,以提高老年人的生活乐趣,从而热爱生活;从心理上带来愉悦和满足,保持良好的心理状态,这对促进身体的健康、延年益寿很有益处;同时,还能增强机体免疫系统的功能,增强机体的抵抗力,从而远离疾病,处于健康状态。

2. 体力活动可协调老年人的人际关系,增进友谊

老年人的普遍心理特点是害怕生活单调和孤独,他们需要正常的人际交往,以调节老年人的情感。体力活动为老年人提供了集体活动的机会。老年人在进行身体锻炼的同时,彼此间交流锻炼身体的方法和技艺,在集体活动中感到心情舒畅、生活充实,引起愉悦的情感体验,促进身心健康。经常进行体力活动者更易与他人形成亲密的关系,能够较好地克服孤僻、羞怯、逞强和肤浅等性格缺点,以提高心理适应能力。因此,体力活动在加强老年人人际交往、增进心理相容、培养社会适应能力方面具有重要作用。

3. 体力活动可预防和治疗抑郁、焦虑等心理疾病

大量研究表明,参与运动的老年人能预防心理疾病。对于患轻度和中度情绪心理疾病的患者,运动也可作为一种治疗手段。美国加州研究人员通过对1 799名男女历时18年的观察,证明长期坚持体力活动者患抑郁症的概率明显低于不运动者。体力活动可以通过扩展生活空间的方式调节老年人的心理。老年人经常参加体力活动能在运动中寻求最佳的心境,在各项运动中感受到快慰感,从而陶冶情操、开阔心胸,形成豁达、乐观、开朗的良好心境。

4. 经常参加体育锻炼,可以建立良好的自我概念

所谓的自我概念,是一个人对自己的身体、思想和情感等的整体评价。经过长期的运动后,老年人会有自己仍年轻、还没有老的感觉等。研究表明,经常参加体育锻炼的老年人比不参加的老年人评价更积极。

第三节 老年人的运动健康管理

对老年人进行运动健康管理有利于改善老年人的生活质量,提高老年人的生理功能,达到延年益寿之目的。

一、老年人运动健康管理的基本要求

(一)运动风险评估

在制定运动健康管理方案时,首先必须对老年人进行运动风险评估。运动强度、时间、频度、进度和顺序安排不当,会引起老年人发生心血管事件、外伤、甚至猝死。大多数老年人在中等强度体力活动之前没必要进行运动测试。对于运动时具有多种中度风险的老年人来说,应当在开始较大强度运动前做全面的健康筛查及运动风险评估。健康筛查需要收集病史、症状体征和各种医学检查的信息,由此进一步对干预对象参加体力活动发生意外的风险进行评估。

1. 病史和症状的收集

重点在于筛查与心血管健康有关的信息以及与运动功能有关的信息。

依据收集的信息和其他临床数据可以将被干预对象参加体力活动发生心脏意外的风险进行评估,对干预对象冠心病危险因素进行评分和危险度分层。针对不同危险度对象制定适合的运动处方。

2. 运动试验和运动能力评估

运动试验和运动能力评估是运动意外危险度分层的重要组成部分。根据病史、症状和其他临床检查可以作出危险度初步分层,中、高危险度对象从事剧烈运动前,应通过运动试验对其运动能力进行评价,同时通过运动中的医学监测,对运动中可能暴露的心脏病理损害进行探查和诊断,评估可能发生运动诱发心血管意外的风险,在医生的参与下,制定运动处方。

心脏意外的危害大,所以是健康筛查和危险度分层的主要考虑方面。对于运动外伤等其他意外伤害,一方面需要借助临床医生的指导避免加重已经存在的骨关节病变,另一方面遵从有关的运动注意事项,降低运动外伤的风险。

3. 高龄人群运动评估注意事项

高龄人群（年龄≥75岁和行动不便的个体）大多数都有一种或者多种医学问题。随着年龄的增长，身体限制也越来越多。针对高龄人群运动评估应注意以下事项。

（1）运动测试时，个人的既往病史及身体检查结果可以用来判断运动时的心脏禁忌证。

（2）对于有心血管疾病（CVD）症状或明确诊断疾病的个体，可以根据症状和疾病进行危险分层和治疗。

（3）无心血管疾病症状和疾病者，应该在没有太大风险的情况下，参加低强度的运动。

（二）老年人运动健康管理制定的原则

对老年人进行运动健康管理时，为了安全有效，应该遵循以下原则。

1. 循序渐进原则

老年人在制定和实施运动健康管理时，应由易到难、由简到繁，逐步深化，不断提高。应该有节奏地穿插休息，做到小、中、大运动量相结合，形成适应—加大—再适应的健康体育锻炼过程。研究表明，人体各系统的机能是一个逐渐发展、逐步提高的过程，因此老年人在进行健康体育锻炼时要循序渐进，要量力而行，不要急于求成。

2. 经常性原则

老年人只有在经常性的体育锻炼中才能增强体质，人体各器官系统机能的改善都是长期坚持体育锻炼的结果。每种锻炼方法的掌握和锻炼效果的取得都必须经过反复的练习和无数次的重复，而一旦间断，心肺功能、体力和工作能力即随之下降。

3. 全面发展原则

老年人进行体育锻炼时，必须保持身体和心理健康的全面发展。人体是一个整体，各器官系统是相互影响、相互制约的。任何局部机能的提高，必然促进机体其他部位机能的改善，当某一身体素质得到发展时，其他身体素质也会不同程度地发展。但是，每一项体育活动都有一定的局限性，因而老年人应选择一到两个功效大，且较有兴趣的运动项目为主，辅之其他项目，以达到身心全面发展的目的。

4. 个别对待原则

要根据老年人的年龄、性别、体力、健康状况和有无运动史来决定老年人的运动处方,选择最适宜的运动项目,并制订合理的锻炼计划。

(三) 锻炼项目的选择

老年人如果能经常坚持适当的体育锻炼,有助于减慢衰老过程,预防老年疾病。因此,合理选择运动项目是坚持体育锻炼的基础。老年人的体育锻炼项目应以简单有效、无副作用、活动轻微(即低能量消耗)、对保健养生和疾病防治有较大作用的活动项目为首选,同时也要根据个人的兴趣爱好而定。若喜欢群体交流,可以参加社团集体活动,如加入网球队、门球队、舞蹈队等;反之,则选择独自锻炼的活动。根据我国国情和人民的经济生活条件,大多数老年人适宜选择散步、慢跑、太极拳、气功、跳舞(轻缓的)、体操、游泳、骑自行车中的任何一项进行经常性的锻炼。有慢性病的老年人,一定要先征得医生的同意,在医生的指导下,选择针对疾病的运动处方,参加适合自己病情的运动项目,并且注意掌握适宜的运动量。

开始锻炼时,应选择缓和的活动项目,如先做体操;也可进行一定距离或一定时间的步行锻炼,在步行过程中可以快慢交替;还可参加容易掌握运动量的太极拳、羽毛球和乒乓球等活动。

(四) 运动健康管理中锻炼方法的选择

适宜老年人的体育锻炼方法主要有有氧锻炼、力量锻炼和放松性练习。

1. 有氧锻炼

散步、慢跑、走跑交替、骑自行车、登山、打乒乓球、原地跑、上下楼梯等有氧运动可以锻炼腿部肌肉,提高心肺功能,增加每搏输出量,改善血管壁的弹性,降低血中胆固醇(TC)、甘油三醇(TG)、低密度脂蛋白(LDL)的含量,对冠心病、糖尿病有一定的防治作用。在锻炼中要注意锻炼卫生,如在感冒、天气骤冷等情况下不宜进行户外活动。同时,应注意循序渐进地增加运动时间和强度。运动心率应控制在(170-年龄)次/分以下,体育锻炼时要选择在空气新鲜、氧离子丰富、安静的环境进行。对于不宜参加较大运动量的老年人来说,散步是最好的锻炼方法。

2. 力量锻炼

多数人认为,老年人不适宜从事力量锻炼,因为老年人肌肉萎缩、肌力下降,易产生疲劳感。实际上,力量锻炼对减缓老年人骨质流失、防止肌肉萎缩、维持各器官的正常功能均有积极作用。老年人的锻炼是以增加肌力为主要目的,宜选择举小沙袋、握小杠铃、拉轻型弹簧带、做单杠悬垂等项目。锻炼节奏不宜太快，重量不宜太大，时间不宜太长。活动幅度应逐渐加大，注意掌握正确的姿势和适宜的活动范围，而且要注意身体各部分肌肉的协调发展，把发展力量素质与柔韧素质有机地结合起来，避免肌肉过于僵硬。通过有效刺激使肌肉得到充分的血液供应，获取更多的氧气和营养物质，增加肌纤维的弹性，提高肌肉的力量。

3. 放松性练习

若以消除身体疲劳、改善心情、防治高血压或神经衰弱等老年常见病为目的，可选择运动量较小的放松性练习，如气功、太极拳、散步、保健按摩和扭秧歌等。这些运动负荷都在老年人适宜的生理负荷范围内，有很好的健身效果。若针对某些具体疾病进行专门治疗，则必须在医生的指导下选择适宜的医疗体操。

（五）注意事项

（1）加强自我监督，了解锻炼后的心率、血压等反应，每天测量锻炼前后的心率、血压和早晨起床时的基础心率。

（2）体育锻炼要劳逸结合，锻炼和休息要安排适当，要根据身体反应及外界环境的变化不断调整好锻炼和休息的关系。

（3）老年人锻炼的强度一定要掌握在有氧代谢的运动强度范围内，一般心率控制在120次/分以内，也可用公式来计算：适宜运动的心率=170−年龄。

（4）选择全身性体育活动，避免某一肢体或器官负荷过重。注意发展腹式呼吸，应尽量避免憋气或过分用力的动作。尤其对动脉硬化的老年人，避免造成血压骤然升高的动作，如头朝下或突然低头弯腰等过猛动作。

二、老年人运动健康管理方案

老年人普遍存在身体功能能力低下、肌力不足和体适能下降等情况，都可能导致生活独立性丧失。一个运动健康管理方案应该包括有氧、肌肉力量/耐力和柔韧性运动。如果一个人经常摔倒或行走不便，还应当做些特殊的神经动作练习，以提高健康相关体适能要素之外的能力，如平衡能力、灵活性和本体感觉能力。而且，年龄不应该成为促进身体活动的障碍，因为无论任何年龄，都会获得明显收益。相对于年轻人而言，老年人运动健康管理方案最大的不同就是制订相对运动强度。老年人运动健康管理方案推荐如下。

1. 有氧运动

为了促进和维持健康，老年人应当遵照如下运动健康管理方案进行有氧

（心肺）身体活动。如果老年人由于慢性疾病而不能达到推荐的身体活动水平，可以根据自身的能力和状况安排运动。

（1）运动频率：每周≥5天中等强度体力活动，或每周≥3天较大强度体力活动，或每周3～5天中等强度与较大强度体力活动相结合。

（2）运动强度：为中等运动强度和较大运动强度。

（3）运动时间：中等强度体力活动，每天累计30～60分钟（60分钟效果更好），且保证每次至少10分钟、每周共150～300分钟；或每天至少20～30分钟、每周共75～100分钟的较大强度运动；或者是同等运动量的中等强度和较大强度运动相结合。

（4）运动方式：步行是最常见的运动方式。水上运动和固定功率车运动较那些需要承受自身体重而耐受能力受限制的项目来说更具优越性。

2. 肌肉力量/耐力运动

（1）运动频率：每周≥2天。

（2）运动强度：中等强度（例如60%～70%的最大重复次数[1RM]）。老年人抗阻运动应以低强度（例如40%～50%1RM）开始。

（3）运动时间：10～30分钟。

（4）运动方式：渐进式负重运动项目或承受体重的柔软体操（对8～10个大肌肉群进行训练，≥1组，每组重复10～15次）、爬楼梯和其他大肌群参与的力量训练。

3. 柔韧性训练

（1）运动频率：每周≥2天。

（2）运动强度：拉伸至感觉到拉紧或轻微的不适。

（3）运动时间：保持拉伸30～60秒。

（4）运动方式：任何保持或提高柔韧性的体力活动，通过缓慢的动作拉伸身体的各大肌群。静力式拉伸优于快速弹振式拉伸。

4. 针对经常摔倒或行动受限个体的神经肌肉（平衡）练习

尽管肌肉（平衡）练习没有被专门纳入运动健康管理方案之中，但是包括平衡、灵敏和本体感觉训练的神经动作练习，如果能坚持每周2～3天的训练，对于减少、预防摔倒是很有效的。一般的建议如下。

（1）通过逐渐增加动作的难度来减少其支撑力（如双腿站立、前后站立等）。

（2）使人重心发生变化的运动（如前后交替走路或蹬自行车）。

(3)肌群压力姿势练习(如脚跟,足尖站立)。

(4)减少感觉输入(如闭眼站立)。

(5)太极。

应该保证这些运动中的医务监督。

5. 注意事项

为了最大限度获得身体活动的有效性,应注意以下问题。

(1)对于那些因身体素质很差、功能受限或有慢性疾病影响他们完成身体活动的老年人,在刚开始参加身体活动时,强度要低、运动持续时间不要太长。

(2)循序渐进的身体活动必须是个性化的、特定的、可以承受的和有兴趣的;随着年龄的增加,抗阻运动变得更加重要。

(3)运动计划的早期阶段,对于体弱的老年人,肌肉力量/耐力活动应该在有氧运动之前。患有肌肉减少症、身体虚弱的个体,需要在他们的生理能力可以参与有氧训练之前增加肌肉力量。

(4)如果老年人患有慢性疾病,无法达到推荐的最小运动量,也应当尽可能地做些可以耐受的身体活动而避免静坐少动状态。

(5)身体活动应该以适当的整理运动结束,尤其是对于患心血管疾病的个体。

三、常见老年病的运动康复

(一)糖尿病

糖尿病的运动康复选择运动强度为运动心率在130 bpm左右的运动,运动方式可以是跑步、游泳、太极拳或有节奏的全身运动等。每次总时间60分钟,分3次完成,每周3次。每次运动在饭后50分钟进行。上述运动能使肌肉对血糖吸收率增大,改善耐糖量,增加胰岛素敏感性,达到有效辅助治疗目的。其要点是不要空腹运动,一定要在饭后或少量进食后才运动。

(二)高脂血症的运动康复

选择运动强度为运动心率在130 bpm左右的运动,每次30分钟,每周6次,或每次60分钟,每周3次。运动方式可以是跑步或骑功率自行车等。上述运动可加速内外源性中性脂肪的代谢,加速高密度脂蛋白(HDL)对胆固醇到肝脏的运输,加大对胆固醇的氧化和清除,所以能降低血脂水平。此运动处方的要点是运动时间一定要保证,运动次数最好每天能坚持1次。

(三）高血压的运动康复

选择运动强度为运动心率在120 bpm左右的运动。每次60分钟，每周3次。运动方式最好选择有节奏较轻松的运动，如步行、慢跑、太极拳、医疗体操、羽毛球、骑自行车、交际舞、太极拳等，上述运动有增强迷走神经作用，可降低血管肾上腺素，增大血管扩张能力，减少外周阻力，起到降压作用。其要点是运动的内容一定要轻松。实施运动处方前最好做心血管功能方面的检查。切忌做鼓劲憋气、快速旋转、用力剧烈和深度低头的动作。

(四）高尿酸血症的运动康复

选择运动强度为运动心率在110 bpm的运动，每次运动30分钟，每周3次，隔日1次。此处方的要点是运动强度一定要保持在心率110 bpm左右。运动方式以全身有节奏放松的运动为宜。此运动处方可使血清酸值减少、尿酸清除率增加，达到辅助治疗高尿酸血症的目的。

(五）冠心病的运动康复

运动康复是冠心病综合治疗的组成部分，有助于减少心肌梗死的发生和死亡率。患者可进行中低强度的步行、慢跑、太极拳等有氧锻炼，心率一般控制在130 bpm以内。在运动量上，一定要严格掌握适度的原则，并且注意根据病情变化及时调整。千万注意：在心绞痛发作和心肌梗死病灶尚未修复的时期不要运动。研究发现，清晨3～8点是老年心脏病的危险期，此时血压最高，易中风猝死。若此时进行不恰当的体育锻炼，特别容易发生意外。因此，建议在上午10点左右或者下午3点左右锻炼为好。每次外出锻炼时，应随身携带保健盒（急救盒）。

(六）慢性支气管炎和哮喘的运动康复

基本宗旨是提高对外界温度变化的适应能力和抗病能力。要坚持耐寒锻炼，经常到室外进行活动，遵循用鼻呼吸或鼻吸口呼的原则，防止冷空气直接刺激咽喉和气管而加重咳嗽、气喘的病情。另外，可练习呼吸保健操，锻炼呼吸肌和肺泡组织的弹性，迫使肺泡内残气的排出，增加换气量。注意：有哮喘、气管炎的人要特别注意空气质量，在大雾、大风、沙尘暴时应停止锻炼，也不要到有花粉、空气污浊的地方锻炼。

(七）肩周炎的运动康复

肩周炎除配合推拿等治疗外，体育锻炼最为有效。方法以活动关节为主，其关节活动的幅度，要由小到大，最后做到最大可能的范围。另外，跳交谊舞能预防和辅助治疗肩周炎，对老年患者来说比较适宜。

（八）慢性腰腿痛的运动康复

应以腰、背和腿部肌肉锻炼为主，有太极拳、五禽戏、体操、散步、慢跑、门球以及退步行走等方式。退步行走能通经活络，壮腰健身，每日可坚持两次，每次5～10分钟，这对腰肌劳损疗效尤其显著。运动中不应超量负重锻炼，尤其是不做爬楼梯、登山等体育锻炼，以免引起新的损伤。

（九）消化系统疾病的运动康复

采用多种锻炼腹肌的方法，促进肠胃功能好转，提高腹内压，刺激胃的蠕动。注意锻炼和吃饭时间的间隔，不要在饭后进行剧烈运动，如长跑、打拳等。

第十章

女性的运动健康管理

女性生命中经历的各种重要变化期是进化的结果,需要人们以一种自然的心态、自然的方式对待变化期所出现的问题。体力活动在原始时代是生存所必需的,现在也不失其意义。采取适当的体力活动锻炼身体,将明显促进各个年龄段和不同时期的女性身体健康。本章主要介绍女性在不同特殊时期的身体特点、体力活动对健康的影响和女性运动健康管理等内容。

第一节　女性青春期的运动健康管理

青春期是女性生命早期首次真正意识到自己的性别,也是生殖年龄的开始,一般10~12岁起进入青春期,持续到20岁。青春期在各个方面既不同于儿童也不同于成人,是女性生理、心理和社会角色转变期。

一、青春期女性的身体特点

(一)青春期女性形态的特点

青春期女性机体内分泌开始旺盛,性激素出现,要经历体型、身高、生理、心理和社会功能的明显变化。女孩第二性征出现,表现为乳房增大、生殖器发育、月经来潮、阴毛和腋毛生长。体重快速增加,体脂增多,体型逐渐呈梨形;骨盆宽大,两腿增粗,腰身苗条。身高达到第二个生长高峰期,骨骼快速生长发育,尤其是四肢骨骼,以至于经常出现肌肉的生长赶不上骨骼的生长,下肢大肌群肌腱附着部位活动时疼痛,如髌腱附着胫骨处疼痛,是青少年女性快速生长的表现。

(二)青春期女性神经系统的特点

青春期女性的神经系统结构,如脑重量、脑细胞数和外周神经的髓鞘化程度与成人非常接近,但电生理研究表明,其生理功能仍低于成人,运动控制及协调能力稍差。肌肉力量的增长与发育出现不平衡,运动相对不协调,容易造成损伤,尤其是骨骺损伤。但是,在激素的作用下,青春期女孩的肌肉韧带相对弹力更大,柔韧性增加。

(三)青春期女性心血管和呼吸系统的特点

青春期女性安静心率平均为90次/分(70~110次/分),血压接近成人;

呼吸频率较快，为18～22次/分，最大摄氧量绝对值低于成人，但相对值与成人相同。

（四）青春期女性代谢特点

青春期前和青春早期女孩的汗腺数量与成人相同，但汗液分泌量不同，运动时产生的汗液约为成人的四分之一，同时皮肤血流量也较少，不利于散热，中心体温较高；运动后恢复正常体温需要更多时间。因此，运动时应注意避免热损伤和脱水，在热、湿环境下运动时，应缩短运动时间，并及时适当补充饮料，预防损伤。

青春早期女性的无氧代谢能力与儿童相似，低于成人。虽然她们肌肉中ATP和CP浓度与成人相同，但肌肉中磷酸果糖激酶浓度较低，糖酵解速率慢，当大强度运动时，ATP和CP的补充能力较差，利用无氧糖酵解做功的能力较差。青春后期女性的激素水平接近成人，糖酵解能力增加，肌肉产生乳酸增多，无氧代谢增强。

由于生长发育的需要和运动的不协调，青春期女孩需要较成人更多的能量，为1 500～3 000 kcal/d，平均2 200 kcal/d；由于代谢更旺盛，营养需求也相应增大，因此饮食中充足的营养成分供给与营养平衡很重要。此阶段女孩经常会因为饮食增加导致肥胖，所以平衡膳食和适当运动对预防青春期肥胖非常重要。然而，过度节制饮食也会使身体过瘦，不仅影响发育，还会造成饮食紊乱、闭经和骨质疏松等，同样也损害身体健康。

总之，青春期女孩身体形态和生理机能有着显著的特点，建议体育锻炼时应给予重视。

二、运动对青春期女性健康的影响

运动对青春期女孩的影响和成人是类似的。研究显示，有氧耐力运动配合肌肉力量训练可以减少青春期女孩的体脂%，增加去脂体重和肌肉力量，降低肥胖相关的血脂异常，同时明显提高VO_2max。随机对照研究表明，即使日常的上、下楼梯运动，每次200级，持续2分钟，每天1～5次，每周5天，也可显著提高健康青春期女孩VO_2max，降低LDL-C水平，改善心血管机能。研究还显示，系统力量训练可以显著提高青春期女孩的无氧工作能力，尤其是明显地提高峰功率和单位体重峰功率。积极参加体育活动能促进青春期的骨骼生长发育和增加骨钙吸收，虽然对骨骼长度增加的作用较小，但可以促进骨的增粗和骨密度的增加，提高骨的强度。

此外,运动还可以提高柔韧性,减少损伤,保持体型,增强自信、自尊,增加交往,避免孤僻,塑造良好的性格。

三、青春期女性运动健康管理

青春期女性的运动健康管理主要包括有氧耐力训练、肌肉力量训练和柔韧性训练。制定运动健康管理方案时要考虑运动的姿势和体位,避免不利于发育的姿势;运动方式可以是骑车、行走、游泳、球类运动、各种肌肉力量练习、自我牵拉等,重要的是要向她们讲各种运动的目的、做法,运动的强度、组数、持续时间,运动频率、场所和功能意义;也要介绍青春期运动的生理特点,避免损伤。

青春期的孩子们最容易犯的错误是过度运动和过少运动。过度运动容易造成损伤,最常见的是肌肉损伤、韧带软组织损伤和骨折。骨折常常损伤骨骺区,骨骺是青春期孩子的成骨中心,骨骺损伤会减少骨骺的血液供应,影响骨的生长过程,直接影响和损伤骨的生长。运动相关骨骺损伤发生率占5%～6%。因此,青春期运动需要避免剧烈碰撞的动作,增加准备活动和整理活动的时间,以减少损伤。有一种过度运动是运动成瘾,尤其是女孩或某些女运动员,为保持好的体型,常常每天超量运动、节食,往往造成体重和体脂过低、厌食、闭经和骨质疏松,甚至导致生殖功能障碍,这是一种极其严重的病态。

体力活动过少使青春期女孩肥胖比例增加,同时会伴随机体代谢的异常。有研究显示,青少年肥胖者高血糖、高血脂和高血压的发病率显著增加,面临与成人相同的问题,并会给成年期造成不利影响。因此,积极鼓励和采取有效措施加强体育锻炼对提高青春期女性的健康水平十分有益。

第二节 女性妊娠期的运动健康管理

妊娠是女性的一个身体形态和生理机能发生剧烈变化的重要时期,一般持续38～40周,通常分为妊娠早期(最前3个月)、妊娠中期(中间3个月)和妊娠后期(最后3个月)。妊娠期女性体内孕育着生命,身体内外都发生着巨大的变化。外形上,由于胎儿生长,腹部逐渐膨隆,身体前部负重增加,身体重心发生改变,可能会向上、向前移,脊柱力学随之改变,站立时呈昂首挺胸状,活动不方便。

机体代谢上更是发生了根本性改变以适应自身和胎儿营养与生存的需要。合理的运动对孕妇和胎儿都有许多益处。

一、运动对妊娠期妇女健康的影响

与妊娠前相比,在妊娠过程中对运动的急性生理反应通常是增加的。应鼓励健康、没有运动禁忌证的孕妇在整个妊娠过程中参加健身运动。妊娠过程中规律的健身运动可为母亲和胎儿带来健康(体适能益处)。健身运动还可以减少妊娠并发症发生的风险。

妊娠期进行适当的运动可以起到控制体质量增长、调控血糖、缓解疼痛、预防抑郁以及改善睡眠等作用。

1. 控制体质量增长

妊娠期的体质量增长是一个自然而且必要的过程,然而过度的妊娠期体质量增长会导致产科并发症(妊娠期高血压疾病、妊娠期糖尿病)的发生、增加剖宫产率以及引起产后的盆底功能障碍。妊娠期增长的体质量成为日后肥胖的病因,直至最后影响健康,导致各种慢性疾病的发生。适当的运动可以有效地控制体质量的增长。

2. 调控血糖

有氧运动能减少体内葡萄糖的合成,从而起到调控妊娠期糖尿病妇女血糖水平的作用。

3. 缓解疼痛

妊娠期为保持重心平衡,妊娠妇女脊柱前凸、背伸肌群过度负荷,会感觉腰背及骶部疼痛。妊娠妇女进行适当的肌肉锻炼,可以增强椎旁肌和腹横肌的力量,稳定腰椎及骶髂关节,进而缓解这种与妊娠相关的腰背及骶部的疼痛。

4. 预防抑郁

运动有益孕妇心理健康是普遍认同的观点。妊娠期运动可以改善妊娠妇女对自我形象的满意度,提高妊娠妇女的自我评价,使其获得良好的心态,预防抑郁。

5. 改善睡眠

妊娠期发生的与睡眠相关的问题主要表现为睡眠过浅、周期短和入睡困难,运动可以改善妊娠妇女的睡眠,得到更好的妊娠结局。

二、运动风险评估

1. 运动评估

除非医疗需要,孕妇不应该进行最大强度运动负荷测试。如果获准进行最大强度的运动负荷测试,应该在对孕妇进行运动禁忌证的医学评估后,在医师监督下进行。若孕妇在妊娠前是静坐少动者或有某些医学问题,在参加一项运动项目前应获得医生或助产师的许可。

2. 运动禁忌证

当出现阴道出血、运动前呼吸困难、眩晕、头痛、胸痛、肌肉无力、小腿后侧疼痛肿胀(需排除血栓性静脉炎)、早产、胎动消失、胎膜早破等情况时应停止运动(表10-1)。

表10-1 妊娠期妇女运动禁忌证

绝对禁忌证	相对禁忌证
显著血流动力学变化的心脏疾病	重度贫血
限制性肺疾病	未经评估的心律失常
宫颈机能不全/宫颈环扎术后	慢性支气管炎
多胎妊娠有早产风险	血糖控制较差的1型糖尿病
持续妊娠中晚期阴道出血	病态肥胖[体质量指数(BMI)$>33\ kg/m^2$]
妊娠26周后的前置胎盘	超低体质量(BMI$<12\ kg/m^2$)
本次妊娠有早产风险	以坐躺为主,极少站立行走的生活方式
胎膜早破	本次妊娠胎儿生长受限
子痫前期/妊娠期高血压疾病	控制较差的高血压
	整形造成的活动受限
	控制较差的癫痫患者
	控制较差的甲状腺功能亢进患者
	重度嗜烟者

资料来源:宋蒙九、李婷,"妊娠期运动",《国际妇产科学杂志》,2014年第41期。

三、妊娠期妇女运动健康管理

推荐给孕妇的运动处方应该根据孕妇的症状、不适和妊娠中的运动能力进行调整。妊娠过程中了解运动过程中的运动禁忌证是非常重要的。

妊娠期妇女运动处方推荐如下。

（一）有氧运动

1. 运动频率

每周3～4天。研究建议每周3～4天为理想的运动频率。

2. 运动强度

根据年龄并考虑体适能水平，低风险孕妇建议参加中等强度运动。

3. 运动时间

每天≥15分钟，逐渐增加至每天最多30分钟，周累计中等强度运动共120分钟。建议在运动前后分别进行10～15分钟的热身和10～15分钟低强度的整理运动，从而每周累计运动时间大约150分钟。通过医学检查首先筛选出妊娠前BMI≥25 kg/m^{2}的孕妇，以每天25分钟低强度运动开始，每周增加2分钟直到每天运动40分钟，每周3～4天。

4. 运动方式

采用涉及大肌肉群的动力性、有节奏的运动，如步行和骑车。

5. 运动实施进度

最理想的实施时间是妊娠3个月（13周）之后，因为这个时候妊娠的不适感和风险是最小的。一般从每天15分钟，每周3天（以合适的HR或RPE），逐渐增加到每天大约30分钟，每周4天（以合适的HR或RPE）。

（二）注意事项

（1）有静坐少动生活史或医学问题的孕妇应在每次参与运动前完成妊娠运动前医学检查，逐渐增加运动水平以达到上述推荐水平。

（2）有严重肥胖和(或)妊娠糖尿病或高血压的孕妇在开始一项运动项目之前应咨询医生，并由医生根据她们的医学问题、症状和体适能水平对运动处方进行调整。

（3）孕妇应避免可能导致身体失衡、引起母亲或胎儿损伤的接触性运动或活动。例如，应避免足球、篮球、冰球、直排轮滑、骑马、滑雪、潜水和较大强度的持拍运动。

（4）一旦发生下列迹象或症状，应立即终止运动并进行医学随访。如阴道出血、运动前呼吸困难、眩晕、头痛、胸痛、乏力、小腿疼痛或水肿、早产、胎动减少和羊水漏出。

（5）孕妇在妊娠的16周后应避免仰卧位的运动,确保不会发生静脉回流受阻。

（6）孕妇在运动中应避免过度憋气动作。避免在炎热潮湿的环境中运动,并注意补水,穿着适宜以避免热应激。

第三节　女性产后的运动健康管理

产后是妇产科医生和其他产科保健人员启动、推荐和强调健康行为生活方式的较好时机。

一、运动对哺乳期女性健康的影响

产后恢复原来的锻炼活动或融入一些新的锻炼习惯对形成终生的健康习惯非常重要。妇女产后参加运动项目的减少是引起她们超重和肥胖的常见原因。一旦医学上安全,产后应逐渐恢复原来的锻炼习惯,对促进健康、恢复体力有很好的作用。产后运动能够使得腹部和骨盆附近的肌肉群、骨盆中的韧带以及周围的组织器官的功能得到更加有效的恢复。运动恢复的医学安全时间取决于分娩的方式,以及有无内科或手术并发症。有些妇女在产后几天内就能恢复体育运动,并且不影响母乳量、母乳成分和婴儿生长。哺乳期妇女为避免运动时乳房发胀引起的不适,应在锻炼前哺乳。开始锻炼前还应保证水分充足。

二、运动风险评估

制定运动处方前要对产后女性进行医学检查,检查主要包括整体健康、产科情况、内科情况和运动习惯与经历等。推荐给哺乳期妇女的运动处方应该根据哺乳期的症状、不适和妊娠前运动能力进行调整。了解运动过程中的运动禁忌证非常重要。

三、哺乳期女性运动健康管理

（一）有氧运动

1. 运动频率

初始锻炼者每次锻炼时间15分钟左右为宜,经常锻炼者可在30分钟以上。

锻炼频率为每周3～6次。

2. 运动强度

以心率作为评定强度的标准。严格控制心率在最大心率的60%～80%，维持心率在120～150次/分。

3. 运动时间

每天≥15分钟，逐渐增加至每天最多30分钟，周累计中等强度运动共120分钟。建议在运动前后分别进行10～15分钟的热身和10～15分钟低强度的整理运动，从而每周累计运动时间大约150分钟。以每天25分钟低强度运动开始，每周增加2分钟直到40分钟，每周3～4天。

4. 运动方式

在进行有氧运动的基础上，针对臀部、大腿和腹部进行局部力量练习。走路和局部抗阻运动为最佳。

5. 运动实施进度

产后2～4周逐渐开始恢复运动，时间≥15分钟，并逐渐增至30分钟，每周3～4天。至产后5个月，身体基本恢复，可以进行中大强度运动。

（二）注意事项

（1）正常分娩的产妇1～3周即可开始逐渐恢复锻炼至妊娠前运动水平，剖宫产产妇1月后可以开始锻炼。剖宫产产妇与正常分娩产妇最佳康复时间没有明显差异，只是剖宫产产妇要注意刚开始3～5天的伤口恢复。

（2）在实施运动处方练习过程中，一定要循序渐进，初始运动量要小，以后逐步增加。为避免单调，可变换运动种类，中间也可根据个人具体情况进行调整。运动前的准备活动和运动后的整理活动必不可少。锻炼时可配合柔和的音乐。

第四节　女性更年期的运动健康管理

更年期是一个模糊的概念，世界卫生组织将其定义为：女性从生殖阶段向非生殖阶段转变的衰老时期，这个阶段可能比围绝经期更长。这个时期进行有效的运动健康管理，对促进生理功能、提高生理和心理健康水平、增强体质均有显著作用。

一、更年期女性的身体特点

更年期女性身体内分泌激素的剧烈波动和雌激素水平逐渐降低，使得身体的机能发生相应的变化，主要表现为潮热盗汗、阴道干燥、睡眠紊乱、情绪抑郁、关节僵硬和疼痛、性功能下降、不规则阴道出血、尿失禁、骨密度降低、大肌群的肌肉力量降低和心肺耐力下降等。研究表明，上述前四项表现比非绝经期女性发生率增加，分别为27%~67%、21%~47%、31%~45%和13%~40%。对绝经后妇女3年观察发现，绝经后1~3年内，女性的等长肌力下降10%，以1RM测定的动态肌力下降9%；绝经后1年，心肺耐力下降4%。

更年期女性的脂代谢发生改变，HDL-C降低，LDL-C、TC、VLDL-C和TG不同程度升高，是动脉粥样硬化的危险因素，因此此时心脑血管病发病率增加。骨盐丢失，骨密度显著下降，尤其是在围绝经期。这些变化发生的原因可能与雌激素下降有关，激素替代治疗可部分减缓这种变化。目前普遍认为，雌激素水平降低是其根源。

更年期是一个自然生理过程，从进化上它促进中老年女性更好地保持身体健康，减少生殖负担，但由于在较短的时间内发生转变，所以对身心都是一个严峻的挑战。目前认为，女性绝经期年龄平均为51岁，持续4.6年。绝经后女性骨萎缩十分明显，关节僵硬，疼痛增加。

二、运动对更年期女性身体健康的影响

运动有利于改善绝经期女性的身体健康。对137名55岁绝经后受试者进行14个月随机对照研究显示，耐力运动、跳跃运动加力量训练可以使受试者不同肌群肌肉力量平均增长15%~45%；关节活动度增加4.3%，机体柔韧性提高；VO_2max增加11%。对照组与训练组相比，各项功能都显著降低。另一项以跳跃运动为主的观察显示，运动使骨皮质的密度增加3.7%，腿伸肌力量增加8.5%，动态平衡能力提高1.5%，心肺耐力增长3.1%。并且，这种作用是激素替代治疗所不具备的。

大量研究表明，绝经期女性参加运动可以改善血浆脂蛋白和糖代谢，减少冠心病危险因子。研究还表明，绝经期女性参加运动有利于改善躯体症状，心情愉快，顺利渡过更年期。14年长期随访（1984~1998年）研究发现，每周平均2.5小时的中等量体育活动可以有效降低30~69岁女性各种原因的总死亡率。

该运动量对男性没有效益。

三、更年期女性运动健康管理

大量研究显示,有氧运动、力量练习、跳跃练习和柔韧性练习能减缓绝经期女性身体机能的减退,改善更年期女性体适能水平,因此建议更年期女性的体育锻炼应该包括以上练习。

(一) 更年期女性运动健康管理制定

要根据个人具体的身体和心理状况,制定一种科学的定量化的运动健康管理方案,也就是对从事体育锻炼者或者病人按照其健康、体力和心血管状况,规定其运动方式、强度、时间及频率,使其进行有计划的周期性体育锻炼,以达到防病治病、康复身心的目的。

1. 运动方式

有氧运动是受关注最多的有效缓解更年期综合征的体育运动,如散步、健身跑、交谊舞、游泳、自行车、太极拳等。研究证明,有氧健步走运动能够改善更年期症状中的潮热出汗、失眠、抑郁、乏力、头痛、心悸等症状,同时血清雌二醇、黄体酮、睾酮有升高倾向,黄体生成素、促卵泡激素有下降的倾向。还有研究表明,每周进行2~3次的抗阻练习同样能缓解更年期综合征。

适合更年期患者的运动方式主要以有氧运动为主。在选择时,不仅要根据个人爱好,还要根据自己的情况进行考虑。身体超重肥胖的更年期女性常伴有高血压、高血糖、糖尿病、冠心病等疾病,可以选择强度小并能陶冶情操的运动方式,如轻松的漫步、简单的伸展活动等;伴有消化系统疾病的更年期女性应避免震动性较大的项目,如仰卧起坐等。

2. 运动强度

在运动中,运动强度大小用心率指标和最大摄氧量来衡量。更年期患者在进行运动健康管理时,要根据自身情况及时适应或者调整运动强度,最后达到最佳的干预效果。有结果表明,对于中老年和患有更年期综合征或一些代谢疾病的人群大强度有氧运动能够有效改善中枢、丘脑—垂体—卵巢轴的适应性变化和卵巢机能。大中强度与患者激素含量调节有关,小强度有氧运动则变化不明显。其中,大强度有氧运动心率控制在135~155次/分,中等强度有氧运动心率控制在111~134次/分,小强度有氧运动控制在90~110次/分。

3. 运动时间

对于静坐少动的更年期患者刚开始运动时间安排不应过长，应从低限度开始，缓慢并有规律地进行，且应该安排6周左右的适应阶段，确保安全、有效。美国运动医学会为更年期人群推荐的运动处方中建议：进行有氧运动时，在中等强度练习时，时间控制在30～60分钟较为理想。合理的运动持续时间最少要在30分钟以上，才能对更年期患者发挥积极作用。同时，它还是一个长期干预的过程而不是短期干预就能达到的效果。

4. 运动频率

运动频率在每周2～4次，但是也有研究指出：每周进行2次的运动锻炼仅能保持机体现有的功能储备，而每周3～4次的锻炼才能在原有基础上提高机体的功能储备。ACSM中也推荐中老年最佳运动频率应该控制在每周3～5次，最好每天运动1次，循序渐进才能使运动效果达到最佳。

（二）运动健康管理方案

运动频率为每周4次，其中两次为小组练习（12～15人），两次为家庭练习；共持续14个月；运动方式包括耐力运动、跳跃练习、力量和牵拉练习。

1. 耐力运动

快速步行和跑步交替进行，逐渐达到65%～70%直至85% HRmax，运动20分钟。例如，一次运动安排为5分钟跑步、5分钟兴趣运动、10分钟不同程度的关节负重运动等（关节负重运动可采用跳跃运动）。

2. 跳跃练习

在受试者适应运动后开始，以75%～85% HRmax控制运动强度。运动形式有两种跳绳，每次15～20次，重复3～5组，每组间歇15秒；多方向跳跃，如蜷腿跳、蹦高跳、单腿侧跳和斜跳，每次跳跃都尽可能快速离地，轻轻落地，速度为1次/秒，需跳15次，共4组，每组间隔1分钟。

3. 力量和牵拉练习

利用抗阻力量训练器、等长训练器、哑铃、弹力带进行上下肢和躯干大肌群训练。训练强度：抗阻力量训练由开始时50%1RM逐渐增加至70%～90%1RM。可以在每周内交替练习各个不同肌群，每次运动保持5秒，训练两组，每组间隔15分钟，每周至少2次。等长力量训练：12～15RM的不同部位、不同角度等长训练，每次持续6～10秒，间歇20秒，做2～4组。躯干力量训练：15～20RM，2～4组。哑铃训练：8～10RM，做1～2组，然后加30秒自我牵拉练习。弹力带训练：家庭可用，用不同阻力的弹力带进行训练。

也可用以下运动健康管理方案。

多项跳跃加有氧跳跃。热身运动15分钟，跳跃练习20分钟，牵拉和非负重运动15分钟，整理活动10分钟，共计60分钟运动，每周3次。

（三）注意事项

更年期女性在选择适合自己的健身处方的时候要注意以下三点。

（1）要保持心理平衡，讲究精神卫生，同时要消除对更年期的精神顾虑。

（2）科学健身必须和与身体相关联的方方面面综合考虑、协调一致，方能产生效果，如饮食营养、生活制度、医务监督、环境卫生、体育卫生等。

（3）运动健康管理要循序渐进、持之以恒，只有长期坚持体育锻炼才可达到良好的健身效果。

第十一章

运动性病症的健康管理

运动性病症是由于运动或比赛安排不当而出现的疾病或异常,通常会引起运动者不适,进而影响身体健康,对出现的运动性病症进行健康管理十分必要,以保护运动者免受进一步的伤害、尽快恢复健康状态,本章主要阐述常见运动性病症的健康管理。

第一节 过度训练

过度训练是运动员训练不当造成的运动性疾病之一。运动员发生过度训练,有可能丧失参加重要比赛的机会,或者虽然参加了比赛,但因体力和心理状态不佳而不能取得应有的比赛成绩。

在运动训练中,负荷量是逐渐增加的,后一阶段的训练量超过前一阶段的负荷量。这种过度负荷原则是现代训练学的重要部分,并认为这种原则是对机体适应性的理想刺激。然而,训练和日常生活的总负荷超过了运动员所能接受的限度后,运动负荷就由量变转为质变,从生理性刺激物变成了病理性刺激物。由于训练和比赛与恢复之间的不平衡,再加上多种复杂的非训练应激因素,由此而造成了分解代谢大于合成代谢、糖原耗竭、氨基酸比例失调,以及自主神经功能紊乱,从而引起过度训练,出现系列心理状态、形态机能、运动能力等方面的症状,如持续的运动技能水平下降、持续的疲劳状态、情绪变化、免疫能力下降、感染疾病的可能增加、生殖功能抑制等。

过度训练是训练与恢复、运动和运动能力、应激和耐受能力之间的一种不平衡;是运动负荷与机体机能不相适应,以致疲劳连续积累而引起的一系列功能紊乱或病理状态,通常伴有健康损害。

一、原因

过度训练的基本原因主要有以下六个方面。

1. 训练安排不合理

未遵守循序渐进、系统训练的原则,运动负荷过大和持续的大运动负荷训练,缺乏必要的节奏,超过了人体的负担能力,破坏了内在的稳定,就会造成身体的过度疲劳状态,训练后易造成过度训练。

2. 训练方法单调、枯燥无味

运动员局部负荷量过大,缺乏身体全面训练的基础就集中专项训练,再加上运动训练方法安排不当,容易造成过度训练。

3. 生活规律破坏

在没有足够的体力和精神准备的情况下参加比赛,或比赛过多而间歇过短,运动员训练后得不到充分休息或社会活动过多,破坏了原有的生活规律,特别是睡眠不足使运动员体力消耗过大易引起过度训练。

4. 在运动员身体机能不良的情况下,参加紧张的训练和比赛

伤后病后、身体衰弱时,或未完全恢复时。不少运动员过度训练是在感冒后过早训练或训练量过大造成的。有些运动员是在旅途劳累、时差反应尚未消除或身体尚未适应时参加紧张的训练或比赛而引起过度训练。患病后,尤其在诸如感冒等小病后,遵守训练原则是很重要的。

5. 饮食营养不合理

消耗的物质得不到及时的补充,如脱水、热能物质摄入不足、长期缺乏微量元素等。

6. 各种心理因素

精神上的打击、感情上的挫折、人际关系不协调、学习训练不顺心、失恋、训练单调、竞赛反复失败等,也都是造成过度训练的原因。

应该指出,运动员过度训练的发生,往往是上述几种原因同时存在所致,并不是由单一因素引起的。在相同的训练条件下,运动员是否发生过度训练,取决于多种因素。

二、征象

过度训练的征象是多种多样的,可涉及各个系统和器官,而且可因过度训练的程度、个体特性而异。

(一) 前期

过度训练前期的运动员一般无特异性症状,很难与大强度训练后正常的疲劳感觉相区别。然而,充分的恢复会使其身体素质改善、运动成绩提高;恢复不足则会导致持续的疲劳感觉,并常伴随着肌肉酸痛,训练期间感觉非常吃力,训练中、比赛中的成绩不好。运动员常有以下表现。

1. 一般自觉症状

疲乏无力、倦怠、精神不振。

2. 对运动的反应

过度训练的早期表现为没有训练的欲望或厌烦训练；过度训练较重时表现为厌恶或恐惧训练，而且在训练中疲劳出现得早，训练后疲劳加重而不易恢复，运动成绩下降，动作协调性下降。

3. 神经系统方面

出现头晕、记忆力下降、精神不集中、反应易激动，有的运动员表现为入睡困难、多梦、早醒，严重时则表现为失眠头痛，有些运动员还出现盗汗、耳鸣、眼花、直立性低血压、食欲下降等症状。有人认为中枢神经疲劳最明显的征兆是消化功能下降和食欲减退。

（二）后期

如果过度训练前期的各种不良刺激持续存在，病情就会进一步加重。会导致运动员心理、生理各系统的严重耗竭，出现一系列全身多系统的异常表现。

1. 心血管系统

心悸、胸闷、气短、晨脉明显加快、运动后心率恢复缓慢、心律不齐等。举重、投掷等力量性项目的运动员，安静和运动负荷后血压常明显偏高。

2. 消化系统

除出现食欲不振、食量减少外，还会出现恶心、呕吐、腹胀、腹痛、腹泻、便秘等症状。个别运动员可能出现消化管出血症状。

3. 肌肉、骨骼系统

常表现为肌肉持续酸痛、负荷能力下降，易出现肌肉痉挛、肌肉微细损伤等。当出现下肢过度训练时会表现为过度使用症状：疲劳性骨膜炎，小腿胫前间隔和小腿外侧间隔综合征，应力性骨折，跟腱、膑腱周围炎。

4. 其他

过度训练的运动员常诉说全身乏力、体重下降；易发生感冒、腹泻、低热、运动后蛋白尿、运动性血尿、运动性头痛、脱发、浮肿、排尿不尽等症状。

三、检查

1. 体重

成年运动员在大运动负荷训练后，体重持续下降（休息、进食后不恢复）。

体重下降超过正常体重的1/30(人工减重除外),是诊断过度训练的重要依据之一。

2. 心血管系统

(1) 心率。安静时心率较正常时明显增加。一般认为心率较平时增加12次/min以上,应引起注意。

(2) 血压。晨血压比平时高20%,并持续2天以上时,或短时间内超过正常值(140/90 mmHg),可能是机能下降或过度疲劳的表现。

(3) 心电图变化。过度训练的运动员除有上述变化外,还可能出现ST段、T波改变(S-T段明显下降,超过0.075 mV,被认为是诊断过度训练的重要参考指标),以及各种心律不齐,如室性早搏、阵发性心动过速及各种传导异常。

3. 血液检查

过度训练的运动员可能出现贫血,但有时只表现为血红蛋白水平较平时降低,但并未达到贫血的标准。此外,在血液检查时还发现运动员白细胞计数减少,特别是淋巴细胞减少,免疫功能低下,抵抗力下降,易发生各种感染性疾病。

4. 泌尿系统

有时会出现血红蛋白尿或血尿。

5. 消化系统

过度训练的运动员,会出现食欲下降、胃肠功能紊乱的症状,如原因不明的腹胀、腹泻。运动中或运动后会出现右肋部痛,在检查时会发现个别运动员肝脏肿大,但肝功能正常。

6. 内分泌系统

(1) 女运动员会出现月经紊乱,严重时出现闭经。

(2) 血睾酮测定。血睾酮的正常值为:男性350~850 ng/dl,女性20~70 ng/dl。当低于训练期前25%而又不回升时应调整训练计划。

由于应激引起的皮质醇升高、促性腺激素抑制,使睾酮的分泌减少。睾酮与皮质醇比值的变化被认为是诊断过度训练的敏感指标。一旦睾酮/皮质醇比值低于原始值的30%,可以考虑过度训练。

7. 免疫系统

过度训练的运动员免疫系统有不同程度的损伤,表现为淋巴细胞计数减少、血清免疫球蛋白、分泌型IgA和非特异性免疫功能的下降,运动员易受感染。

四、过度训练的健康管理

(一) 过度训练的处理

从过度训练的发病原因可知,运动负荷、运动强度过大是造成过度训练的主要原因,因此对过度训练的处理应包括以下四点。

(1) 消除病因。

(2) 调整训练内容或改变训练方法。

(3) 加强各种恢复措施。

(4) 对症治疗。

较轻过度训练,主要是调整训练计划,减少运动负荷和运动强度,缩短运动时间,避免参加剧烈比赛,但不应完全停止训练,以免出现"停训综合征";同时,增加睡眠时间,必要时可适量服用镇静剂。注意加强营养和热能平衡,食量应适量减少,热源质的比例适当,食物中应含有充足的维生素和矿物盐,食物易消化吸收。

对后期或比较严重的过度训练者,除按上述基本原则处理外,一般应停止专项训练,训练应以健身为主,或转换训练环境,停止大负荷大强度的训练;增加睡眠时间,增加文娱活动,进行积极性休息等;进行必要的药物治疗,如补充复合维生素B、维生素E、维生素C等,必要时服用镇静剂;可采用人参、刺五加、三七、枸杞等中药治疗;采取必要的恢复手段,如按摩、水浴、气功、理疗、心理治疗等。

(二) 预防

1. 合理安排运动训练

预防的关键在于根据运动员的性别、年龄、身体发育状况、训练水平和训练状态等具体情况制订合理的、切合实际的训练计划,即制定逐渐增加训练量、节奏明显、避免骤然增量的方案。加强队医、运动员、教练员之间的交流和配合。发现过度训练的早期信号并及时采取措施,有效预防过度训练。

2. 最佳训练负荷的原则

最佳负荷取决于多种因素,如遗传特性、生活方式、健康状况等。为了及时调整训练量,应注意以下五点。

(1) 注意调整训练的节奏,遵守循序渐进、系统训练、全面训练和区别对待的原则。

（2）合理安排生活制度。

（3）伤后、病后应进行积极治疗，不宜过早恢复训练和比赛。

（4）长年坚持适当的有氧训练，以提高运动员的心肺机能，提高运动员对训练的承受力，提高运动员的抗疲劳能力和对外界环境的适应能力。

（5）为了让运动员能够充分适应和恢复，在训练的大周期中，每周训练量的增加，不能超过5%。此外，训练的强度与训练的量不应同时增加。

3. 及时发现过度训练的早期表现

运动员过度训练时常见以下症状，而且常常同时出现。队医、教练员应当警惕这些早期症状，并积极促进恢复。

（1）运动员完成训练课或定时跑或比赛时感觉非常费力，两组训练间的恢复时间延长。

（2）在训练课结束后，运动员有持续疲劳感和恢复不足感，并伴有睡眠不良和晨脉增加。

（3）在处理日常事务时表现出易怒和情绪化。

（4）运动员缺乏训练热情，训练效果不佳。

（5）女运动员月经周期改变，甚至出现闭经。

以上这些警戒信号提示运动员、教练员和队医必须较大幅度地调整训练计划。队医对于明确诊断和制订恢复计划是有重要作用的，而不应让运动员处于潜在有害的环境中。

第二节　运动性应激综合征

运动应激综合征是指运动者在运动时，体力负荷超过了机体的潜力而发生的生理功能紊乱或病理现象。它常在一次剧烈的运动即刻发生，或在运动后短时间内发生。运动应激综合征多发生在运动水平低、经验较少的新手身上，也可能发生在因伤病中断运动较长时间后恢复运动的运动者身上，有时也发生在受剧烈精神刺激后的运动者身上。中长跑、马拉松、中长距滑冰、自行车、划船、足球等运动项目中比较多见。

一、原因

运动应激综合征主要是由剧烈运动超过机体耐受程度而引起的。其主要原因如下。

（1）运动水平差和生理状态不良，运动经验较少。

（2）患病而长期中断运动后突然参加剧烈运动或比赛。

（3）患心血管疾病的人（如动脉硬化、高血压、各种心脏病病人）参加剧烈运动时也会发生运动应激综合征，严重时可导致猝死。

二、类型和征象

运动应激综合征的类型颇多，轻重程度差异很大，可涉及一个系统或几个系统。常有以下五种类型。

（一）单纯虚脱型

多见于径赛运动者。跑后即刻出现面色苍白、恶心、呕吐、头晕、无力和大汗淋漓等。轻者休息片刻好转，重者被迫卧床休息1～2天才缓解。多数运动者神志清楚，能回答询问。这一类型多见于运动水平不高或已停止运动一段时间突然参加运动的运动者。

（二）晕厥型

晕厥型表现为在运动中或运动后突然出现一过性神志丧失。清醒后诉说全身无力、头痛、头晕，可伴有心、肺、脑功能降低的现象。根据晕厥出现的特征和症状，有三种亚型。

1. 举重时晕厥

举重者做大重量挺举时，由于胸腔及肺内压突然剧增，造成回心血量减少，致使心输出量急剧减少，造成短暂的脑供血不足，可见到持续20～30秒的晕厥状态。

2. 重力性休克

疾跑后突然停止而引起的晕厥称为重力性休克。多见于径赛运动者，尤以短跑、中跑为多见，有时自行车和竞走运动员也会见到。运动员在进行运动时，外周组织内的血管大量扩张，血流量比安静时增加数倍，这时依靠肌肉有节奏地收缩和舒张以及胸腔负压的吸引作用，血液得以返回心脏。当运动者突然终止运动时，肌肉的收缩作用骤然停止，使大量血液聚积在下肢，造成循环血量明显减少，血压下降，心跳加快而心搏出量减少，脑供血急剧减少而造成晕厥。

3. 强烈刺激后造成的晕厥

这经常发生在参加重大国际性比赛的高水平运动员身上，表现为紧张、剧烈的比赛后运动员突然意识丧失。

(三) 脑血管痉挛

脑血管痉挛型表现为运动者在运动中或运动后即刻出现一侧肢体麻木,动作不灵活,常伴有剧烈的恶心、呕吐。

(四) 急性胃肠综合征

运动所致的急性胃肠综合征轻者在剧烈运动后很快发生恶心、呕吐、头痛、头晕、面色苍白等症状,经过1～4小时逐渐缓解。有些运动者在运动后呕吐咖啡样物,化验潜血阳性,提示有上消化管出血。这可能与运动引起的应激反应、胃肠道血流量急剧减少有关。

(五) 急性心功能不全和心肌损伤

运动后出现呼吸困难、憋气、胸痛、咳血性泡沫样痰、右季肋部疼痛、肝肿大、心跳快而弱或节律不齐、血压下降、全身无力、面色苍白等急性心功能不全症状。主要是剧烈运动时交感—肾上腺髓质系统兴奋,使心率加快,心肌耗氧量增加,心脏负荷过重而诱发心力衰竭,有时会出现心肌损伤。有的是剧烈运动直接引起的,有的则是在原有心脏病(风湿性心脏病、病毒性心肌炎、肥厚性心肌病、马凡氏综合征)的基础上诱发的。

三、运动应激综合征的健康管理

(一) 处理

(1) 对单纯虚脱型的处理主要是卧床休息、保暖、饮用热水。较重者可吸氧、静脉注射葡萄糖液等,以加速恢复。

(2) 对晕厥型的处理是平卧,头稍低位,保持呼吸道通畅,迅速进行脉搏、血压、体温、心电图等检查。应给予吸氧、静脉注射高渗葡萄糖液40～60 ml,效果不明显者迅速送往附近医院进行处理。

(3) 对脑血管痉挛型者主要处理是平卧,头稍低位,保持呼吸道通畅,并进行脑部的一系列检查,以发现脑血管病变。

(4) 对发生急性胃肠症候群者,尤其是发生胃出血者,应暂停专项训练,休息观察,必要时服用止血药物,吃流食、半流食和易消化食物。一般1～2周可恢复运动;若反复出血,则应做安静时和运动后胃镜检查,以查明原因,给予适当治疗。

(5) 对急性心功能不全或心肌损伤者,身体可取半卧位,保持安静并保暖,给予吸氧等急救处理后应立即送往医院进一步抢救。现场急救时可针刺或掐点内关和足三里穴,如果昏迷,可加用人中、百会、合谷、涌泉等急救穴。如果呼吸、心跳停止,应做人工呼吸与胸外心脏按压。

(二) 预防

预防运动者发生运动应激综合征是极为重要的。预防的关键有以下四点。

(1) 运动前先做身体检查,有心血管功能不良者,患有急性病,如感冒、扁桃体炎、急性肠胃炎等,均不应进行剧烈运动或参加比赛。

(2) 遵守运动的循序渐进原则。避免缺乏锻炼就参加剧烈的运动和比赛,避免伤病初愈或未完全恢复就参加激烈运动和比赛。

(3) 加强运动时的医学观察和自我监督,尤其对少儿、老人等锻炼基础差的人要区别情况,因人而异。要坚持健身原则,不应过分追求运动分数和成绩。

(4) 锻炼和比赛前做好充分的准备活动,运动后要使身体各部分达到充分放松。

第三节 运动中腹痛

腹痛是运动过程中一种常见的症状,在中长跑、马拉松、竞走、自行车、篮球等运动项目中发生率较高,其中1/3的人查不出发病原因,而仅与运动训练有关。

一、原因和发生原理

引起运动中腹痛的原因,从总体来看,基本上分为原因不明但与运动有关的运动性腹痛、腹腔内疾病和腹腔外疾病。

运动性腹痛往往与下列因素有关:缺乏锻炼或运动水平低;准备活动不充分;身体情况不佳、劳累、精神紧张;运动时呼吸节奏不好,速度突然加得过快;运动前食量过多或饥饿状态下参加剧烈运动和比赛等。

(一) 运动性腹痛

1. 肝淤血

肝淤血发生原因可能与运动中心血管功能不协调有关。开始运动时,由于准备活动不充分就加快速度和加大强度,以致内脏器官功能在没有提高到应有的活动水平上就承担了过分的负荷,特别是心肌收缩力较差时,心搏出量减少或无明显增加,心腔内压力增加,使下腔静脉血回心血量受阻,导致下腔静脉压力升高,肝静脉回流受阻,引起肝脏淤血,造成血液淤积在肝脏内。肝脏由于淤血体积增大,增加肝被膜的张力,使被膜上的神经受到牵扯,因而产生肝区疼痛。疼痛的性质多为钝痛、胀痛和牵扯性疼痛。此外,剧烈运动时呼吸急促、表浅,造成胸膜腔内压上升,也影响下腔静脉的回流障碍而引发右上腹部疼痛。

2. 呼吸肌痉挛

呼吸肌包括肋间肌、膈肌、腹壁肌、胸锁乳突肌、背部肌群、胸部肌群等,当其痉挛时多感到季肋部和下胸部锐痛,与呼吸活动有关,腹痛者往往不敢做深呼吸。其发生可能是由于运动中未注意呼吸节律与动作的协调,未注意加深呼吸,以至于呼吸肌功能紊乱,呼吸表浅急促,呼吸肌收缩不协调并过于频繁、紧张而发生痉挛或微细损伤。另外,准备活动不充分,心肺功能赶不上肌肉工作的需要,使呼吸肌缺氧,这样不但引发呼吸肌痉挛,而且加剧了疼痛的发生。

3. 胃肠道痉挛或功能紊乱

胃肠道痉挛或功能紊乱发生可能是剧烈运动使血流重新分布,胃肠道缺血、缺氧,或因各种刺激所致,如饭后过早参加运动,吃得过饱,喝得过多(特别是喝冷饮过多),空腹运动时空气刺激等都可能引起胃肠痉挛。胃肠痉挛时胃壁和肠壁的神经受到牵扯而发生疼痛。胃痉挛疼痛部位多在上腹部;腹部着凉,虫刺激,运动前吃了难以消化或容易产气的食物(如豆类、薯类、牛肉等)而引起肠动增加或痉挛,疼痛部位多在脐周围。

(二)腹腔内疾病

腹腔内疾病常见有急慢性肝炎、胆道疾病(包括胆石症、胆囊炎、胆管炎、胆道蛔虫等)、溃疡病、肠结核、慢性阑尾炎。运动时病变部位受到牵扯和震动会产生疼痛,其疼痛部位多与病变部位一致。

(三)腹腔外疾病

腹腔外疾病常见有右肺下叶肺炎、胸膜炎、肾结石和腹肌损伤。据研究,在腹外疾患中,运动员的腹直肌损伤并不少见,却容易被忽略。

二、运动中腹痛的健康管理

(一)处理

(1)对因腹内或腹外疾病所致的腹痛,主要根据原发疾病进行相应的治疗(药物、理疗、局部封闭等)。

（2）对仅在运动时加快速度后出现腹痛的运动者，首先要加强全面身体素质训练和专项技术训练。研究表明，当运动者全面身体素质训练不够时往往容易出现运动中腹痛。另外，长跑、自行车运动员的技术状态不佳、战术采用不当，都容易出现运动中腹痛。

（3）运动中出现腹痛后，可适当减慢速度，并做深呼吸，调整呼吸与动作的节奏；必要时用手按压疼痛部位，弯腰跑一段距离，一般疼痛即可消失。如果仍然疼痛，应暂时停止运动，进行腹部热敷等。如果无效应，则请医生处理。

（二）预防

（1）遵守运动的科学原则。要循序渐进地增加运动负荷，加强全面身体素质训练，提高生理机能水平。在运动和比赛时要调整好动作与呼吸节奏，合理地分配运动速度。

（2）运动前要做好充分的准备活动。冬天参加长跑或自行车比赛时，不要在未做好充分准备前就脱掉运动外套。

（3）合理安排膳食。在激烈运动前既不要吃得过饱，不大量饮水，特别是冷饮，不吃平时不习惯的食物；不要在饥饿状态下参加运动和比赛；餐后经过1.5小时才能参加运动。

第四节 肌肉痉挛

肌肉痉挛俗称抽筋，是肌肉发生不自主的强直收缩所显示出的一种现象。运动中最易发生痉挛的肌肉是小腿腓肠肌，其次是足底的屈拇肌和屈趾肌。在游泳运动中发生肌肉痉挛的人较多。

一、原因和发病机制

（一）寒冷刺激

在寒冷的环境中运动，肌肉受冷空气的刺激，兴奋性突然增高使肌肉发生强直收缩。游泳时受到冷水的刺激，冬季在户外锻炼受冷空气的刺激，都可能引起肌肉痉挛。如果在寒冷的环境中运动时，未做准备活动或做得不充分，或未注意保暖，就更容易发生肌肉痉挛。

（二）电解质丢失过多

运动中大量排汗，特别是长时间的剧烈运动或高温季节运动时大量排汗，或有些运动员急性减体重使大量电解质从汗液中丢失,造成电解质过低,引起肌肉兴奋性增高,发生肌肉痉挛。

(三) 肌肉连续过快收缩而放松不够

在运动和比赛中,肌肉连续过快地收缩,而放松的时间太短,以至于肌肉收缩与放松的协调性紊乱,引起肌肉痉挛。在运动水平不高的运动者中多见。

(四) 疲劳

身体疲劳也直接影响肌肉的生理功能,疲劳的肌肉往往血液循环和能量代谢有改变,肌肉中有较多的代谢产物堆积(如乳酸),不断地对肌肉产生刺激,导致痉挛产生。因而身体疲劳时,特别是局部肌肉疲劳时进行剧烈运动或做一些突发性的用力动作,容易发生肌肉痉挛。

二、征象

发病部位的肌肉剧烈挛缩发硬,疼痛难忍,痉挛肌肉所涉及的关节伸屈功能有一定的障碍,发生肌肉痉挛的运动者不能坚持参加运动和比赛。发作常持续数分钟。

三、肌肉痉挛的健康管理

(一) 处理

不太严重的肌肉痉挛,只要以相反的方向牵拉痉挛的肌肉,一般都可使其缓解。牵拉时切忌用力过猛,用力宜均匀、缓慢,以免造成肌肉拉伤。

(1) 腓肠肌痉挛时,可伸直膝关节,同时用力将踝关节充分背伸,拉长痉挛的腓肠肌。

(2) 屈拇肌和屈趾肌痉挛,可将足及足趾背伸。

同时在痉挛肌肉部位作按摩,手法以揉捏、重力按压为主。可针刺或点掐委中、承山、涌泉等穴位,处理时要注意保暖。热疗(如热水浸泡、局部热敷)也有一定疗效。严重的肌肉痉挛有时需采用麻醉才能缓解。

在游泳中如果发生肌肉痉挛,不要惊慌,如自己无法处理或解救时先深吸一口气,仰浮于水面,并立即呼救。在水中解救腓肠肌痉挛的方法是:先吸一口气,仰浮于水面,用痉挛肢体对侧的手握住痉挛肢体的足趾,用力向身体方向拉,同时,用同侧的手掌压在抽筋肢体的膝盖上,帮助将膝关节伸直,待缓解后,慢慢游向岸边。发生肌肉痉挛后不宜再进行游泳,应上岸休息、保暖,做局部按摩使肌肉放松。

(二) 预防

加强体育锻炼,提高身体的耐寒力和耐久力。运动前必须认真做好准备活动,对容易发生痉挛的肌肉可事先做适当按摩。冬季运动要注意保暖。夏季运动时,尤其是进行剧烈运动或长时间运动时,要注意电解质的补充和维生素B_1的摄入。疲劳和饥饿时不宜进行剧烈运动。游泳下水前要用冷水冲淋全身,使身体对寒冷有所适应;水温太低时,游泳时间不宜过长。在运动中要学会肌肉放松,在降体重和控制体重时要讲究科学性。

第五节 运动性血尿

正常人尿液中无红细胞或偶见个别红细胞,如离心沉淀后的尿液,光学显微镜下每高倍视野有3个以上红细胞,称为血尿。血尿轻者尿色正常,须经显微镜检查方能确定,称显微镜血尿。重症者尿呈洗肉水状或血色,称肉眼血尿。

血尿是一个重要的临床症状,可由泌尿系统疾患引起,也可由全身性疾病(血液病、感染性疾病、风湿病、心血管疾病、代谢性疾病等)、尿路邻近器官疾病(前列腺炎、盆腔炎、膀胱癌等)、药物和化学因素(如磺胺类、汞剂等药物)引起。

运动性血尿是指健康人在运动后出现的一过性血尿,虽经详细检查但找不到其他原因。对运动性血尿发生率的研究结果差异性较大,但在各个体育项目中,无论是有训练经验的运动员,还是刚开始训练的新手都有出现,尤其在跑、跳(如长跑、三级跳)、球类和拳击项目中较多见。男运动员发生率较高。

一、原因及发病机制

运动性血尿的发生主要与剧烈运动有关,其发病原因和机制尚不十分清楚,主要与下列因素有关。

(一) 肾静脉高压

有些运动者肾脏周围脂肪组织较少,在直立位长时间地做蹬地动作,使肾位置下移,肾静脉与下腔静脉之间的角度变锐,可发生两静脉交叉处的扭转,引起肾静脉压增高,从而导致红细胞漏出,出现运动性血尿。

（二）肾脏缺氧

运动时肾上腺素和去甲肾上腺素分泌增多,全身血液重新分配,肾血管收缩,肾血流减少,造成肾脏缺血、缺氧;同时,血液中乳酸、丙酮酸等酸性物质增加,pH值下降,使肾小球毛细血管的通透性增加,而导致红细胞漏出,出现血尿。

（三）肾损伤

在运动时由于腰部的屈伸扭转、撞击和挤压均可造成肾组织和肾内毛细血管的轻微损伤,而引起血尿。

（四）膀胱损伤

在膀胱排空的情况下跑步,脚落地时的震动使膀胱后壁和底部相互接触、摩擦,容易造成膀胱黏膜的轻微损伤。由于解剖特点不同,这一学说不适用于女运动员。

二、征象

（1）运动员或健康人在运动后即刻出现血尿,其明显程度与运动负荷和运动强度的大小有密切关系。

（2）男运动者多见,尤以跑、跳和球类项目运动者多见。

（3）出现血尿后若停止运动,则血尿迅速消失,在绝大多数情况下,在运动后24小时至3天尿中的红细胞即完全消失。

（4）除血尿外,血液化验、肾功能检查、腹部X线检查、B超检查及肾盂造影等项检查均正常。不伴随全身和局部特异性症状和体征,半数以上运动性血尿的运动者无任何伴随症状,少数运动者有身体机能下降、腰痛、腰部不适、尿道口烧灼感等症状。

（5）从长期随诊观察结果来看,虽然有的运动者会在多年内反复出现运动性血尿,但对运动者的健康未见明显的不良影响。

三、鉴别诊断

运动后出现血尿,除运动性血尿外,还可能由一些器质性疾病和外伤引起,因此在诊断时必须加以鉴别。

（一）器质性疾病所致的血尿

器质性疾病所致的血尿者其常见的疾病有下列四种,其血尿程度一般与运动负荷及运动强度无明显关系,同时还有病变本身的一些特征。

1. 肾小球肾炎

肾小球肾炎的患者常出现水肿、少尿、血压升高等征象,尿液检查除有红细胞外,还有蛋白质和管型。

2. 泌尿系统结石

泌尿系统结石常有肾绞痛、尿频、尿急、尿量减少或排尿中断现象,腹部超声波和CT检查、泌尿道逆行造影检查可发现结石。

3. 泌尿系统感染

泌尿系统感染,如肾盂肾炎、膀胱炎、肾结核等,这些疾病都表现有血尿、尿和膀胱刺激征(尿频、尿急、尿痛)、尿液细菌培养阳性。其中,肾盂肾炎和肾结核常有腰痛和发热症状。

4. 泌尿系统肿瘤

泌尿系统肿瘤也是引起血尿的常见原因之一。通过膀胱镜或泌尿道逆行造影等可加以鉴别。

(二)外伤性血尿

运动时腰部受到钝物的打击或摔倒,造成肾脏挫伤,可能引起运动后血尿。一般这类病人都有腰部受伤史和腰痛,诊断不是很困难,但当外伤史不明显,或受伤与就诊间隔时间较长时则容易漏诊。

四、运动性血尿的健康管理

(一)处理

(1)对出现肉眼血尿者,不论有无其他伴随症状均应中止运动;对无症状的镜下血尿的运动者,应减少运动负荷,继续观察。

(2)严重者可试用止血药,如维生素K、维生素C等。

(3)伴有机能不良者可补充ATP或B族维生素。

(4)器质性疾病和外伤所致的血尿,应针对病因进行积极治疗,一般不能进行正常运动训练。

(二)预防

(1)遵守运动的科学原则,负荷量和训练强度要循序渐进,避免骤然加大负荷量和运动强度,做好全身和腰部的充分准备活动。

(2)合理安排运动和比赛时的饮水制度,在剧烈运动和比赛过程中要适当补充水分。

（3）注意外界环境的变化，调整好运动强度。

第六节　运动性中暑

中暑是由高温环境引起的，以体温调节中枢功能障碍，汗腺功能衰竭和水、电解质丢失过多为特点的疾病。常在高温、高湿和通风不良的环境中进行运动时发生。根据发病机制和临床表现不同，中暑可分为热射病、热痉挛和热衰竭。

运动性中暑是近年来提出的运动性疾病之一，是指肌肉运动时产生的热超过身体散发的热而造成运动者体内的过热状态。此症多见于年轻的体育锻炼者、战士、马拉松跑者、铁人三项运动员等。

一、原因

（一）中暑

环境高温是致病原因。室温过高，超过35℃；炉窑等热源强辐射下从事一定时间的运动或劳动；炎夏烈日暴晒等，如无足够的防降温措施，都会发生中暑。即使气温不是很高，但湿度较高和通风不良，在此种环境下从事运动或重体力劳动，也会发生中暑。

中暑的诱因：年老体弱、疲劳、肥胖、饮酒、饥饿、脱水、失盐、穿着不透风、发热、甲亢、糖尿病、心血管疾病、汗腺缺乏，以及服用阿托品等抑制汗腺分泌的药物等。

（二）运动性中暑

运动性中暑是由于体温调节系统在运动时超载或衰竭所致。机体在运动时产生大量热，除其中1/4用于完成机械功外，其余均以热的形式储存或散发，当产热或储热超过散热时就会出现体温调节系统的超载，可伴随大量出汗，运动时间持续较长时，直肠温度升高甚至虚脱。衰竭是由于下丘脑体温调节或周围性反应所致功能紊乱，导致心脏充盈压和心搏出量减少，使心率加快。当直肠温度升高后，皮肤和内脏小动脉扩张，引起血压下降。运动性中暑时直肠温度可达40℃～42℃。

二、中暑的一般类型

中暑是夏天运动中常见现象，易发生在天气开始炎热时，此时组织运动和比赛,要预防中暑。

(一)热射病

热射病又称中暑高热,高热、无汗和昏迷是本病的特征。往往在高温环境下运动或工作数小时后发病;老年人、体弱者和慢性病患者常在夏季持续高温数天后发病。热射病的症状轻重不等,轻者呈虚弱状态,重者出现高热、无汗和昏迷。一般发病急,体温上升,脉搏及呼吸加快,甚至引起昏迷,当体温达到41℃以上,脉搏极快而呼吸短促,严重者会因心力衰竭或呼吸衰竭而致死。头部直接受太阳辐射引起的热射病称为日射病。

(二)热痉挛

大量出汗引起氯化钠丢失过多,导致肌肉兴奋性升高,发生肌肉疼痛和肌肉痉挛者,称为热痉挛。轻型热痉挛只是对称性肌肉抽搐,重者大肌群也发生痉挛,并呈阵发性,负荷较重的肢体肌肉和腹肌最易发生痉挛。患者意识清楚,体温一般正常。

(三)热衰竭

多发生于饮水不够的老年人、体弱者和婴儿,也见于从事高温下训练的新手。因体内无过量热蓄积,一般无高热。患者先是头痛、头晕、多汗、恶心、呕吐,继而口渴、疲乏无力、焦虑、胸闷、面色苍白、冷汗淋漓、轻度脱水、脉搏细弱或缓慢、血压下降、心律不齐,可有晕厥,并有手足抽搐,重者出现循环衰竭。

在临床上,热射病、热痉挛、热衰竭可同时存在,不能截然区分。

三、运动性中暑的特征

(一)征象

运动性中暑多见于年轻的锻炼者,尤其是战士、马拉松长跑者和其他运动员。运动性中暑与一般中暑不同的是骤然发生居多,主要有高热、中枢神经系统功能障碍和皮肤发热、干燥且呈粉红色。

(二)诊断

在炎热天气剧烈运动时,原先健康者突然出现虚脱,首先应想到运动性中暑。运动性中暑一般呈急性经过,少数人有数分钟至数小时的先兆症状,这些先兆症状为头晕、无力、恶心、定向力障碍等。

(三)并发症

严重的运动性中暑可并发中枢神经系统、心血管系统、呼吸系统和泌尿系统功能紊乱和损伤,导致严重后果。

四、运动性中暑的健康管理

(一)处理

1. 场地急救

要保持呼吸道通畅,测量血压、脉搏、直肠温度,点滴输液,严重者要及时送往医院抢救。热射病如不及时采取有效的抢救措施,死亡率可高达5%~30%。

2. 一般处理

热衰竭和热痉挛患者应转移到通风阴凉处休息。热痉挛患者口服凉盐水或含盐饮料或静脉注射生理盐水,服用十滴水或藿香正气水,可迅速好转。有循环衰竭者由静脉补给生理盐水和氯化钾。一般患者在30分钟至数小时内即可恢复。

3. 物理降温

用4℃~11℃凉水擦摩皮肤,使皮肤血管扩张加速血液循环,用风扇吹风,在头部、腋窝、腹股沟放置冰袋以降温。

(二)预防

(1)夏天炎热季节要安排好运动时间,避免在一天中最热的时间进行。热天运动时,宜穿浅色衣服,戴遮阳帽。保证充足的睡眠,并加强常规医务监督。

(2)安排好炎热天气运动和比赛时的营养和饮水,注意补充食物中的蛋白质,额外增加维生素B_1、维生素B_2、维生素C的供给量。保证合理的水盐供应,强调运动者采取少量多次饮水的原则,增加运动或比赛后的氯化钠供给量,所需氯化钠可通过含盐饮料、菜汤和盐渍食品提供。

(3)对不耐热个体要加强预防措施。中暑存在明显的个体差异,一些人对炎热较敏感。不耐热个体是指某些人不能耐受炎热,其体温升高早于一般人,他们更易出现中暑。年轻人(运动员、士兵等)发生运动性中暑的危险性较大。对炎热的低耐受性的诱因有脱水、肥胖、体能水平低、疾病、皮肤因素等,有诱因存在时应减少或避免炎热天气时的剧烈运动。对曾发生过中暑者应加倍重视。

第七节 运动性脱水

水是仅次于氧的维持生命的必需物质,体内并无纯水,各种无机物和有机物大多以水为溶剂而形成水溶液,称为体液。体液中的各种无机盐、一些低分子的有机物等皆以离子状态溶于液体中,称为电解质。

一、脱水的概述

(一)脱水的概念

脱水又称失水,实际上是指体液的丢失。水丢失时大多伴有电解质的丢失,尤其是钠离子的丢失,单纯失水者少见。临床上表现为细胞外液(血液、细胞间液)量的减少。

(二)分类

1. 根据体液丢失的程度分类

(1)轻度脱水:失水量占体重的2%～3%。

(2)中度脱水:失水量占体重的3%～6%。

(3)重度脱水:失水量占体重的6%以上。

2. 根据水和电解质特别是钠离子丢失的比例和性质分类

(1)低渗性脱水:电解质的丢失大于水的丢失,血浆渗透压低于正常范围,运动者可因补水不当而发生此种类型脱水,如大量出汗后只补水而不补充适量的电解质。

(2)等渗性脱水:水和电解质以血浆正常比例丢失,血浆渗透压在正常范围。

(3)高渗性脱水:水丢失多于电解质,血浆渗透压高于正常范围,常因饮水不足或出汗过多造成,运动性脱水多是此种类型。

机体生命活动,特别是代谢活动是在体液中进行的。体液的正常容量和分布、正常渗透压和各种电解质的正常含量是保证细胞代谢活动和各器官功能正常进行的必需条件。水电解质的平衡是通过神经—内分系统调节实现的,在身体内外和细胞内外维持动态平衡状态,并将体液维持在一定的酸碱度范围内。

水电解质平衡对运动者是非常重要的。运动者在水分充足时才能完成良好的细胞功能,调节体温,获得最大的体能。脱水、水电解质平衡紊乱和身体过热可能成为疲劳的重要因素,不仅对运动能力有影响,对健康也可造成威胁。

(三)水的生理功能

(1)水是一切生化反应的场所,参与水解、水化、加氢等重要反应。

(2)水是良好的溶剂,能使多种物质溶解,而且黏度小、易流动,有利于营养物质和代谢产物的运输。

(3)水对体温调节有重要作用,在维持产热和散热的平衡中起重要作用。

（4）水具有润滑作用，如唾液有助于食物吞咽、泪液有助于眼球转动、滑液有助于关节活动等。

（5）结合水的作用，即与蛋白质分子结合的水，其功能之一是保证各种肌肉具有独特的机械功能。如心肌含水约79%，其中大部分以结合水的形式存在，并无流动性，这就是心肌成为坚实有力的舒缩性组织的条件之一。

（四）运动者的水代谢特点

1. 出汗率高

人体在剧烈运动时，体内产热增加，其中25%用作机械功，其余是以热的形式散发的。当环境温度增加时，出汗成为调节人体体温的唯一途径。运动时代谢加强，出汗率高。运动者的出汗率主要受运动强度的大小、运动持续时间、气温、热辐射强度、湿度、运动者的适应程度等多种因素的影响。

2. 出汗量大，失水量多

一次大强度负荷运动的失汗量可高达$2\sim 7$ L，如在25℃～30℃进行4小时长跑运动的出汗率平均为4.51 ± 0.30 L。运动中肾血流量和肾小球滤过率减少，因此剧烈运动中或运动后，特别是在出汗量大的情况下，尿量会明显减少或无尿。在正常情况下，呼吸道丢失的水分较少，但在运动中呼吸道丢失水分可增加$10\sim 20$倍。一次马拉松赛中失水量可达5 L左右。对一个70 kg体重的运动者而言，失水量要达体重的7%。

能否掌握水分的合理供给，常成为运动效果好坏或比赛成败的关键；耐力运动中，因大量丢失水分而造成的脱水，常因给水不当所致。

二、运动性脱水的原因

运动性脱水的常见原因如下。

（一）单纯失水

运动时呼吸道黏膜蒸发加强；运动造成的体温升高使皮肤蒸发增加。

（二）失水大于失钠

在剧烈运动时，运动者大量出汗，汗为低渗液体，其中的固体物主要是氯化钠，浓度变化很大，为0.15%～0.50%，平均为0.30%，此外还含有少量钾离子。

（三）水摄入不足

在运动中不能合理地给水或运动员不合理地控制或降体重都会引起水摄入不足。水的丢失多于钠离子等电解质的丢失是运动性脱水的主要特点。运动性脱水对机体的影响如下。

（1）因失水多于失钠，细胞外液渗透压增高，刺激口渴中枢，渴感强烈。

（2）由于细胞外液容量减少而电解质浓度升高，故血浆渗透压升高，细胞外液呈高渗状态，刺激下丘脑及神经垂体分泌和释放血管升压素（也称抗利尿激素），作用于肾远端小管及集合管使水重吸收增加，尿量减少，尿比重增加。

（3）早期或轻度脱水时，由于血容量减少不明显，尿中仍有钠离子排出，其浓度还可因水重吸收增多而增高；在晚期和重度脱水时，可因血容量减少、醛固酮分泌增多而致尿钠含量减少。

（4）细胞外液高渗，细胞内水分转移到细胞外，造成细胞内脱水，出现细胞功能障碍，特别是脑细胞尤为明显，严重时出现脑组织充血、神经细胞损伤，会引起一系列中枢神经系统功能障碍的症状，如嗜睡、肌肉抽搐、昏迷，甚至导致死亡。

三、运动性脱水的表现

（一）运动性脱水的表现

（1）轻度脱水时，会影响运动能力。

（2）中度脱水时出现脱水综合征，表现为烦躁不安、精神不集中、软弱无力、声音嘶哑、皮肤黏膜干燥、尿量减少、心率一般增快。

（3）重度脱水时皮肤弹性降低，除有体力及智力减退外，还会出现神经精神症状，严重者神志不清以至昏迷。血压随血容量减少的程度而变化。血容量减少在10%以内，血压尚可维持；血容量减少在10%～25%，则会出现体位性低血压；血容量进一步减少，卧位时血压不能维持正常，出现休克、循环衰竭、少尿、无尿以至肾功能衰竭。

（二）运动性脱水的临床特点

运动性脱水主要是高渗性脱水，其临床特点是：早期出现口渴、尿少；脱水越重则口渴感越剧烈，尿越少而尿钠越高；中度以上脱水，常有面部潮红，易发生脱水热。神经精神症状以幻觉、躁狂、谵妄为突出。

运动者脱水时，最大摄氧量减少，维持最大摄氧量的时间明显缩短。脱水对运动能力的影响与运动者的适应状态有关。一般运动水平的运动者，当失水量为体重的2%～3%时，即会影响循环系统功能和体温调节能力，运动能力和最大摄氧量受到明显影响。然而，高水平已有适应能力的运动员，失水量达体重的

5%时,仍无显著的影响。运动员长期处于热环境中运动会产生一定的适应性。耐力训练还使细胞内液及血浆容量增加。

大量出汗后血容量显著减少,同时细胞内液也呈现不同比例的减少。血容量的减少使皮肤血流量减少、出汗量减少,通过蒸发散热减少,体温升高。同时,由于皮肤温度下降,传导和辐射散热也减少。

四、运动性脱水的健康管理

(一) 处理

当运动者发生脱水时,要尽快去除病因,以利于机体发挥自身调节功能。最主要的措施是及时补充丢失的体液。补液应根据其脱水程度和机体的情况决定补液量、种类、途径和速度。

按丢失1 kg水需补充1 000 ml液体计算,体重为75 kg的运动者,轻度脱水需补充液体1 500~2 250 ml,中度脱水需补充液体2 250~4 500 ml,重度脱水需补充液体4 500 ml以上。运动性脱水初期可补充水或5%的葡萄糖溶液,待血钠回降、尿比重降低后,可适当补充含电解质的溶液,如5%的葡萄糖生理盐水。

对液体能从消化管吸收的脱水运动者,以胃肠道补液为首选;中度脱水常需辅以静脉补液;重度脱水则需从静脉补给。补液速度是先快、后慢。总的来说,补液的速度以使循环功能恢复为首要目的,当日先给补水量的一半,余下的一半在次日补给,所需液体总量一般应在48小时内完成,此外还要补充每日需要量2 000 ml。补液过快会引起短暂的水中毒和抽搐,在重度脱水时更应注意。

(二) 预防

防止运动性脱水,主要是要保持运动者的水平衡。运动者水分的补充要采取少量多次原则。

1. 补液量

(1) 运动前补液应遵循少量多次的原则,以避免副作用发生。在运动前15~20 min可补充液体400~700 ml。

(2) 胃的最大排空率为35 mg/min。运动中补液应每隔15~30 min补液100~300 ml,或跑2~3 km补液100~200 ml,以800 ml/h为限。补液量可为出汗量的1/3~1/2,其余在运动后补充。发生口渴时已失去约3%体重的汗液,如果依赖口渴感进行补液,需48小时才能补足,故口渴感不能作为补液的指征。

(3) 运动后补液仍应遵循少量多次的原则,总量取决于失汗量。

2. 补液的成分

饮料若能尽快由胃中排空，则有利于水的吸收和利用。饮料中的糖和电解质浓度越大，则渗透压越大，排空将越慢。糖浓度5%时，其排空速度与水相似。

大量出汗情况下所用的运动饮料应以补水为主。可适当采用糖—电解质饮料，以加速血容量恢复；温度较低（5℃～13℃），饮料口感较好。

3. 补液切忌过度集中

若一次大量补液，可能会引起：① 抑制渴感；② 增加排尿、出汗，增加电解质丢失；③ 增加心、肾负担；④ 使胃扩张，胃液冲淡，呼吸功能下降。

第八节　运动性猝死

猝死又称急死，是指急性症状发生后即刻或24小时内发生的意外死亡。运动性猝死是指与运动有关的猝死，其定义是：有或无症状的运动员和进行体育锻炼的人在运动中或运动后24小时内意外死亡。猝死不仅可以发生在普通体育运动参加者中，而且也可以发生在高水平的优秀运动员中，有的可能在30秒内死亡。一旦发生，抢救极其困难，死亡率甚高，应引起人们的高度重视。

尸检报告证明，运动中猝死的多数病例均可证明患有疾病，疾病中大部分为心脏病，部分为脑出血、中暑、急性出血性胃炎等。

一、心源性猝死

据国内外文献记载，心源性猝死占运动性猝死的绝大多数，在年轻人运动猝死的病例中，心源性疾病占80%以上。

（一）运动中发生心血管意外的常见疾病

1. 冠心病

运动时发生心血管意外的疾病中，以冠心病引起心肌梗死的发生率居首位。尤其是40岁以上人员运动时发生运动性猝死，大多数为冠心病所致。

心肌梗死的发生是与体力超支、精神过度紧张（跑步、举重、足球比赛等）有密切关系。剧烈运动和比赛引起的占多数，运动中，尤其是在接近终点时易发生，可能与机体处于衰竭状态有关。年轻人心肌梗死的发病率有增多的趋势，精神紧张和体力超支常是主要诱发因素。

2. 心脏瓣膜病、心肌病及心脏传导系统的结构异常

据记载,在13～35岁年龄组,最常见的猝死原因是肥厚性心肌病,心肌炎也是运动性猝死的常见疾病之一。预激综合征的病例在运动中因快速心律失常而致心脏骤停致死也有记载。此外,瓣膜性心脏病、左房室瓣脱垂等疾病也可引起运动性猝死。

3. 先天性心脏病

患有冠状动脉先天异常者运动中猝死的危险性很大,其死亡病例50%的发生与运动有关,且死亡年龄要比与运动无关的死亡年龄小。

4. 马方综合征

马方综合征是一种常染色体显性遗传性疾病,主要累及全身结缔组织,引起骨骼、心血管和眼部的病变。有的病例心血管症状出现得早,有的多年无任何症状,而猝死为此征的最早表现,经尸检发现有升主动脉夹层动脉瘤破裂和左房室瓣中度脱垂等。患有此征的人常身材瘦长,腿长臂长,易作为运动员选材的对象,所以在运动员选材时除重视外部条件外,还应进行详细的体检。尽管马方综合征发病率很低,但是在运动员群体中却是一个不容忽视的问题。

(二)病因

1. 冠状动脉急性供血不足

剧烈运动时,机体需氧量急剧增加,心跳加快,氧耗和冠脉血流量也相应增加。心肌与骨骼肌不同,是不能承受氧债的,又由于儿茶酚胺水平升高,交感神经活动增强,更易导致血管痉挛、心肌缺血、心肌应激性增高,从而引起心律失常和心肌梗死,引起猝死。

当冠状血管存在病变或其他原因限制氧供(如冠心病),就会引起心肌缺氧、出血、坏死,表现为急性心肌梗死。

2. 相对性局部缺血

运动时肢体血管大量扩张,冠状血管可发生一过性供血不足或心肌肥厚达到一定程度后,运动时血供就会发生障碍,引起心肌局部相对缺血。

3. 冠状动脉急性栓塞或阻塞

剧烈运动时,可由于血管内膜出血、间质出血或粥样硬化物破裂堵塞冠状动脉,导致运动者猝死。研究发现,青年人多见单纯阻塞性损害,少见梗死。

4. 心肌代谢障碍

剧烈的、过量的运动生成大量的儿茶酚胺,对心肌起毒性作用。而且,剧烈

运动时,自主神经系统平衡失调及心肌电解质钾离子、钠离子的变化,可引起心肌代谢性坏死。

5. 心肌传导系统的急性紊乱

运动员中常见的窦性心动过缓、Q-T间期延长等会导致运动时心律失常的发生。

6. 血管先天畸形、动脉瘤

这也是造成猝死的原因之一。

以上六方面的原因,彼此不是孤立的,有时是互相影响的,而运动是发生心血管意外(包括猝死)的因素之一。

(三) 运动性猝死的健康管理

运动性猝死的健康管理以预防为主,运动性猝死因发作突然、病程急、病情严重,很难救治,尤其是对于心源性运动猝死而言,所以如何预防和避免其发生是解决问题的关键。针对这一问题,健康管理应该从以下六个方面入手,大力开展医务监督工作。

1. 参加运动训练或比赛前进行严格体格检查,识别运动猝死的高危人群

运动引起猝死很少发生在健康人群中,尸检报告证明多有器质性心脏疾病存在,所以,参加运动训练或比赛前进行健康体检是非常必要的,特别是对心血管系统风险的监测,包括心电图、超声心动图,运动负荷心电图可以发现冠状动脉疾病等。每年要进行全面复查,及早发现,及早预防。

对有猝死家族史的成员,要进行追踪观察,预防其在运动中的猝死。

2. 严格鉴别运动员长期训练引起的心脏生理性变化与病理性变化的区别

一些专家认为,某些运动员发生运动猝死可能与"运动员心脏"有关。运动员在安静时可见由于迷走神经紧张性增强引起心电图上Ⅰ度或Ⅱ度房室传导阻滞,运动后可暂时消失,一般对健康、运动无不良影响,但要注意与心肌炎等病因引起的相区别。对运动员中出现的T波变化、束支传导阻滞、心律失常等心电图变化都应进行全面系统的检查。

3. 密切观察运动时出现的各种症状

对运动中出现晕厥的病例,要做全面系统的检查。对运动中或运动后出现的胸闷、胸痛、胸部压迫感、头痛和极度疲乏等症状要引起足够的重视,进行详细的检查。还应抓住猝死前的胸痛和失神等先兆,在运动训练时对过度疲劳、睡眠不足也应格外注意。此外,还需普及心肺复苏方法,及时进行抢救。

4. 遵守科学运动的原则、运动的卫生原则和患病后恢复运动的原则

运动应遵守循序渐进、系统性、个体性和量力而行的科学原则。保持良好的精神状态,避免情绪激动和过度紧张。为适应大负荷运动,运动和比赛前应做好充分准备活动,结束时做好整理活动。主张运动者选择适宜于自己情况的运动,未经训练者应慎重参加剧烈运动。运动员不遵守训练的科学原则时,造成过度训练或过度紧张,对心血管系统有害。培养良好的生活习惯,不吸烟,不喝酒,少吃高脂食品和食盐,避免暴饮暴食,避免饱食后剧烈运动,避免运动后立即热水浴。掌握运动的适应证和禁忌证,积极防治青少年的心肌炎、心肌病。患有流感、急性扁桃体炎、麻疹等感染后过早参加剧烈运动均易发生心血管意外。

5. 运动员的选择注重体格检查

严密注意马方综合征,特别是篮球、排球、跳高等需要身材高大的运动员的项目。

6. 加强对运动猝死的调查与研究

进一步加强对运动猝死原因及防治的调查与研究。

二、脑源性猝死

脑源性猝死也是运动猝死的重要原因之一,主要为脑血管畸形、动脉瘤或高血压、动脉硬化所致脑卒中。

三、中暑

有些资料将中暑列为运动猝死中仅次于心脏猝死的第二大原因。体温调节紊乱可致完全健康的人发生死亡,剧烈运动尤其是耐力项目在热环境下进行时尤易发生中暑,甚至导致死亡。

四、其他

胸腺淋巴体质和肾上腺机能不全可使机体应激能力低下而致猝死。急性出血性胃炎在运动性猝死的文献研究中也可见到。

第十二章

运动性伤害的现场急救

运动性伤害是指和运动有关而发生的一切伤害。凡与运动相关发生的伤害都可以列入运动伤害的范围。运动性伤害代表人体在各种不同的身体活动下，所产生的身体伤害。运动性伤害的现场急救对运动者日后的恢复有重要作用。

第一节 急救概述

运动性伤害现场的急救是指在运动现场对受伤的人员进行紧急处理，属于损伤救治过程中一个非常重要的环节。一旦发生伤害事故，要求急救人员必须准确、及时地把伤员从运动现场抢救出来，分秒必争地实施紧急救护措施，并负责将伤员安全送到有关医疗单位。现场急救处理的正确与否直接关系到患者的生存率与致残率。因而，无论何种急性损伤，做好现场急救都是十分重要的。

一、急救的目的

急救是指对意外或突然发生的伤病事故进行紧急的临时性处理。其目的是保护伤员的生命安全，避免再度损伤，防止伤口污染，减轻痛苦，预防并发症，并为伤病员的转运和进一步治疗创造条件。

二、急救的原则

进行现场急救应遵循一定的原则。首先，要以抢救生命为第一，做到救命在先。其次，急救要注重时间观念，即要争分夺秒地进行抢救，能够快速准确判断病情，迅速进行现场处理并及时转运伤员。最后，抢救人员要具备较高的业务能力，包括高度的责任心、正确熟练的急救技术、沉着冷静的心理素质。这样在进行现场急救时才能够迅速且准确地将急救工作做得井井有条、全面周到。

三、急救的工作内容

（一）急救的组织工作

1. 设置急救点

在固定场地训练或比赛时，应就近设置急救点。有些训练路线不固定，如跨省马拉松拉练和长距离自行车训练,医生和保健员有时无法照顾,可设置游动的急救点,在随行的机动车上放置急救箱以便应急。急救点的工作应由医务工作者和保健员共同负责。

2. 急救物品的准备

根据运动项目的特点、损伤发生的情况,做必要的急救物品准备,如冷敷用品和压迫棉垫、粘胶和缝合包、绷带和三角巾、止血带及常用的急救药物等。一些易发生严重损伤的比赛项目,如摩托车、公路自行车等比赛,应预先查看比赛路线,在易发生损伤的地点设置急救站,并配备急救车和医护人员,保证一旦受伤后能得到及时救护。此外,还要确定后方医院,以便及时联系做好伤员的转运工作。

(二)现场的具体急救工作

1. 收集病史

首先扼要地了解伤情,迅速加以分析,确定损伤性质、部位、范围,以便进一步重点检查。询问的内容包括受伤经过、受伤时间、受伤原因、受伤动作、伤员的自我感觉等。

2. 就地检查

包括全身状况观察和局部检查。检查要点:① 有无呼吸道阻塞、呼吸困难、紫癜、异常呼吸等现象;② 有无休克,检查时若发现呼吸急促、脉搏细弱、血压下降、面色苍白、四肢发凉出汗,提示有休克发生,应先抢救;③ 有无伤口、外出血及内出血;④ 有无颅脑损伤,凡神志不清的伤者,出现瞳孔改变、耳鼻道出血、眼结膜淤血和神经系统症状者,应疑有颅脑损伤;⑤ 有无胸腹部损伤;⑥ 有无脊髓周围神经损伤及肢体瘫痪等;⑦ 有无肢体肿胀、疼痛、畸形及功能丧失等,以确定骨与关节损伤。

(三)初步急救处理

根据以上检查结果作出诊断后,应迅速按不同情况进行初步急救处理。

第二节 出血的现场急救

血液是维持生命的重要物质,成年人血量约占体重的8%,即4 000～5 000 mL,如出血量达到总血量的20%(800～1 000 mL)时,会出现乏力、头晕、口渴、面色苍白、心跳加快、血压下降等全身不适症状。若出血量达总血量的30%

(1 200~1 500 mL)，会出现休克，甚至危及生命。大出血伤员的急救，只要稍拖延几分钟就会造成无法弥补的危害。因此，外伤出血过多是最需要急救的危重症之一。

一、出血的分类

血液从损伤的血管外流称为出血，出血分为外出血和内出血两种。外出血指血液从皮肤创口处向体外流出，是运动损伤中较为常见的一种。外出血按受伤血管不同，可分为动脉出血、静脉出血和毛细血管出血三类，但一般所见的出血多为混合型出血。内出血指血液从损伤的血管内流出后向皮下组织、肌肉、体腔（包括颅腔、胸腔、腹腔和关节腔）及胃肠和呼吸器官内注入。内出血也分为三种，即组织内出血、体腔出血和管腔出血。组织内出血如皮下组织、肌肉等属之；体腔出血如胸腔、颅内属之，管腔出血主要指胃肠道出血。内出血较外出血性质严重，因其初期不易被察觉而容易被忽视。

（一）动脉出血

动脉血的颜色鲜红，血液自伤口的近心端呈间歇性、喷射状流出，出血速度快，出血量多，危险性大，常因失血过多而出现急性贫血，以至血压下降，呼吸与心跳中枢麻痹，进而引起心跳与呼吸停止。

（二）静脉出血

静脉血的颜色暗红，血液自伤口的远心端呈持续性、缓慢地向外流出，危险性小于动脉出血。

（三）毛细血管出血

毛细血管血的颜色介于动脉血和静脉血之间，血液在创面上呈点状渗出并逐渐融合成片，最后渗满整个伤口，通常可以自行凝固，一般没有危险性。

二、止血的方法

现场急救常用的止血方法有多种，使用时可根据具体情况选用一种，也可以把几种止血法结合一起应用，以达到最快、最有效、最安全的止血目的。下面介绍七种出血常用的止血方法。

（一）冷敷法

冷敷可使血管收缩，减少局部充血，降低组织温度，抑制神经的感觉，因而有止血、止痛、防肿的作用，常用于急性闭合性软组织损伤。冷敷一般用冷水或冰袋敷于损伤部位,常与加压包扎止血法和抬高伤肢法同时使用。

(二) 抬高伤肢法

抬高伤肢法是指将受伤肢体抬至高于心脏15°～20°角,使出血部位压力降低,此法适用于四肢小静脉或毛细血管出血的止血。常在绷带加压包扎后使用,在其他情况下仅为一种辅助方法。

(三) 加压包扎止血法

有创口的可先用无菌纱布覆盖压迫伤口,再用三角巾或绷带用力包扎,包扎范围应比伤口稍大,在没有无菌纱布时,可使用消毒纸巾、餐巾等代用。这是目前最常用的一种止血方法,此法适用于小静脉和毛细血管出血的止血。

(四) 加垫屈肢止血法

前臂、手和小腿、足出血时,如果没有骨折和关节损伤,可将棉垫或绷带卷放在肘或膝关节窝上,屈曲小腿或前臂,再用绷带作"8"字形缠好。

(五) 直接指压止血法

该方法是用手指指腹直接压迫出血动脉的近心端。为了避免感染,宜用消毒敷料、清洁的手帕或清洁纸巾盖在伤口处,再进行指压止血。

(六) 间接指压止血法

该方法又叫止血点止血法,是止血方法中最重要、最有效且极简单的一种方法。压迫时用手指把身体浅部的动脉压在相应的骨面上,阻断血液的来源,可暂时止住该动脉供血部位的出血,适用于动脉出血,但只能临时止血。重要的止血点有六个:颞浅动脉止血点,颌外动脉止血点,锁骨下动脉止血点,肱动脉止血点,股动脉止血点,胫前、胫后动脉止血点。

1. **头部出血**

头部前额、颞部出血,要压迫颞浅动脉。其压迫点在耳屏前方,用手指摸到搏动后,将该动脉压在颞骨上。

2. **面部出血**

面部出血可压迫颌外动脉。其压迫点在下颌角前面约1.5 cm处,用手摸到搏动后,将该动脉压迫在下颌骨上。

3. **上肢出血**

肩部和上臂出血可压迫锁骨下动脉。在锁骨上窝、胸锁乳突肌外缘,用手指将该动脉向后内正对第一肋骨压迫。前臂出血可压迫肱动脉。让患肢外展,用拇指压迫上臂内侧。手指出血可压迫指动脉。压迫点在第一指节近端两侧,用拇指、食指相对夹压。

4. 下肢出血

大腿、小腿部出血，可压迫股动脉。压迫点在腹股沟皱纹中点的动脉搏动处，用手掌或拳向下方的股骨面压迫。足部出血可压迫胫前动脉和胫后动脉，用两手的拇指分别按压于内踝与跟骨之间和足背皱纹中点。

（七）止血带止血法

止血带止血只适用于四肢大出血，且当其他止血法不能止血时才使用此方法。止血带主要有橡皮止血带、气性止血带（如血压计袖带）和布制止血带，其操作方法各不相同。

1. 橡皮止血带

常用的是一种特制的胶皮管，操作时左手在离带端约10 cm处由拇指、食指和中指紧握，使手背向下放在止血带的部位，右手持带中段绕伤肢一圈半，然后把带塞入左手的食指与中指之间，左手的食指与中指紧夹一段止血带向下牵拉，使之成为一个活结，外观呈A字形。

2. 气性止血带

常用的是血压计袖带，操作方法比较简单，只要把袖带绕在扎止血带的部位，然后打气至伤口停止出血。

3. 布制止血带

将三角巾折成带状或将其他布带绕伤肢一圈，打一个蝴蝶结；取一根小棒穿在布带圈内，提起小棒拉紧，将小棒依顺时针方向绞紧，再将绞棒一端插入蝴蝶结内，最后拉紧活结并与另一头打结固定。

使用止血带时应注意如下事项。

（1）部位：先将患肢抬高然后再上止血带，止血带应缚在出血部的近心端。上臂外伤大出血应扎在上臂上1/3处，前臂或手部大出血应扎在上臂下1/3处，下肢外伤大出血应扎在股骨中下1/3交界处。

（2）衬垫：使用止血带的部位应有衬垫，否则会损伤皮肤。止血带可扎在衣服外面，把衣服当衬垫。

（3）松紧度：应以出血停止、远端摸不到脉搏为合适。过松达不到止血目的，过紧又会损伤组织。

（4）时间：缚上止血带后上肢应每半小时，下肢应每1小时分别放松一次，放松时间1～2分钟，以免引起肢体缺血性坏死。

(5) 标记：使用止血带者应有明显标记贴在前额或胸前易发现部位，写明时间。如立即送往医院，可不写标记，但必须当面向值班人员说明缚扎止血带的时间和部位。

第三节 关节脱位的急救

凡相连两骨之间失去正常的连接关系，称为关节脱位。关节脱位时，由于暴力作用往往伴有关节囊及关节周围软组织的损伤，严重者还会伤及神经、血管或伴有骨折。关节复位的原则是使脱位的关节端按原来脱位的途径退回原处。严禁动作粗暴和反复复位，以免加重损伤，造成骨折或血管、神经的损伤。实施复位的时间越早，越易复位，效果也越好。复位成功的标志是关节被动活动恢复正常，骨性标志复原，X线检查显示已复位。复位后将关节固定在稳定的位置上，固定期间要加强功能锻炼。没有整复条件时应立即用夹板和绷带在脱位所形成的姿势下固定伤肢，保持病员安静，尽快送医院处理。

体育运动中最常见的关节脱位是肩关节前脱位和肘关节后脱位。

一、肩关节前脱位

（一）损伤原因

在运动过程中，只要在跌倒时肩关节处于上臂外展位，用手或肘部着地，都有可能发生肩关节前脱位。这种姿势使肱骨头移向肩胛盂的前下方，一旦外力过大，肱骨头就自肩胛盂脱出。此外，上臂在外展位突然过度背伸或过度外旋时都可能发生肩关节前脱位。

（二）症状与诊断

(1) 一般有跌倒时手或肘部着地的受伤史。
(2) 肩关节疼痛及运动障碍。
(3) 肩关节周围明显压痛。
(4) 上臂固定于外展25°～30°角。
(5) 由于关节周围软组织损伤后，组织内血管撕裂出血和反应性炎症出现，关节脱位后不久即出现明显的肿胀。
(6) 肩部变平，呈角肩，又称"方肩畸形"。
(7) 患侧手不能触到健侧的肩部，肘不能靠于胸前。

(8) 触诊时可发现肩峰下有凹陷,锁骨下或喙突下可摸到肱骨头。

(9) X光检查,可进一步了解受伤关节局部的变化,如脱位的方向、程度以及是否合并骨折等。

(三) 肩关节前脱位的现场固定方法

取三角巾两条分别折成宽带,一条悬挂前臂,另一条绕过伤肢上臂,在健侧腋下打结。

(四) 整复方法

采用Kocher法或牵引整复法,整复后用绷带将前臂固定于胸壁,直至关节囊及周围软组织愈合后,再开始活动。固定时间依肩关节损伤的情况及年龄而不同,一般为3周。由于这种损伤常继发肩关节习惯性脱位,近年来不少医生主张优秀运动员伤后应立即进行手术将撕裂组织修补。

二、肘关节后脱位

(一) 损伤原因

任何外力只要使肘关节过伸或外展致使肘关节内侧副韧带断裂,都能引起肘关节后脱位。如跌倒时肘关节过伸,尺骨鹰嘴又猛烈冲击肱骨鹰嘴窝,使肱骨下端前移,尺骨鹰嘴后移,引起典型的肘关节后脱位。

(二) 症状与诊断

肘关节后脱位时,肘关节保持在半屈曲位,屈伸限制,上肢缩短,肘前三角部膨出,肘前后径加大,局部肿胀;触诊可发现肘后三角的关系发生改变,鹰嘴远移至肘后上方。

(三) 肘关节后脱位的现场固定方法

用铁丝夹板弯成合适的角度,置于肘后,用绷带缠稳,再用小悬臂带挂起前臂。如无铁丝夹板,可直接用大悬臂带包扎固定。

(四) 整复方法

采用单人或双人手法复位,一般称为"牵引屈肘法"。

第四节 骨折的急救

骨折是指骨与骨小梁的连续性发生断裂。骨折急救的目的,在于用简单而有效的方法抢救生命,保护患肢,使伤者能安全而迅速地运送至医院。

一、骨折的原因及分类

（一）骨折的原因

引起外伤性骨折的暴力，按其作用的性质和方式可分为直接、传达、牵拉和积累性暴力。

1. 直接暴力

骨折发生于暴力直接作用的部位，如跌倒时膝盖直接撞击于地面所引起髌骨骨折。

2. 传达暴力

骨折发生在暴力作用点以外的部位，如跌倒手掌撑地，由跌倒时的冲力所引起的地面反作用力沿上肢向上传导，可引起舟状骨或桡骨远端、尺骨与桡骨干、肱骨骨折等。这是最常见的骨折机制。

3. 牵拉暴力

由于不协调的、急剧猛烈的肌肉收缩或韧带突然紧张而引起附着部的撕脱骨折，如股四头肌猛烈收缩引起髌骨或胫骨粗隆的撕脱骨折。

4. 积累性暴力

多次或长期积累性暴力作用引起骨折，亦称疲劳性骨折，如反复跑跳或长途行军引起第二跖骨颈或腓骨的疲劳性骨折等。

（二）骨折的分类

1. 按骨折周围软组织的病理分

（1）闭合性骨折：骨折处皮肤或黏膜完整，骨折断端与外界不相通。

（2）开放性骨折：骨折锐端穿破皮肤，直接与外界相通。这种骨折容易感染，导致骨髓炎或败血病。

2. 按骨折断裂的程度分

（1）不完全骨折。骨的连续性未完全破坏，或骨小梁的一部分连续中断。因儿童的骨质较软而韧，不易完全断裂，似幼嫩的树枝折断，又称青枝骨折。

（2）完全骨折。整个骨的连续性，包括骨外膜完全破裂。骨折端可以保持原位（无移位），亦可移位而形成重叠、分离、旋转、成角、侧方移位等。

3. 按手法复位外固定后骨折的稳定性分

（1）稳定骨折。如骨折面横断或近乎横断有锯齿的斜折，经反复固定后，不易再移位。

（2）不稳定骨折。骨折后经反复外固定,仍易再移位,如斜面骨折、螺旋骨折、粉碎骨折等。

4. 按骨折线的形态分

（1）裂缝骨折。骨折后无移位,就像瓷器上的裂纹一样。

（2）骨膜下骨折。骨膜未破,移位不明显。

（3）青枝骨折。仅有部分骨质和骨膜被拉长、皱褶或破裂,常有成角、弯曲畸形。多见于儿童。

（4）撕裂骨折。又称撕脱骨折。

（5）横骨折。骨折线与骨干纵轴接近垂直。

（6）斜骨折。骨折线与骨干的纵轴呈一定的角度。

（7）螺旋骨折。骨折线呈螺旋状,多由扭转力引起。

（8）粉碎骨折。骨折块碎裂成两块以上者,多由直接外力所致,常见于成年人。

（9）嵌入骨折。多由于压缩性间接外力所致。

（10）骨骺分离。骨骺的骨折多发生在儿童、少年。

二、骨折的症状与体征

（一）疼痛

骨折当时疼痛较轻,随后即加重,活动受伤肢体时则疼痛加剧,持续剧痛可引发休克。

（二）肿胀和皮下瘀血

骨折时骨及周围软组织的血管破裂,发生局部出血和肿胀。若软组织较薄,骨折的部位表浅,血肿渗入皮下,形成青紫色的皮下瘀斑,亦可随血液沿肌间隙向下流注,在远离骨折处出现瘀斑。

（三）患肢失去功能

因疼痛、肌肉痉挛、骨杠杆作用破坏和周围软组织损伤等,肢体不能站立、行走或活动。

（四）畸形

完全骨折时,常因暴力作用和肌肉痉挛使骨折断端移位,出现伤肢缩短、成角或旋转等畸形。

（五）异常活动或骨摩擦音

四肢长骨完全骨折时,在关节以外的地方出现异常活动;轻微移动肢体时,因断端互相摩擦而出现摩擦音,这是完全骨折的特有征象。检查时应小心谨慎,以免加重损伤和造成伤员的痛苦。

(六) 压痛和震痛

骨折处有敏锐的压痛,有时轻轻叩击远离骨折的部位,在骨折处亦出现疼痛。

(七) X线拍片

骨折裂痕、断裂或粉碎,X线拍片是最具有权威性的确诊方法。

三、骨折的急救

(一) 骨折的急救原则

1. 防治休克

严重骨折、多发性骨折或同时合并其他损伤的伤员,可能会发生休克,急救时应注意预防休克。若有休克必须先抗休克,再处理骨折。预防休克的方法在于早期就地实施制动固定术,并在骨折部位注射1%～2%的普鲁卡因止痛。针刺人中、十宣,50%葡萄糖液静脉注射,吸氧,平卧保暖是升压和预防休克发展和治疗的简要措施。

2. 就地固定

骨折后及时固定可避免断端移动,防止加重损伤;固定时必须先牵引再上夹板,使伤肢处于较为稳定的位置,可减少疼痛,便于伤员转运。未经固定,不可随意移动伤员,尤其是大腿、小腿和脊柱骨折的伤员。

3. 先止血再包扎伤口

伤口有出血时先止血,可根据情况选择适宜的止血方法。有开放性骨折的病人应先清洗伤口,再用消毒巾包扎,以免感染。争取在6～12小时以内送达医院施行手术,并注射破伤风血清1 500 IU以预防破伤风。暴露在伤口外的骨折端,未经处理一定不要复回,应敷上清洁纱布,包扎固定后急送医院处理。

(二) 骨折急救的注意事项

夹板的长短、宽窄要适宜,使骨折处上下两个关节都固定。若无夹板时,可用树枝、竹片等代用品。夹板要用绷带或软布包垫,夹板的两端、骨突部和空隙处要用棉花或软布填妥,防止引起压迫性损伤。肢体明显畸形而影响固定时,可将伤肢沿纵轴稍加牵引后再固定。缚扎夹板的绷带或布条应缚在骨折处的上下段。固定要牢靠,松紧度适中,过松则失去固定的作用,过紧又会压迫神经血管。

因此,固定时应露出指(趾)端,若发现指(趾)端出现苍白、发麻、发凉、疼痛或变紫时,须立即松解,重新固定;上肢骨折固定后,用悬臂带把患臂挂于胸前;下肢骨折固定后,可把患腿与健腿捆缚在一起。经固定后尽快将伤员送到医院,争取及早整复治疗。

(三) 骨折急救的固定法

常见的骨折固定法有以下九种。

1. 锁骨骨折

锁骨骨折可采用"双环包扎法"固定。先取3条三角巾并折叠成宽带,在双肩腋下填上软布团或棉花,然后用2条宽带分别绕过伤员两肩在背后打结,形成两个肩环,再用第三条宽带在背后穿过两个肩环,拉紧打结,最后将两前臂缚扎固定或将伤侧肢体挂在胸前。

2. 肱骨干骨折

屈肘成直角,用两块长短宽窄适宜的有垫夹板,分别放在伤臂的内、外侧,用3～4条宽带将骨折处上下部缚好,再用小悬臂带把前臂挂在胸前,最后用宽带或三角巾将伤臂固定于体侧。

3. 前臂骨折

用两块有垫夹板分别放在前臂的掌侧和背侧,板长从肘到掌,前臂处于中立位,屈肘90°,拇指朝上。用3～4条宽带缚扎夹板,再用大悬臂带把前臂挂在胸前。

4. 手腕部骨折

用一块有垫夹板放在前臂和手的掌侧,手握绷带卷,再用绷带缠绕固定,然后用大悬臂带把伤臂挂于胸前。

5. 股骨骨折

股骨骨折可采用旁侧夹板固定。先用两手(一手握脚背,一手托脚跟)轻轻将脚向下拉,直到与健腿等长。如疼痛可注射吗啡。再将2块长夹板分别放在伤肢的内、外侧,内侧夹板上至大腿根部,下达足跟;外侧夹板自腋下达足部。然后用5～8条宽带固定夹板,在外侧打结。

6. 小腿骨折

用两块有垫夹板放在小腿的内、外侧,2块夹板上自大腿中部,下至足部。用4～5条宽带分别在膝上、膝下及踝部缚扎固定。

7. 踝足部骨折

踝足部骨折可采用直角夹板固定。脱鞋,取一块直角夹板置于小腿后侧,用棉花或软布在踝部和小腿下部垫妥后,再用3条宽带分别在膝下、踝上和足跟部缚扎固定。

8. 胸腰椎骨折

疑有胸腰椎骨折时,尽量避免骨折处移动,以免脊髓受压迫而损伤。将硬板或门板置于病人体侧,一人稳住头,再由两人将病人轻轻推滚至木板上,取仰卧位,用数条宽带将伤员缚扎于木板上。若为软质担架,令伤员采取俯卧位,使脊柱伸直,禁止屈曲,送至医院。

9. 颈椎骨折

颈椎骨折时,务必使伤员头部固定于伤后位置,不屈、不伸、不旋转,数人合作将伤员抬至木板上,头部两侧用沙袋或卷起的衣服垫好固定,用数条宽带把伤员缚扎在木板上。颈椎损伤的病人,如搬运不当,有引起骨髓压迫的危险,造成四肢和躯干的高位截瘫,甚至影响呼吸造成死亡。

第五节 心肺复苏

心肺复苏是针对呼吸、心跳停止所采用的抢救措施,即以心脏按压形成暂时的人工循环,诱发心脏的自主搏动,并以人工呼吸代替病员的自主呼吸。因此,临床上将两者合称为心肺复苏术。体育运动中一些严重意外事故,如溺水、外伤性休克等可能会出现呼吸或心搏骤停的情况,如未能在现场得到及时正确的抢救,病员将因全身严重缺氧而很快死亡。胸外心脏按压和人工呼吸是心脏复苏初期最主要的急救措施。

在常温情况下,心脏停搏3秒时病人就感到头晕;10秒即出现晕厥;30～40秒后瞳孔散大;60秒后呼吸停止、大小便失禁;4～6分钟后大脑发生不可逆的损伤。因此,对心脏停搏、呼吸骤停病人的抢救应当在4分钟内进行心肺复苏,开始复苏时间越早,成活率越高。

一、胸外心脏按压

此方法是通过按压胸骨下端而间接地压迫左右心室腔,使血流流入主动脉和肺动脉,从而建立有效的大小循环,为心脏自主节律的恢复创造条件。胸外心脏按压时,收缩压可达13.3 kPa(100 mmHg),平均动脉压为5.3 kPa(40 mmHg);颈动脉血流仅为正常的1/4～1/3,这是支持大脑活动的最小循环血量。因此,进行胸外心脏按压时,患者应平卧,最好头低脚高位,背部垫木板,以增加脑的血流供应。

操作方法:使病人仰卧于硬板床或地上,急救者以一手掌根部置于患者胸骨的中、下1/3交界处,另一手交叉重叠于其手背上,肘关节伸直,充分利用上半身的重量和肩、臂部肌肉的力量,有节奏地带有冲击性地垂直按压胸骨,使之下陷5～6 cm(儿童相对要轻些)。每次按压后随即迅速抬手,使胸部复位,以利于心脏舒张。频率为每分钟100～120次。如有条件,应尽早除颤。

在操作中,如能摸到颈动脉或股动脉搏动,上肢血压收缩压达8 kPa(60 mmHg)以上,口唇、甲床颜色较前红润或者呼吸逐渐恢复,瞳孔缩小,则为按压有效,应操作至自主心跳出现为止。

对呼吸、心跳均停止的病人,应同时进行上述两种急救措施。单人心肺复苏时,每按压胸部30次,吹气2次,即30:2,每次呼吸超过1秒。最好由两人配合进行,一人做人工呼吸,一人做胸外心脏按压,双人心肺复苏时,不中断胸外按压,每6秒吹气1次。

二、人工呼吸

人工呼吸是借助人工方法来维持机体的气体交换,以改善病员缺氧状态,并排出二氧化碳,为恢复病员自主呼吸创造条件。人工呼吸的方法很多,现介绍最常用的口对口人工呼吸法,此法简便有效。

操作方法:使病员仰卧,松开领口、裤带和胸腹部衣服,清除口腔内异物,把患者口腔打开,盖上一块纱布。急救者一手掌尺侧置于病人前额,使其头部后仰,拇指和食指,捏住病人鼻孔,以免气体外溢。另一手托起患者下颌,掌根部轻压环状软骨,使其间接压迫食道,以防吹入的空气进入胃内。然后,深吸一口气,张开嘴巴,用双唇包绕封住病人的嘴外缘,并紧贴住向里吹气,吹气完成后立即放开鼻孔。待患者呼气并吸入新鲜空气,准备下一次吹气,如此反复进行。吹气要深而快,每次吹气量约800～1 200 mL或每次吹气时观察病人胸部上抬即可。开始应连续两次吹气,以后每隔6秒吹一次气,频率为每分钟10次,直到患者恢复呼吸为止。

在进行心肺复苏时,急救一经开始,就要连续进行,不能间断,直到伤员恢复自主呼吸、心跳或确诊死亡为止。心肺复苏的步骤应先进行胸外心脏按压,然后保持气道通畅,最后进行人工呼吸。此外,在实施急救的同时,应迅速拨打急救电话。

第六节 抗 休 克

休克是人体遭受体内外各种强烈刺激后所发生的严重的全身性综合征,临床上以急性周围循环衰竭为特征,有效循环血量锐减是复杂综合征中的主要矛盾。由于有效循环血量绝对或相对地减少,使组织器官缺氧,发生一系列的代谢紊乱,造成恶性循环,如不及时纠正,就会导致死亡。各种严重致病因素,如创伤、感染、低血容量、中毒和过敏等均可引起有效血容量不足,进而引起休克。运动损伤造成的休克,一般以失血性休克和创伤性休克较为多见。

一、休克的原因与发生机制

凡能引起有效循环血量不足或心输出量减少的各种因素,都能引起休克。在运动损伤中并发休克的原因主要是剧烈疼痛和大量出血,这些致病因素刺激交感神经—肾上腺髓质系统的活动增强,使儿茶酚胺大量释放,导致微血管痉挛,毛细血管网内的血流量减少,组织血液灌流量不足,导致休克。骨折、脱位、严重软组织损伤、睾丸挫伤等,由于剧烈疼痛可引起周围血管扩张,使有效循环血量相对减少;或大血管破裂出血、腹部挫伤合并肝脾破裂等;以及心脏病、严重感染、中毒、药物反应等,均可引起休克。此外,疲劳、饥饿、寒冷、酷暑等也都能诱发休克或加重休克程度。

二、休克的发展过程与临床表现

(一)休克早期

休克早期又称缺血缺氧期。由于受休克因素的刺激,使大量的体液因子释放,导致末梢小动脉、微动脉、毛细血管前括约肌及微静脉持续痉挛,毛细血管前阻力增加,大量真毛细血管关闭,使微循环的灌流量急剧减少。此时病人出现精神紧张、烦躁不安、多汗、呼吸急促、心率加快,体温和血压正常或稍高,此期易被忽略。

(二)休克期

休克期又称失代偿期。此期由于组织显著缺氧,致使毛细血管前括约肌开放,大量血液进入毛细血管网,造成循环淤血,血管通透性增加,大量血浆外渗。白细胞在微血管壁黏附,形成血栓,使血压下降,收缩压在 12 kPa(90 mmHg)以下,脉压差小于2.7 kPa(20 mmHg)。出现表情淡漠,反应迟钝,面色苍白,口唇、肢端发绀,四肢厥冷,全身冷汗,脉搏细速,尿量减少和血压下降,严重时病人昏迷,甚至死亡。因此,血压下降是判断休克严重程度的重要标志。

(三) 休克晚期

休克晚期又称弥漫性血管内凝血期。此期是指在毛细血管淤血的基础上细胞缺氧更严重,导致血管内皮损伤,血小板聚集,促发内凝血及外凝血系统在微血管形成广泛的微血栓;细胞因持久缺氧使胞膜损伤,溶酶体释放,细胞坏死自溶;并因凝血因子的消耗而产生弥漫性出血。其临床表现主要为广泛性出血、低血压休克、溶血及血栓栓塞所致多种器官的功能障碍等。

三、休克的急救

(一) 安静休息

迅速使伤员平卧使之安静,并予以安慰与鼓励,消除病人的顾虑。最好不要采取头低脚高位,因这种位置将使颅内压增高,静脉血回流受阻,并使膈肌上升影响呼吸,不利于休克的矫治(尤其是呼吸困难者)。

(二) 保暖和防暑

换去潮湿的运动服,以防散热过快,尽量使病人在温暖安静的环境下休息。若为炎热的夏季,要注意防暑降温,以防中暑。

(三) 饮水

神志清醒又无消化道损伤的病员,可给以适量的盐水(每L含食盐3 g、碳酸氢钠1.5 g)或热茶等饮料。

(四) 保持呼吸道通畅

昏迷病人,常因分泌物或舌后缩等原因,引起呼吸道的堵塞。因此,要及时清除分泌物及血块,松解衣领,必要时把舌牵出口外。对心脏停搏、呼吸停止的病人应立即进行心肺复苏。

(五) 镇静与止痛

骨折、脱位和严重的软组织损伤后,可根据情况口服苯巴比妥0.9 g,或肌肉注射苯巴比妥钠0.1 g,其主要作用在于可解除中枢神经系统的应激性,加强大脑皮层的保护性抑制,起镇静作用。有剧烈疼痛者,可口服阿片20 mL或杜冷丁50 mg以镇痛,防止休克加重。凡有颅脑损伤、脊髓损伤、胸腹部损伤,或缺氧发绀的伤员,都禁用吗啡或杜冷丁。

（六）包扎和固定

开放性损伤，要用无菌敷料或清洁的毛巾等将创口敷盖包扎，骨折或脱位的伤员，应进行必要的急救固定。

（七）止血

外出血的伤员应在急救的早期，采用绷带加压包扎法、指压法或止血带等方法及时止血。内出血的伤员，应尽早送医院处理。

（八）针刺疗法

昏迷的病人可针刺或手指掐点人中、百会、内关、涌泉、合谷等穴位。

在进行上述现场急救的同时，应与医院联系，或将病员迅速送到医院，进一步处理，如输血、输液、吸氧等。

第八节　脑震荡的急救

脑震荡是脑损伤中最轻而又最多见的一种，可发生于体操、足球、垒球和棒球等运动中，也是日常工作、生活中的常见损伤。

一、脑震荡的病因与发生机制

脑震荡是头部受到足球、棒球的打击或体操练习中从高处跌下时头部撞地等，神经细胞和神经纤维受到普遍震荡所引起的一时性意识和功能障碍，不久即可恢复，多无明显解剖病理改变。

二、脑震荡的症状与体征

头部受到外力撞击后，立即出现意识障碍，出现一时性意识丧失（昏迷）或神志恍惚。意识障碍的时间长短不一，短则几秒钟，长则几分钟乃至20～30分钟等。意识丧失时，伤员呼吸表浅，脉率缓慢，肌肉松弛，瞳孔稍放大但左右对称，神经反射减弱或消失。

意识清醒后出现逆行性健忘，即患者无法回忆受伤经过和情况，但能清楚回忆受伤前的或更早以前的事情。伤员有头痛、头晕、情绪紧张，或变换体位时症状加重，以后会逐渐消失。会有轻微的恶心、呕吐感，几天后即可消失。此外，还有情绪不稳、易激动、注意力不易集中，以及耳鸣、心悸、多汗、失眠等自主神经功能紊乱的症状。

诊断脑震荡的依据是：头部有明确的外伤史；伤后即刻确有短时间的意识障碍；意识清醒后出现逆行性健忘；神经系统检查和血压、脉率、呼吸、脑脊液压力及其细胞数均为正常。

脑震荡有时可合并轻微脑挫伤或颅骨骨折。若伤员昏迷时间超过5分钟以上，或两侧瞳孔大小不对称，或耳、鼻有出血、流清水，以及咽后壁、眼球出现青紫，或神志清醒后剧烈头痛、呕吐，或出现再度昏迷，都说明伤情较重，必须立即送医院。

外伤性颅内出血的早期表现和脑震荡非常相似，应引起注意。

三、脑震荡的急救

急救时，立即将伤员平卧，安静休息，不可让伤员坐起或站起。注意身体保暖，头部可用冷水毛巾作冷敷。若伤员昏迷，可用手指掐点人中、内关等穴，以促使患者苏醒；呼吸停止者，应立即施行人工呼吸。同时，要尽快请医生来处理或把伤员送至医院。在转运时，伤员要平卧、保暖；头颈两侧要用枕头或衣服垫妥固定，防止颠簸振动或晃动；意识不清者，要注意保持呼吸道通畅，伤员可侧卧或把头转向一侧，避免呕吐物吸入气管或舌坠而发生窒息，并严密观察病情变化。

无严重征象、短时间意识障碍后很快恢复的伤员，经医生诊治后也可平卧送至宿舍休息，直至头痛、头晕等症状消失为止。在休养期间，要注意休息，保持安静的环境和充足的睡眠，不宜过早地参加紧张的体育活动或脑力劳动。一般认为，症状完全消失后，可用"闭目举臂单腿站立平衡试验"来初步判定可否恢复体育锻炼，并在恢复运动的最初阶段，注意观察其动作的协调能力，以了解患者是否已完全康复。

参考文献

[1] 郭清.健康管理学概论[M].北京:人民卫生出版社,2011.
[2] 李江,陶沙,李明等.健康管理的现状与发展策略[J].中国工程科学.2017,19(2):8-15.
[3] 乔玉成.身体活动水平:等级划分、度量方法和能耗估算[J].体育研究与教育.2017,32(3):1-11.
[4] 宋蒙九,李婷.妊娠期运动[J].国际妇产科学杂志.2014,41(3):225.
[5] 王健、何玉秀.健康体适能[M],北京:人民体育出版社,2008.
[6] 王陇德.健康管理师[M].北京:人民卫生出版社,2013.
[7] 邢慧娴,杨功焕.身体活动的测量与评价[J].中国自然医学杂志.2010,12(2):148-150.
[8] 叶孙岳.静态行为流行病学研究进展[J].中国公共卫生.2016,32(3):402-405.
[9] 张博文,金新政.移动健康管理研究[J].中国卫生信息管理杂志.2016,13(1):41-44.
[10] 张钧,张蕴琨.运动营养学(第二版)[M].北京:高等教育出版社.2010.
[11] 张云婷,马生霞,陈畅等.中国儿童青少年身体活动指南[J].中国循证儿科杂志.2017,12(6):401-409.
[12] 赵斌,张钧,刘晓莉.体育保健学(第六版)[M].北京:高等教育出版社.2018.
[13] Hopkinson Y, Hill D M, Fellows L, Midwives Understanding of Physical Activity Guidelines During Pregnancy[J]. Midwifery. 2018, 59(10): 23-26.
[14] López-Sánchez G F, Emeljanovas A, Miežienė B et al. Levels of Physical

Activity in Lithuanian Adolescents[J]. Medicina (Kaunas). 2018, 54(5): 12.

[15] Sampedro F, Wells S J, Bender J B, Hedberg C W. Developing A Risk Management Framework to Improve Public Health Outcomes by Enumerating Salmonella in Ground Turkey[J]. Epidemiol Infect. 2018, 10(6): 1-8.

[16] Tremblay M S, Carson V, Chaput J P et al. Canadian 24-Hour Movement Guidelines for Children and Youth An Integration of Physical Activity Sedentary Behaviour and Sleep[J]. BMC Public Health. 2017, 17(5): 874.

图书在版编目(CIP)数据

运动健康管理/张钧,何进胜主编. —上海:复旦大学出版社,2019.2(2021.1重印)
ISBN 978-7-309-14102-3

Ⅰ.①运… Ⅱ.①张…②何… Ⅲ.①体育-高等职业教育-教材
②健康教育-高等职业教育-教材 Ⅳ.①G807.4②G717.9

中国版本图书馆 CIP 数据核字(2018)第 280103 号

运动健康管理
张　钧　何进胜　主编
责任编辑/王雅楠

复旦大学出版社有限公司出版发行
上海市国权路 579 号　邮编:200433
网址:fupnet@fudanpress.com　http://www.fudanpress.com
门市零售:86-21-65102580　　团体订购:86-21-65104505
外埠邮购:86-21-65642846　　出版部电话:86-21-65642845
上海四维数字图文有限公司

开本 787×960　1/16　印张 20　字数 320 千
2021 年 1 月第 1 版第 2 次印刷

ISBN 978-7-309-14102-3/G·1934
定价:55.00 元

如有印装质量问题,请向复旦大学出版社有限公司出版部调换。
版权所有　侵权必究